칼뱅주의 논쟁
: 인문사회과학에서

박영신 ｜ 연세대학교 사회학과 명예교수

신현수 ｜ 평택대학교 신학과 및 피어선신학전문대학원 부교수

김철 ｜ 숙명여자대학교 법과대학 교수

한미라 ｜ 호서대학교 기독교학부 교수

김광기 ｜ 경북대학교 일반사회교육과 교수

김성진 ｜ 덕성여자대학교 정치외교학전공 조교수

이필은 ｜ 나사렛대학교 기독교학부 교수

박정신 ｜ 숭실대학교 기독교학과 교수

양신혜 ｜ 백석대학교 기독교전문대학원 강사

이철 ｜ 숭실대학교 기독교학과 조교수

이 책은 한국인문사회과학회의 『현상과 인식』 2009년 가을호에 실렸던 글을 모아 엮은 것입니다.

칼뱅주의 논쟁 : 인문사회과학에서

2010년 1월 5일 초판인쇄
2010년 1월 12일 초판발행
지은이 ｜ 박영신 외
펴낸이 ｜ 이찬규
펴낸곳 ｜ 북코리아
등록번호 ｜ 제03-01240호
주소 ｜ 121-801 서울시 마포구 공덕동 115-13
전화 ｜ 02-704-7840
팩스 ｜ 02-704-7848
이메일 ｜ sunhaksa@korea.com
홈페이지 ｜ www.sunhaksa.com
ISBN ｜ 978-89-6324-047-3(93230)

값 17,000원

이 도서의 국립중앙도서관 출판시도서목록(CIP)은 e-CIP 홈페이지(http://www.nl.go.kr/ecip)에서 이용하실 수 있습니다.
(CIP제어번호: CIP2010000008)

칼뱅주의 논쟁

: 인문사회과학에서

한국인문사회과학회 엮음

박영신 · 신현수 · 김철 · 한미라 · 김광기 ·
김성진 · 이필은 · 박정신 · 양신혜 · 이철 지음

북코리아

머리말
칼뱅 종교개혁의 의미를 되새기며

2009년은 프랑스 종교개혁자 장 칼뱅(Jean Calvin)의 탄생 500 돌이 되는 해이다. 칼뱅은 기독교회는 물론 서구 사회에도 정치, 경제, 문화 영역에서 지대한 영향을 미쳤던 인물이다. 그의 신학에 뿌리를 둔 개신교의 개혁교회 혹은 장로교는 전 세계적으로 퍼져 있어 세계 교회의 한 주류를 형성하고 있으며, 특히 한국 교회에서 가장 중요한 자리를 차지하고 있다. 뿐만 아니라 요즈음 양적으로, 질적으로 위기를 맞고 있는 한국 교회로서는 칼뱅의 개혁 정신을 이어받아야 한다는 분위기가 조성되고 있다.

이러한 칼뱅의 탄생 500돌을 맞아 한국의 교계와 학계에서는 다양한 프로그램과 행사가 진행되었다. 한국인문사회과학회도 그의 사상과 영향, 그리고 그 의미를 다시 한 번 되짚어보는 것은 뜻 깊은 일이라 생각하여, 2009년 봄 학술대회의 주제로 칼뱅을 다루었다. 5월 3일 〈칼뱅주의 논쟁: 인문사회학에서〉라는 이름으로 개최된 이 학술대회에서는 신학, 인문학, 사회과학 등 여러 분야에서 칼뱅 및 칼뱅주의를 다룬 11편의 논문이 발표되었고, 활발하게 토론하고 평가하는 유익한 시간을 가졌다. 아울러 그 논문들을 엮어 단행본으로 출판하기로 의견을 모은 바 있다.

이에 따라 지난 학술대회에서 발표되었던 논문 가운데 10편을 한데 묶어 이 책을 펴내게 되었다. 이 책은 크게 세 가지 주제로 구성되어 있다. 첫째 주제는 〈칼뱅주의와 학문적 소통〉으로, 여기에는 네 편의 논문이 소개되고 있다. 박영신 교수의 "칼뱅주의 해석의 '오류 지점': 친화력의 논리와 축소의 원리"는 칼뱅주의를 설명함에 있어 베버의 선택 친화성이, 관념과 이익 사이의 '일치'나 '반영'을 말하는 여러 마르크스주의자들의 설명 방식을 넘어설 수 있게 하지만, 한편 베버의 해석 개념이 친화의 관계를 더욱 경직시켜 놓을 수 있다는 점을 논하고 있다. 신현수 교수의 "인문주의와 칼뱅주의"는 칼뱅의 신학이 초기교회 교부 어거스틴의 전통을 따라 철저히 성서에 바탕을 두되 당시 지적 상황인 인문주의 관점과 형식을 취했다는 사실을 규명함으로 칼뱅 신학과 16세기 프랑스 인문주의의 관련성을 밝히고 있다. 김철 교수의 "칼뱅주의와 법에 대한 사상사: 로저 윌리암스의 교회와 국가에 대한 분리주의 원칙"은 칼뱅주의자 로저 윌리암스의 국교 부정립의 원칙과 종교활동 자유의 원칙이 어떻게 지금까지 미국의 헌법과 헌법 해석에 있어 중요하게 영향을 미쳐왔는가를 보여주고 있다. 한미라 교수의 "현대 공교육의 위기 극복을 위한 칼뱅의 교육사상 이해"는 칼뱅의 교육사상은 성경 속에 계시된 '하나님 앞에서의 사람다움'과 '사회적 구성원으로서의 책임원리'를 신학과 교육이라는 방법으로 정립한 학습체계이며, 여기서 현대 공교육의 위기를 극복할 수 있는 방안이 모색될 수 있다고 제안하고 있다.

두 번째 주제는 〈칼뱅주의와 서구 사회〉라는 것으로 세 편의 논문이 여기 포함되어 있다. 김광기 교수의 "칼뱅, 베버, 파슨스, 그리고 미국 자본주의의 위기"는 현재의 미국 자본주의 경제체제의 위기를 미국 건국 초기에 미국인들에게 널리 받아들여졌던 개신교적 윤리관, 자신을 궁극적 목적으로 삼지 않고 단지 선한 것을 위한 도구라고 보는 청교도적 가치관이 와해된 것과 긴밀한 관계가 있다는 사실을 밝혀내고 있다. 김성진 교수의 "칼뱅과 유럽 질서의 변화"는 칼뱅주의의 대두는 당시 유럽에서 진행되고 있던 국가와 교황의 갈등, 국가 내 정부와 다양한 교파들과의 갈등, 그리고 물질적 동기에서 비롯된 종교적 분쟁을 복잡하게 함으로 전통 규범과의 충돌을 야기하고 새로운 규범 창출을 용이하게 하는 등 칼뱅의 등장이 유럽 질서 변화에 주는 의미에 대하여 다루고 있다. 이필은 교수의 "칼뱅에게 있어서 여성지도력과 아디아포라"는 칼뱅이 여성의 지도력을 '아디아포라'라는 개념으로 설명하면서 여성과 남성의 영적인 동등함과 동시에 창조의 질서에서 남성에 대한 여성의 복종이라는 서로 상반된 입장을 취하고 있다는 점을 제시하고 있다.

세 번째 주제는 〈칼뱅주의와 한국 사회〉로서 세 편의 논문이 이와 관련되어 있다. 박정신 교수의 "조선에 온 칼뱅주의 구학파: 그 역사변혁의 파괴력"은 미국을 통해 구한말 조선으로 유입된 칼뱅주의 구학파의 신앙과 신학이 당시 한국적 상황에서 어떠한 사회역사적 역할과 기능을 하게 되었는지 사상의 사회사적 시각에서 분석하고 있다. 양신혜 교수의 "칼뱅, 축자영감설의 창시자인가?: 칼뱅과 칼뱅주의자의 연속성과 불연속성"은 많은 교단 분열을 야기한 칼뱅주의자의 축자영감설에 대한 논증이 영감에 대한 칼뱅의 이해와 어느 정도 연속성이 있는지 살펴봄으로 교단의 화합을 위한 신학적 토대를 제안하고 있다. 이철 교수의 "칼뱅주의와 1953년 한국 장로교 분열 과정에 대한 문화사회학적 연구"는 문화사회학이 제시하는 개념과 방법론을 통해 장로교회 분열의 과정과 결과를 설명하고 있다.

이 책이 빛을 보도록 수고해 주신 모든 분들께 감사의 뜻을 전한다. 우선 학술대회에서 논문을 발표해 주시고 그 원고를 다듬어 제출해 주신 열 분 교수님들, 그리고 그 글들을 검토하고 조언해 주신 양창삼 편집위원장님과 편집위원들, 특히 본 학회의 편집이사 김성진 교수께 감사를 드린다. 마지막으로 이 책의 출판을 허락해 주신 북코리아의 이찬규 사장님께도 고마운 마음을 전한다. 이 책이 칼뱅 및 칼뱅주의를 이해하는 데 도움이 될 수 있기를 기대한다.

2010년 1월
한국인문사회과학회 회장 이원규

CONTENTS

제 **1**부
칼뱅주의와 학문적 소통

칼뱅주의 해석의 '오류 지점'[*]
: 친화력의 논리와 축소의 원리

박영신 _연세대학교 사회학과 명예교수

1. 사회학의 해석으로

칼뱅의 생각을 여러 갈래로 표출시켜 온 집단들과 지역들 사이에서, 칼뱅에 대한 해석의 문제는 계속 논쟁의 대상이 되었다. 칼뱅과 칼뱅주의에 대한 연구가 지속되고 있는 것은 이 때문이라고 할 수 있다(McNeill, 1954; Maag/Fields, 2004; Muller, 2004; Trueman, 2004; Zachman, 2008). 이것은 어느 한 학문 영역에 한정되어 있지 않고 신학과 역사학으로부터 사회과학에 이르는 여러 영역에 두루 걸쳐 있다. 이 논쟁에서 칼뱅주의는 고정불변한 특정의 틀 안에 응고되어 있을 수 없었다. 수많은 바깥 사상과 함께 안팎에서 일어난 도전에 대응하면서 스스로 '여러 가지의 수정을 해왔던' 것이다

* 이 글은 한국인문사회과학회 2009년도 봄 학술대회(주제: "칼뱅주의 논쟁 – 인문사회과학에서/5월 30일/배재학술센터)에서 발표한 것을 다듬고 덧붙여 고친 것이다. 동의나 수용 여부와는 상관없이 그때의 토론자들과 질문자들, 그리고 익명의 논문심사자들이 보여준 관심에 감사한다.

(McNeill, 1954: 396). 이른바 합리주의와 세속주의에 대한 반응의 차이
에 따라 칼뱅주의는 자체의 교리와 입장에 대한 해석을 둘러싸고
논쟁을 벌이면서 변화해 왔다.

　　　이 글은 이러한 해석의 역사 줄거리와 거기에 얽힌 논쟁을
통틀어 따지려는 데(McNeill, 1954: Benedict, 2002) 새삼 그 뜻을 두지 않
는다.[1] 오히려 사회과학 쪽에서 논의된 항목 하나를 여기에 끌어
들이고자 한다. 칼뱅의 생각을 이어받았다고 하는 칼뱅주의 교도
들이 근대 사회의 형성에 무시하지 못할 영향을 미쳤다고 하는
논지에 들어서고자 한다. 베버는 칼뱅주의와 근대의 합리스런 자
본주의 정신 사이에 매우 긴밀한 관계가 있다는 점을 밝힌 바 있
다. 바로 이 '관계'라는 것이 언제나 논쟁거리였다. 그것이 정확히
무엇을 말하며 그 성격을 어떻게 규정해야 할 것인가 하는 점에
서 엇갈리는 생각이 빗발쳤던 것이다. 이 논지를 두고 이미 수많
은 이야기들이 오갔기 때문에(Green, 1959; Fischoff, 1968; Eisenstadt, 1968;
Mommsen, 1989; Honigsheim, 2000: 267 – 273) 이 글에서는 칼뱅주의로 표상
되는 윤리 지향성과 사회 상황의 관계에 대한 베버의 생각이 몰
고 온 논쟁의 꼬투리 하나를 캐 보면서, 그가 말한 '친화력'의 개
념에 초점을 맞춰 그것이 빚게 되는 상황에 대하여 지나쳐버린
논점 하나에 초점을 맞춘다.

---

1)　칼뱅에 대해서는 우리나라 신학계에서도 활발하게 연구되어 왔다. 이에 대한 자료(정성구, 1995:
　　595 – 609)와 논의(정성구, 윗글: 134 – 156; 한국칼뱅학회, 1998; 이상규, 2009: 249 – 277), 그
　　리고 최근에 나온 오형국(2006)도 볼 것.

2. 칼뱅주의와 사회 구조

칼뱅주의는 그것의 옹호자와 반대자들이 어느 한두 가지로 빙퉁그러지게 간단히 그려낼 수 있는 것이 아니다. 그러기에는 그 신학 체계가 복잡하고 사상이 넓고 또 깊다(Partee, 2008: 5–27). 바로 이 때문에 제가끔 주장을 펼치고 거기에 대한 반주장을 또 펼쳐 끊임없이 해석과 반해석을 이어왔으며, 그 과정에서 특정 입장의 수호와 거부 그리고 특정 주장의 변호와 이탈의 역사를 빚어내었다.[2] 이 모든 것과는 상관없이 신학 쪽에서는 간결하게 칼뱅주의의 핵심을 정의 내리고는 그것을 굳게 지켜가고자 한다. 칼뱅주의를 평생의 연구 과제로 삼은 신학자 맥닐(McNeill, 1954: 436)의 말로, "참된 칼뱅주의자는 신에게 영광을 돌리고 그에게서 즐거움을 누리는 믿음에서 복됨을 찾는다. 믿음이 약한 자는 이 넘치는 기쁨을 이해하지 못한다."

이것은 흔히 사회과학에서 제대로 이해하지 못한 채 지나쳐 버리는 칼뱅주의자의 칼뱅주의 이해이다. 칼뱅주의는 인간 사회에 머물면서도 언제나 신 중심의 믿음과 삶을 모든 것 위에 두었다. 절대의 초월성에 대한 헌신이었다.[3] 그리하여 칼뱅주의자들은 루터교파와는 달리 권력을 가진 군주와 제후들의 후원에 기대어 자체의 교세를 확보하고 확장해 가고자 하기보다 그들에게 차라리 맞서고자 하였다. 그들은 적대하는 권력층과 기존 교회와

---

2) 이러한 등속의 문제에 대하여 여러 눈으로 살펴본 대응의 글들이 많이 있다. 최근의 것 하나로 읽기 편한 아래 글(Hall, 2009)을 볼 것.

3) 신학 쪽에서 이해하는 칼뱅주의에 대해서는 아래 글(Steinmetz, 1995: 3–5; Muller, 2004: 130–149)도 볼 것.

맞서 싸우면서 번져 나갔다. 칼뱅 자신이 추방된 희생자요 피난민이자 이방인으로 살았듯이(Selderhuis, 2009) 그를 따르는 이들 또한 난폭한 권력의 탄압과 교권의 핍박을 피해 떠돌이로 유배지에서 고난을 당하였으며 이 고난 가운데서 자신들이 추구코자 한 믿음의 삶을 적극으로 다져갔다(Duke, 1994: 1 - 20). 이들은 파슨스의 표현으로 현실을 그대로 받아들이는 '수동'의 루터파와는 달리(Parsons, 1991: 114) 이 세상에서 하나님 나라를 세우는 도구로 '능동'의 삶을 살아가고자 하였다.

칼뱅주의자들이 바깥 세력에 맞서 대응할 수 있는 강력한 교회의 조직과 신앙의 기강을 세워가고자 한 것은 이 때문이었다(McGrath, 2007: 56 - 57). 물론 이러한 뜻은 칼뱅이 말한 '그리스도의 삼중직'(Calvin, II, 15; 칼뱅, II, 491 - 506)에서 더욱 뚜렷하게 나타난다. '믿음으로 그리스도와 한 지체'가 된 그리스도인이라면 단순히 그리스도의 제사장 됨뿐만 아니라 그의 '예언자' 됨과 '왕' 됨에 참여하여 악과 싸우고 악을 다스리는 적극의 삶을 살아갈 수밖에 없다는 것이다(Partee, 2008: 158 - 167). 이를 위해 교회는 엄정히 다스려지고 교도들은 엄하게 훈련되어 규율을 지켜가도록 하였다.[4]

이 투쟁과 자기 조정의 과정을 거쳐 칼뱅주의는 여러 모습으로 나타났다. 때문에 이것을 어느 하나로 정의되기는 어렵다. 애당초 칼뱅주의라는 말이 다른 개신교의 교파와 구별하기 위해 쓰였지만 오늘날에 와서는 오히려 '개혁주의'라는 말로 쓰게 될

---

4) 이와 이어, 개신교 정신 가운데서 칼뱅의 신학 노선을 시민과 이어 논한 글(박영신, 2008ㄷ), 국가와 정치에 대하여 루터와 다른 입장을 가진 칼뱅의 신학 사상을 논한 글(전경연, 1982: 200 - 207; Höpfl, 1991), 그리고 이 문제에 대한 루터와 칼뱅의 생각(Luther/Calvin, 1991)을 볼 것.

만큼 그 신학의 입장이 넓어졌고 어쩌면 묽어졌다고도 할 수 있다. 개혁주의 가운데서 칼뱅의 특성을 구별코자 할 때만 특별히 칼뱅주의라는 말을 쓰고 있을 정도이다(Benedict, 2002: xxii - xxiii).

그러나 칼뱅주의는 근대의 역사에서 지나쳐버릴 수 없는 사회 세력으로 작용하였다. 칼뱅주의가 표방한 이러한 지향성 속에 현존하는 사회 구조와 갈등할 수밖에 없는 가능성이 담겨 있었기 때문이다. 이 점이 사회과학의 시선을 끌게 되어 논의의 대상으로 올라섰던 것이다. 물론 이에 대하여 사회과학 쪽에서 관심을 갖기 시작한 것은 그리 오래된 일이 아니다. 20세기 초에 나온 '프로테스탄트 윤리'라는 논지(Weber, 1958; 베버, 1987; 박영신, 1980)가 처음이었다.[5]

자본주의라는 낱말이 널리 쓰이게 된 것이 이 논지가 불러일으킨 논쟁 때문이었다는 것을 익히 아는 사람이라면(박영신, 1995: 39 - 41), 칼뱅주의를 사회과학의 논의 마당으로 끌어 들인 것도 이 논지 때문이라는 것을 알고 있을 것이다. 베버는 칼뱅주의를 역사 변동의 축과 이어보고 싶었다. 칼뱅주의를 퓨리턴이즘이란 말과 프로테스탄트 윤리라는 이름으로 정의하고 그것을 자신의 관심사인 합리스런 금욕 지향의 자본주의 정신과 이어놓으면서(Weber, 윗글: 98 - 128; 그리고 Poggi, 1983) 칼뱅주의가 비로소 사회과학의 이야기거리가 되고, 마침내 '자본주의'뿐만 아니라 '칼뱅주의'를 둘러싼

---

5) 우리나라 신학계에서도 칼뱅을 논하는 가운데 이 논지에 주목코자 한 경우가 있다. 이종성(1978: 156 - 193)이 곧장 떠오르는 보기이다. 불행하게도 그는 이차 자료에 기대어 '베버의 논지'를 겨우 소개하는 초보 수준에 머물고 있을 뿐 베버의 저작을 '직접' 읽고 논하는 수준으로는 나아가지 못하였다(윗글: 186 - 193). 막스 베버의 글 어느 하나도 그의 '연구 도서목록'(윗글: 242 - 253)에 들어가 있지 않다.

논쟁도 벌어지게 되었다.

'프로테스탄트 윤리'를 두고 벌어진 논쟁을 알아보기 위해서는, 우선 종교 신앙의 생성 기원과 전파에 대한 엇갈리는 해석을 이해할 필요가 있다. 근대 경제의 원리와 생활 정신 또는 윤리라는 두 영역 사이의 관계에 대한 논의에 앞서 종교 일반에 대하여 마르크스주의 쪽에서 내놓은 해석을(Marx/Engels, 1964) 들여다볼 필요가 있다. 마르크스주의 진영에서 낸 목소리가 반드시 같지는 않았다. 생각의 결을 달리하면서 논쟁을 벌이고는 여러 갈래로 갈려지기까지 그렇게 긴 시간을 필요로 하지 않았다(R. Niebuhr, 1964). 카우츠키와 같이 단단한 결정론에 기울어진 교조주의가 나왔는가 하면 번스타인과 같이 칸트의 철학에까지도 문을 열어 두고자 한 수정주의도 나왔다(Breuilly, 1987; Geary, 1987).

하지만 생각과 관념과 신앙의 세계를 계층과 계급의 이해관계로 풀이하고자 한 점에서 마르크스주의자들은 견해를 같이하였다. 한 마디로 그들은 종교란 사회 상황을 반영하거나 그 상황에 맞춰가는 인간의 생각과 의식 뭉치에 지나지 않는다고 보았다. 계층과 계급에 따른 종교 신앙의 여러 형태와 유형은 베버도 중시한 바다. 그러나 마르크스주의식의 해석에 대하여 드러내놓고 또는 드러내놓지 않고 그는 끈질긴 반론을 펼쳤다. 흔히 쓰는 말로 지나치게 상부 구조를 강조하면서 하부 구조의 중요성을 약화시킨다고 마르크스주의 쪽에서 베버를 몰아붙이겠지만, 그는 주저하지 않고 자신의 학문과 접근 방식을 명쾌하게 털어 말하였다. 그는 마르크스주의가 상부 구조조차도 하부 구조에 달려 있다고 풀이코자 한다며 그것이야말로 견딜 수 없는 독단의 논리라

고 쏘아붙이기도 하였다(Mommsen, 1989: 57).[6]

칼뱅주의에 대한 해석 또한 이러한 틀에서 이루어졌다. 마르크스가 죽은 다음 그의 생각을 전파하기에 온 힘을 쏟았던 엥겔스가 쓴 글이 그 보기이다. 그는 독일을 중심으로 퍼진 루터교파와는 달리, 프랑스의 '예리함'을 지니고 있던 칼뱅이 종교개혁이 지닌 '부르주아 계급의 성격'을 앞에 내세우고는 교회 자체를 공화체제로 바꾸어 민주화하였다는 점을 인정한다. 나아가, 루터의 종교개혁이 어려움을 겪고 있을 때 "칼뱅주의 종교개혁은 제네바에서, 홀란드에서, 그리고 스코틀랜드에서 공화주의자들을 위한 깃발"이 되어 "홀란드를 스페인으로부터 그리고 독일제국으로부터 자유케 하고 영국에서 일어나고 있던 부르주아 혁명의 제2막을 위한 이념의 옷을 마련해 주었다."고도 했다. 그리고는 "칼뱅주의가 그 시대의 부르주아 계급의 이익을 진실된 종교로 위장한 모습"을 띠면서 스스로를 정당화해 갔다(Marx/Engels, 1964: 265)고 주장하였다.

베버는 이러한 관점을 받아들일 수 없었다. 그는 관념과 이익 사이에는 매우 복잡한 교호 작용이 있을 뿐만 아니라 관념이란 다른 요인과 조건으로부터 어느 정도 떨어져 있는 '자율성'을 지닌다는 점을 인정해 두고자 하였다. 당연히 종교의 세계를 경제의 하부 구조에서 끌어내고자 하는 유물론의 교조주의 해석을 거부하였다. 그렇다고 해서 그가 다른 극단으로 나가 자본주의라

---

6) 물론 베버의 논의는 마르크스주의 쪽에서 전혀 의미 없는 것으로 내동댕이쳐진 것이 아니라 오히려 그의 연구가 높이 평가되기도 하였다. 보기를 들어, 카우츠키는 베버의 연구가 마르크스주의의 논의에 도움을 줄 수 있다고까지 하였다(Salvadori, 1989: 93–108).

는 경제 체제는 오직 종교개혁의 산물에 지나지 않는다며 또 다른 교조주의를 내세우고자 하지는 않았다(Weber, 윗글: 90-92). 그의 논지를 특정 시기의 서양 사회에 한정시키지 않고 동양 사회에도 적용시켜 보려고 한 여러 시도에서 이 점은 더욱 분명하게 드러난다. 아무리 프로테스탄트 윤리에 버금하는 다른 종교 윤리 지향성을 찾아볼 수 있다고 하더라도 그 윤리만으로 다른 문명권에서조차 서구가 체험한 그 특유의 근대 자본주의를 이끌어낼 수는 없다고 하였다. 관념의 차원이 다른 삶의 차원에 깊은 영향을 미치지만 그것이 어떤 제한이나 구속도 받지 않고 자유자제로 힘을 뻗히거나 정해진 관념의 궤도에 올라 자동으로 그 위를 질주하지는 않는다. 종교 윤리는 구조의 조건에 따라 부드럽게 진행되기도 하지만 또한 좌절되고 왜곡되기도 한다. 행동 지향성과 함께 구조의 요인을 살펴야 하는 '구조 차원'의 접근이 요청되는 까닭이 여기에 있다(Bellah, 1970: 53-63; 박영신, 1984). 종교 신앙과 사회 상황 사이의 관계란 어느 극단의 논리로 풀이될 수 없는 역동의 과정으로 파악되어야 한다. 베버 또한 어느 한 가지 요인이 다른 한 가지를 결정한다는 수학의 공식을 만들고자 하지 않았다(Weber, 1958: 183).

크게 보아 '프로테스탄트 윤리'에서 비롯된 많은 논쟁은 이러한 베버의 접근 방법을 잘못 이해한 데서 비롯되었다고 할 수 있다. 그는 칼뱅주의가 자본주의를 낳은 유일한 원인이거나 그것이 단독으로 출생시킨 근대의 자녀라거나 칼뱅주의가 근대의 자본주의를 낳은 충분 조건이 된다는 논지를 펴지 않았다. 종교개혁이 일어날 때 이미 유럽에는 경제 규모가 확장되고 기술 발전이 속도를 내고 있었다. 그러할 때 중세 가톨릭 국가라는 조건 안에서 소수자가 될 수밖에 없던 종교개혁 세력이, 루디(Lüthy, 1968: 94)의 표현으로 사회 변동의 '누룩'이 되었고 변혁의 소수 전위대가 되었던 것이다. 이들 누룩의 세력이 마치 구약의 예언자들과 그들을 따른 무리처럼 가톨릭교회의 총수인 교황을 바알 우상을 숭배하는 제사장으로 공격하였다. 그리고 '내가 원하는 것은 제사가 아니라 공의'라고 하고 "다만 공의가 물처럼 흐르게 하고, 정의가 마르지 않는 강처럼 흐르게 하여라"고(아모스 5: 24) 외친 예언자의 가르침을 따라, 이들은 내세에 대한 갈구나 내면의 평온을 기리는 것이 아니라 이 '세상 안'에서 공의와 정의를 펼치는 예언 정신의 '누룩'으로 살아가고자 하였다(윗글, 100).

칼뱅주의가 받아들인 구원의 길은 중세 교회가 공식화해 온 구원의 길과는 달랐다. 칼뱅 교도들은 구원이란 교회가 요구하는 종교 의례를 충실하게 따르고 지킨다고 해서 획득할 수 있는 것이 아니라고 믿었다. 이들은 고해성사, 미사 참여, 사제의 중재가 인간의 구원을 결정하는 수단이 된다고 생각하지 않았다. 칼뱅주의 교도들은 오직 이 세상 안에서, 이 세상 일을 통하여 신의 뜻을 실현해 가는 길밖에 다른 길이 있을 수 없고, 거기에서 구원의 증표를 확인할 수밖에 없다고 믿었다. 자신의 기분에 맞추거나 세상의 기준에 따르고픈 충동 같은 것을 준엄히 통제하면서 신의 뜻을 받들어 세상에서의 일을 책임 있게 구현해 가는 것, 베버의 말로 '세상 안에서의 금욕주의'를 실행해 가고자 했다. 칼뱅의 교리는 겨우 근대 자본주의라는 경제체제나 활동을 부추기는 수준으로 축소되거나 격하될 수 없는 더욱 광범위한 세계관을 가지고 있었다. 하지만 베버는 이러한 삶의 방식이 경제의 삶에서 '그토록 엄격하게 헌신하는' 윤리의 삶을 살아간 특유한 인간성을 만들어 내고, 다른 문명권에서 볼 수 없는 근대 서구 특유의 세계를 만들었다는 '해석'의 논지를 세우고자 하였다(Weber, 1963: 220).

베버의 학문 세계에 비친 칼뱅주의와 자본주의라는 두 요소의 인과 관계는 자연과학의 눈으로 증명해 내어 일반 공식이나 법칙으로 만들 수 있는 것이 아니었다. 그의 접근 방법은 '해석'하는 사회학이었다. 인간 행동에 의미를 주는 그러한 행위를 풀이하여 종교 윤리와 근대의 자본주의를 이어놓고자 했던 것이다.

3. 친화력의 논리

베버가 말하는 해석의 사회학은 두 가지 차원에서 이야기할 수 있다. 하나는 사회학의 연구 대상으로 삼는 인간의 행위를 논하는 것이고 다른 하나는 인간 일반이 들어서 있는 삶의 상황을 의미 있게 풀이해 주는 종교 지성인의 역할을 논하는 것이다. 그가 사회학은 인간의 행위를 해석하여 이해하는 학문이라고 했을 때 그것은 인간이 자신의 행동에 '의미'를 붙이는 경우를 연구의 대상으로 삼는다는 뜻이 된다(Weber, 1968, I: 4). 의미를 주는 것은 자기 혼자만의 세계에서도 가능하지만 그것이 '사회'의 성격을 가지려면 다른 사람들이 의미를 붙이는 그러한 행위에 지향되어 있어야 한다. 그러므로 사회 관계란 단순히 마음과 마음이 서로 만나는 데 있는 것이 아니라 행위가 의미 있게 진행될 것이라는 개연성 위에 놓여 있다(윗글: 27 – 28). 우정 관계, 국가, 시장은 모두 이러한 행위의 결합체를 드러내는 것들이다. 이와 함께 해석의 사회학은 종교 지성인이 풀이해 주는 삶의 의미 문제에 주목한다. 삶속에는 어느 하나의 틀로 완벽하게 해명될 수 없는 지극히 불합리한 모순들이 덩어리로 엉켜 있기 때문에 어쩔 수 없이 여러 신들 사이의 쟁투가 벌어지고 여러 갈래의 종교 지향성이 나올 수밖에 없다. 신들을 대신하여 싸우면서 그 나름의 종교 지향성을 만들어 내는 사회 세력이 종교 지성인이다(Weber, 1946: 123).

앞에서 일렀듯이 베버는 이 종교와 종교 지향성을 따르는 자들은 사회 계층의 물질 조건을 반영하는 결과에 지나지 않는다고 보는 견해를 단호히 거부하였다. 아무리 종교 지향성이 사회의 영향을 받고 정치와 경제의 힘에 따라 결정된다고 하더라도 먼저는 종교로부터 특징짓게 된다고 보았다. 베버 자신의 말로 하면, '이념' 그것만이 아니라 "물질과 이념의 이익"이 인간의 행동을 "직접" 다스리기는 하지만 흔히는 이념이 만드는 "세계 이미지"가 "전철수처럼" 행위가 어떤 방향으로 나아가게 할지를 결정한다는 것이다(Weber, 1946: 269 – 270, 280).

그의 사회학은 주관의 의미를 지니고 있는 사회 현상을 전제하며, 그것은 자연과학에서 표방하는 무감각한 인과 관계의 틀로는 풀이될 수 없다는 점을 또 전제한다. 사회 상황은 단순한 객체가 아니라 해석의 대상이다. 세계란 인간에게 언제나 해석의 가능 영역이며 해석의 필요 영역이다. 마르크스가 생각하는 것과는 달리, 베버는 사회 존재와 의식이 기계처럼 일치하는 것이 아니라 이 둘 사이에 해석의 과정이 들어 있다고 본다. 이것을 가장 잘 드러내고 있는 개념이 '친화력'이며 이 개념으로 풀이코자 하는 것이 친화력의 논리이다.

우리 학계에서 '선택적 친화성'이라고 옮겨 놓는 이 낱말(Wahlverwandtschaften)은 물론 베버가 생각해 내 놓은 개념이 아니다. 이 말은 18세기 화학에서 쓰기 시작했던 것인데 그것이 괴테가 발표한 소설의 표제로 붙여지게 되면서 널리 퍼지게 되고 칸트의 생각과도 만나게 되었다(Howe, 1978: 366 - 379). 베버는 중등학교에 다닐 적에 벌써 40권으로 된 괴테의 문학 전집을 남몰래 공부하는 시간에 모두 다 읽었다(Weber, 1988: 47 - 48). 그 속에 물론 괴테가 1809년에 발표한 소설 『친화력(2001)』도 있었다. 베버는 행복을 손에 넣기 위하여 시시하고 저급한 데 집착하고 있는 괴테를 결코 예찬할 수 없었고 당시 괴테를 숭배하기까지 한 동무들을 꾸짖으면서 오히려 프리드리히 실러를 높이 값 매김 하였다. 하지만 독일의 문학과 문화를 상징하기에 이른 괴테의 영향을 그라고 해서 피해갈 수는 없었다(Weber, 윗글: 154 - 155).

이 소설은 흥미롭다. 여기에는 네 사람이 나온다. 부유한 남작 에두아르트와 부인 샤로테, 그리고 그들이 사는 장원으로 끌어들인 남편의 미혼 친구인 대위와 부인 친구의 딸인 오틸리에, 이들이 함께 살게 된다. 괴테는 이끌림과 떨어짐, 들러붙음과 갈라짐의 화학 현상을 서로 들어맞고 엇갈리는 이 네 사람 사이의 엇맞물기에 맞춰 본다. 얼핏 대위와 오틸리에 사이에 뭔가 새로운 관계가 빚어질 것이라는 예상은 곧 빗나가고, 엉뚱한 사랑의 관계가 빚어 나온다. 에두아르트가 오틸리에와 가까워지고 부인 샤로테가 대위와 가깝게 된다. 주인공들이 나눈 이야기에서 읽듯이, 전혀 문제가 될 것 같지 않고 서로 헤어질 것이라고는 상상조차 할 수 없는 "어떤 결합이 제3의 인물이 다가옴으로 해서 해체되고 일찍이 그토록 아름답게 결합된 이들 중 하나가 정처 없이 멀리 내쫓기는 경우", 다른 말로 "지금까지 둘씩둘씩 결합되어 있던 네 개의 존재가 접촉을 하게 되면서 지금까지의 결합을 떠나 새롭게 결합하는 바로 그러한 경우"가 모두 "이끌림, 친화성, 버림과 결합 관계"라는 친화력의 도식 안에서 전개된다(괴테, 2001: 50). 어떤 특정 관계가 다른 어떤 관계보다 더 어울리고 선호되는 진기하고 흥미로운 현상을 두고 소설의 주인공들이 생각을 나눈 것이다. 이러한 친화력의 관계가 비극의 종말을 맞는 것으로 소설을 끝난다. 이 논의에서 중요한 것은 마치 자연과학자가 실험실에서 결합과 이탈을 관찰했던 것처럼 괴테 또한 과학에 깊은 관심을 가졌던 작가로서 이들 인간들의 만남과 헤어짐의 현상을 소설이라는 실험실 속에서 관찰하려 했던 점이다. 괴테는 친화력의 역학 관계를 인간 사이의 관계로 풀이코자 했던 것이다.

베버는 이 친화성의 논리를 그의 사회학에 끌어들였다. 자연과학에서 쓴 친화성이라는 낱말이 괴테의 소설을 통하여 독일인들의 이야기 속으로 들어온 것처럼 이 낱말이 괴테를 통하여 베버의 학문 세계에 들어섰던 것이다(Howe, 1978: 371). 베버는 친화력의 논리를 여러 논문에서 활용하였다. '프로테스탄트 윤리'의 논지에서 칼뱅주의와 근대 자본주의 사이의 친화성을 논하는 것뿐만 아니라 문화의 가치와 그 중요성이 계급 이익과 친화력을 보인다는 점을 들어 갈등 상황을 논하기도 하였다(Weber, 1949: 56). 사회 행위가 특정 의미에 친화력을 갖는가 하면 그렇지 않을 수도 있다. 비슷한 가치 이상을 가진 사람들이 함께 모이고 나가가 그러한 사람들을 끌어 모으고 또 더해가면서 특정 학술지도 만들 수 있지만(윗글, 61), 종교 지향성과 사회 계층 사이에 친화력의 없는 경우도 있다. 베버는 어떤 한 요인에 의한 경직된 인과 관계를 법칙으로 내놓으려는 것이 아니라 유연한 해석을 필요로 하는 풀이에 관심이 놓여 있었기에 친화성의 개념은 그에게 안성맞춤이 었다(Thomas, 1985).

어느 경우이든 삐걱거리는 동거를 오랫동안 견뎌내기란 어렵고 그 동거는 조만간 다른 방도와 출구를 찾아 새로운 동거로 나아가기 마련이다. 자발성과 창의성을 요구하는 합리적인 경제 행위의 지향성에서 보면 그것을 내내 헤살 놓기만 하는 중세 교회와 봉건 제도의 권위 체제를 줄곧 떠받들고 전래하는 관행이란 어찌할 수 없다며 그 모든 것을 묵묵히 따르기에는 채워진 인습과 인종의 족쇄가 너무도 고통스러운 것이었다. 현존하는 옛 체제와 합리스런 자본주의의 정신이 부딪치는 마찰의 불편함과 거기서 나오는 삶의 불일치를 언제까지고 지탱해 갈 수는 없었다. 그 삶의 공간에 들어선 캘뱅주의라는 새로운 윤리 지향성을 만나면서부터 그러한 감정을 더해갔다. 자본주의 정신은 오랫동안 친화할 수 없었던 타율의 관계에서 벗어나 합리스런 경제 행위에 어울리고 그 행동 지향성을 북돋는 새로운 삶의 윤리 세계로 곧바로 들어설 수 있게 되었다.

보기를 들어, 18세기 후반의 프로테스탄트 은행가들은 저당물을 잡고 돈을 꿔 주는 일을 업으로 삼은 전당포 주인이 아니었고, 돈놀이를 하는 대금업자가 결코 아니었다. 이 점에서는 이들 모두 가톨릭 은행가들과 다를 바 없었다. 문제는 종교 윤리와 교회법이 화폐의 유통과 교환 과정을 어떻게 보고 어떤 범위에서 정당화하고 허용하는가 하는 점이다. 중세 가톨릭교회의 엄청난 재산을 관리하는 은행업이 부닥치게 되는 현실의 필요성 때문에 교회법은 오랜 세월 동안 은행업의 요구에 맞춰 타협하고 조정하고 양보했어야 했다. 그러나 교회법은 은행업에 대하여 그 근본으로부터 적대하는 태도를 견지해 왔다. 이 점에서는 루터도 마찬가지였다(Weber, 1958: 200 - 203). 그러나 법률가로 훈련 받은 칼뱅은 자기 나름의 뚜렷한 입장을 세워갔다. 이 문제에 대하여 중요한 연구 업적을 남긴 넬슨이 보여 주고 있는 바와 같이(Nelson, 1969), 칼뱅은 기독교에서 말하는 보편주의와 형제자매의 윤리를 손상하지 않으면서 개인의 양심과 공공의 유익을 내세워 성경을 풀이하고자 하였다. 그는 은행업에 종사하는 은행가들이 구약시대에 히브리족속과 이방인들에게 각각 다르게 적용되었던 '집단 경계'의 법규를 떨쳐버리고 은행 관계에 들어선 모든 사람들에게 동일하게 적용되어야 할 보편 규칙을 세워야 하고, 나아가 은행업이 모두에게 공평한 공공의 유용성을 확보해야 한다고 했다. 이러한 칼뱅의 가르침에 힘입어 칼뱅주의 윤리와 은행업을 포함하는 근대의 합리스런 경제 행위가 새로운 친화관계를 맺을 수 있었던 것이다.

이렇게 베버는 사회 계층과 종교 지향성의 관계를 친화력의 기제로 풀이코자 하였다. 칼뱅주의의 윤리를 받아들인 사회 계층은 주로 봉건시대의 강제력을 행사하는 국가 기구나 귀족층에 속하지 않은 도시 거주자들이었는데 이들의 관심과 종교개혁

의 지향성이 서로 마주하여 들러붙게 되었던 것이다.[7] 서구 부르
주아 계급의 경제 관심과 종교개혁으로 빚어진 엄격한 윤리 지향
성이 서로 이끌려 빚어진 것이 합리스런 근대의 자본주의였다. 베
버의 종교 사회학과 지성인의 사회학 가운데 이러한 친화성의 현
상은 매우 중요한 자리를 차지하고 있다(Sadri, 1992). 이것은 단순한
화학 작용이 아니라 의미를 지니고 살아가는 인간들이 헤아려 결
단하고 선택하는, 매우 민감한 내면의 의미화 과정을 통하여 일
어나는 현상이다.

　　　베버의 접근 방법을 내세우려는 사회학자들은 '친화력'을
사회 조건과 의식 세계의 '일치'와 '상응'과 '반영'이라는 개념으
로 표현되는 마르크스주의의 접근 방법과 그 관점에 대한 대안으
로 보고자 한다(Gerth/Mills, 1946: 62 – 63). 베버가 제안하는 사회학의
연구는 어떤 공식이나 법칙으로 표현될 수 있는 보편스런 인과관
계를 겨냥하지 않았다. 경제 조건이 사회 행위를 결정하는 주요
한 원인이 되기도 하고, 뒤바꾸어 사회 행위가 경제에 영향을 미
칠 수도 있다. 하지만 "언제 그리고 어떻게 이것이 일어날 것인지
에 대하여 어떤 중요한 일반화를 만들어낼 수는 없다(Weber, 1968:
341)." 그가 말하는 문화과학으로서의 사회학은 일반화시킬 수 있
는 법칙을 추구하는 것이 아니었다. 일반화시킬 수 있는 것이 있
다면 그것은 "사회 행위의 구체적런 구조와 경제 조직의 구체적
조직 사이의 선택 친화성의 정도에 대해서" 일반화할 수 있을 뿐

이다. "그것들이 서로를 부추기는가, 헤살을 넣는가, 또는 물리치는가 하는 – 그것들이 서로에 대하여 '적절한가' 또는 '적절하지 않는가' 하는 것에 대하여 일반스런 관계를 말할 수 있는 것이다(윗글: 같은 쪽)." 쌍방의 교섭 과정을 중시하고 그것을 '피드백'의 관계로(Forcese, 1968: 193 – 201) 보고자 하는 접근 방식이다.

그가 말하는 사회과학의 특별한 성격과 그 학문의 가능성, 그리고 그가 말할 수 있는 인과 관계와 일반성의 관계는 규격화된 보편스런 인과 관계의 진술이나 일반화가 아니라 바로 이 친화력의 논리 위에 서 있었다. 이 논리는 기계론에 터한 논의의 함정을 벗어날 수 있는 해석의 새로운 가능성을 제공해 준다 할 수 있다. 인간이기에 의미를 찾고 풀이하면서 그 의미의 문화 가치를 중요하게 여기고자 하는 그러한 인간의 삶과 행위를 이해코자 하는 것이 그의 사회학이기에, 친화성은 필수불가결한 방법론의 도구이다. 자연과학을 모든 학문의 본보기로 믿고 마냥 그 학문 방법의 뒤꽁무니를 쫓아다니면서 마침내 사회학의 논의에서 삶의 의미가 지닌 중요성마저 저버리고 있는 오늘의 상황에서, 친화력의 논리를 내세워 사회학다운 사회학의 존재를 지키고자 한 그의 기여는 결코 가볍게 여길 수 없는, 실로 크고 중요하다.

베버의 논지에서 끌어낼 수 있는 친화력의 관계는 모든 삶의 상황에 두루 적용될 수 있다. 이것은 교황의 권위를 허문 이력을 가진 영국의 개신교도들이 미국으로 왔을 때 그들이 가져온 종교를 민주주의와 공화주의 방식의 기독교라고 하고, 종교와 정치의 입장이 '친화성'으로 이어져 있고 세속의 제도가 '하늘'의 제도와 '조화'를 이루고자 하는 경향성이 있다고 앞서 밝힌 토크빌의 생각에도 이어진다(Tocqueville, 310 - 311).[8] 실제로 칼뱅주의는 여러 영역과 친화의 관계를 가져왔다는 연구물들이 있다. 퓨리턴 운동을 싹트게 한 바탕으로서의 칼뱅주의가(Woodhouse, 1992: 36 - 37) 근대 과학에(Merton, 1957), 영국의 왕권주의자들에 대한 시민 저항의 의식 세계에(Walzer, 1965),[9] 시민혁명 전의 영국의 전통 질서와 법과 제도에 대한 저항 운동에(Little, 1969) 친화성을 보여준 바 있다. 그런가 하면 칼뱅주의의 예정설은 스코틀랜드 계몽주의자들이 보여준 이신론에(Stewart, 2003) 친화성을 가졌으며, 교회 예전주의자들에 대한 반주장에도(Duke, 1994; Steinmetz, 1995: 172 - 186) 강한 친화성을 드러내 보여 주었다.[10]

그러나 여기서 머문다면 베버의 사회학이 뿌리내리고 있는 깊은 뜻을 드러내지 못한다. 베버는 겉으로 나타나는 단순한 인과 관계의 도식을 뒤집어 놓고자 하는 데 흥미를 가진 것이 아니라 삶의 해석 능력과 거기서 일어나는 친화력의 현상에 주목했기 때문이다.

---

8) 프로테스탄트 기독교와 민주주의의 관계에 대한 논의는 수없이 많다. 넓게 개신교 일반을 다루면서 칼뱅주의가 오늘날의 민주주의에 준 영향에 대하여 짧게 논하고 있는 글(De Gruchy, 1995: 75 - 94) 볼 것.

9) 이와 함께, 비교 역사 사회학의 관심을 더해 '칼뱅주의와 혁명'의 논지를 더욱 갈고 다듬은 글(Gorski, 2002: 78 - 104; Gorski, 2003)도 볼 것.

10) 이에 더하여, 지난날의 신학과는 달리 인간과 신의 관계를 서로 의존하는 것으로 파악코자 하는 새로운 신학과 새롭게 등장한 경영 이념 사이에 친화성이 있다고 하는 것(Winter, 1974: 1134 - 1150)도 볼 것.

4. 관심의 축소와 그 다음

　　칼뱅주의 교도들은 루터교도처럼 개인 차원의 경건과 명상으로 기울거나 권위 체제에 대하여 고분고분 순종하지 않았다. 베버가 밝히고 있듯이 칼뱅주의자들은 구원이란 자기 스스로 도를 닦아 수련을 많이 쌓는다고 해서 획득될 수 있다고 믿지 않았다. 그들은 수도원으로 들어가 명상과 기도에 전념하여 내면의 평온함을 누리는 자기 수양의 행위에 삶의 의미를 두지 않고, 인간 밖에, 인간 위에 존재하는 초월의 권위에 거부할 수 없는 윤리의 책무를 느끼면서 그 초월의 가치를 내면화하고 그 가치를 현실의 삶에서 적극으로 구현해 가야 한다는 참여 지향성에서 궁극의 의미를 찾았다.

　　그리하여 칼뱅주의자들은 신의 영광을 위하여 신을 영화롭게 하는 데 삶의 목표와 의미를 두고 신의 뜻에 따라 이 세상을 변혁하는 행동의 길로 나아갔던 것이다. 자신이 이 세상에서 신의 영광을 드러내는 도구로 살고 있는가 하는 것이 물어야 할 물음이었다. 이 삶은 어느 한 순간의 선행이 아니라 삶 자체를 온전히 초월의 목적에 이어진 통일된 윤리체계에 결합시켜 절제와 기강을 지켜가는 합리스런 것이어야 했다(Weber, 1958: 108, 117–118). 이제 칼뱅주의 교도들은 명상이나 수행에 빠져드는 것과는 거리가 먼, 자신의 믿음을 세상 속에서 증명해야 할 적극의 행동과 쟁투를 요청하는 삶의 지향성을 가지게 되었다(Weber: 윗글, 120–121; H. Niebuhr, 2001: 217–218). 이와 같이 칼뱅주의는 처음부터 '새로운' 삶의 지향성을 지니고 있었다(Tawney, 1926: 91–92, 95–97).

　　이철저한 금욕주의는 그러나 그 속에 경직성의 씨앗을 안고 있었다.[11] 일단 친화력에 의해 행동 지향성이 정해지면 인간은 그것을 굳혀간다. 그 지향성을 벗어나려 하지 않는다. 그 지향성 안에 안주하면서 그 바깥의 다른 가능성에 대해서는 눈을 감는다. 이것은 괴테의 소설 주인공들이 교차 결합된 자기도취의 정원에 갇혀 다른 모든 것에 대해서는 어떤 눈길도 보내지 않은 것과 같은 현상이다. 자기 관심에 따라 들어서게 된 그 친화력의 세계 너머의 다른 세계에 대해서는 마음을 쓰지 않고 무감각하게 되는 것이다. 그렇게 관심의 세계가 줄어든다.

　　칼뱅주의를 오직 경제 관심에 지침을 주는 것으로 받아들이게 된 도시 부르주아 계급은 자신들의 소명의식을 그 친화의 영역 안에 집중시켜 그 너머의 다른 영역에 대해서는 좀처럼 눈을 돌리지 않고 자신들에게 익숙케 된 그 특정한 삶의 지향성에 몰입하여 산다.

　　이 세상과는 상관없이 "이 세상 밖에서 그리고 이 세상 위에서" 금욕의 삶을 살아가야 했던 중세 가톨릭 승려들의 '귀족 정신'을 "예정된 하나님의 성도"로서 "이 세상 안에서" 금욕의 삶을 살아가야 하는 칼뱅주의 식의 '귀족 정신'으로 바꿔 놓은(Weber, 윗글: 121) 그 자신만만한 자기 확신 때문에, 그들은 자신들의 강인한 소명의식으로 분투하며 살아가는 그 제한된 좁다란 삶의 영역에서 벗어나지 못했던 것이다. 그만큼 친화의 관계가 철석같이 굳어져

---

11)　이것은 어디까지나 사회학의 분석 내용일 뿐 칼뱅의 윤리관 그 자체를 뜻하는 것은 아니다. 칼뱅은 분별없는 '잘못된 방종함'과 함께 비좁은 '잘못된 엄격함'도 경고하였다(Calvin, Ⅲ, 10, 1 - 5; 칼뱅, Ⅲ, 385 - 391). 이러한 칼뱅의 윤리를 논한 것(Fuchs, 2009: 152 - 154) 볼 것.

어떤 바깥의 압력에 대해서도 꺾이지 않고 거기에 맞서는 불굴의 정신에 스스로 사로잡혀, 그 관계의 도식을 더욱 강화해 갈 뿐 다른 삶의 영역으로 관심을 옮겨 놓거나 다른 차원의 세계로 눈길을 돌리지 못했던 것이다.

칼뱅주의에 친화력을 느끼면서 칼뱅주의 교도가 된 사회 계층은 주로 도시 거주자들이었기 때문에 그들은 경제 영역에서 활동하였다. 이들은 경제 영역을 합리적으로 운용하여 이로부터 나오는 이익과 번영을 윤리의 차원에서 정당화할 수 있었다.[12] 이러한 삶의 운용 방식에 익숙하게 되면서 이들은 자신들의 삶 그 테두리 바깥에 대한 관심을 펼치기가 어려웠다. 집중의 삶이 분절화로 치닫게 되어 스스로 칸막이를 쳐 버린 그 좁은 경계를 넘어 온전한 삶의 세계를 그려볼 수 없게 된 것이다. 이를테면 자연 생태계 자체가 하나님의 놀라운 영광을 드러내고 있다는 칼뱅의 가르침에 대하여(Calvin, I, 5, 1; 칼뱅, I, 109 – 114; Schreiner, 1991: 64 – 65; Steinmetz, 1995: 23 – 39)[13] 이들 도시 거주민들은 오랫동안 마음의 눈을 뜨지 못하였다. 경제활동을 통한 이 세상 안에서의 합리스런 활동에 집착한 나머지 그들의 활동이 파괴하고 훼손시키는 환경과 생태계에 대한 윤리 감수성이 흐려졌다고 할 수 있다(White, Jr., 2000[1967]). 자기 활동 영역에 대한 넘치는 확신 때문에, 곧 칼뱅주의 윤리 지

---

12) 이 대목에서 칼뱅의 생각을 분명히 할 필요가 있다. 퓨리턴들은 세상의 성공을 구원 받은 자의 징표라고 생각했지만 칼뱅은 그렇게 등식화하지 않았다. 거꾸로 세상에서 겪는 고생을 저주받은 것이라고 생각하는 것은 잘못이라고 하였다(Olson, 2004: 169). 이와 함께 가난한 자들에 대한 칼뱅의 관심도 새겨야 한다(Holder, 2004: 260 – 262; Hall, 2009: 106 – 120; Kirkpatrick, 2001: 30 – 33, 148, 151, 155).

13) 이와 이어, 칼뱅의 창조론과 함께 그것이 세계를 탐구의 대상으로 삼고 세상 속으로 들어가게 부추기는 모티브를 주었다고 하는 오형국(2006: 261 – 265)의 논의 볼 것.

향성에 따라 일편단심 경제활동에 집념하여 거기에 전력하면서 그들 자신이 빚어낸 문제에 대해서 관심을 기울이지 못하게 되었으며, 외골수로 빠져들게 된 그들의 소명의식 그 자체에 대한 자기 성찰의 기회를 스스로 잃어버린 꼴이 되었던 것이다.

친화성은 널리 쓰는 말로 유착의 심리 바탕으로 기능하고 전래하여 현실 속에 깊이 뿌리내리게 된 질서에 권위의 지속성을 불어 넣어 그것을 더욱 고착시켜 가는 장치로 작용한다. 이것은 지난 역사에서도 일어났고 올 역사에서도 일어날 수 있는 사태이다. 질서란 정당성의 권위 위에 자리하고 있다. 특정 질서를 의미 있게 받아들이거나 의미 없는 것으로 이해하는 것은 질서의 정당성과 이어져 있으며, 그 질서에 복종하고 불복할 수 있는 가능성 또한 그것이 터하고 있는 권위 구조에 달렸다. 깊은 수준에서 이 정당성의 바탕을 제공하는 것은 종교 체계와 지향성이다. 근대 자본주의의 새 질서에 밑바탕을 마련해 준 것이 바로 칼뱅주의였다. 이 종교 지향성은 초월의 권위에 잇대어 삶을 체계 있게 엮어 가도록 하여, 전래하는 삶의 방식과 거기에 예속되어 있던 경제활동의 방식과 경제 질서 그 자체에 대한 정당성을 질문하도록 했으며, 나아가 새로운 경제활동의 방식과 경제 질서를 만들 수 있는 삶의 동기를 불어넣어 주기도 했다. 바꾸어 말하면 질서에 대한 칼뱅주의의 새로운 이해는 기존하는 질서에 맞서 새로운 질서를 만들어갈 수 있는 자발의 참여를 북돋았다고 할 수 있다.

그러나 칼뱅주의는 모든 곳에서 예외 없이 새로운 질서를 만들거나 끊임없이 전래하는 질서를 돌파하여 새로운 질서의 가능성에 문을 열어 주는 것이 아니다. 칼뱅주의와 근대의 자본주의가 강한 친화력을 보이면서 새로운 경제 질서를 만들었던 것을 모든 역사를 관통하여 세계 전체로 확장시켜 일반화할 수 없듯이, 칼뱅주의가 언제나 전래하는 질서의 정당성을 질문하면서 새로운 질서를 만들어 내는 것이라고 뭉뚱그려 이야기할 수 없다. 초월의 권위에 헌신하여 현존하는 것을 절대화하지 못하게 긴장을 자아내는 변혁의 가능성이 칼뱅주의 속에 들어 있기는 하지만 그것이 어떤 사회 조건에서도 언제이고 새로운 질서를 만들어 내는 것은 아니다. 칼뱅주의와 합리스런 자본주의의 친화력과 그 관계를 한 마디로 거부하려는 한쪽의 단순한 생각을 받아들일 수 없는 것과 같이, 칼뱅주의가 어느 조건 상황에서건 초월의 권위에 기대어 전래하는 질서를 도전하고 허물 수 있는 능력을 구체화한다는 또 다른 한쪽의 단순한 주장도 받아들일 수 없는 것이다. 아무리 칼뱅주의가 그 속에 '내면의 역동성'을 가지고 있다고 하더라도 그것이 '자동으로' 움직이는 것은 아니기 때문이다(Little, 1969: 222).

역동성조차도 자체의 오만을 어쩌지 못하고 스스로 멈춰버리는 유혹에 빠질 수 있다. 군주와 제후가 휘둘러온 질서와 전래하는 관습에 사로잡힌 관행의 질서를 허물고 새로운 질서를 세운 다음에 찾아드는 그 자족의 순간에 오만이 잉태하여 마침내 자체의 역동성까지도 무력케 할 수 있기 때문이다. 칼뱅주의자들이 모처럼 자기들이 원한 질서를 제도화하기에 이르면서, 그들은 이 순간이 영원하기를 바라고 그 제도화가 영원하기를 바란다. 하지만 그러한 바람에서 그들의 됨됨이가 본질에서 완전한 것이 아니며 그들이 만든 것들이 부패하고 타락한 조건 속에서 일군 결과에 지나지 않는 다는 것을 잊은 것이다. 그 오만이 마침내 내면의 역동성을 멈추게 하는 것이다. 역사 변혁 능력을 과시했던 그 역동성이 기력을 잃게 된 역설의 상황이다. 이것은 칼뱅의 제네바에서도 엿볼 수 있는 것이었고, 크롬웰의 영국에서도 드러났으며, 식민지 시대 뉴잉글랜드의 퓨리턴들의 행태에서도 나타난 바이다. 권력과 종교를 일치시켜 온 전래하는 질서를 초월의 권위에 따라 그 질서와의 긴장을 내뿜으며 그것을 혁파했던 칼뱅주의자들이 그들이 이룩한 새로운 질서를 믿음의 이름으로 묶어 두고자 하는 자기 오만에 사로잡혀 있었기 때문이다.

'분화'의 개념을 따와 이 상황을 풀이하고자 하는 리틀(Little, 1969: 222 – 223)의 말로 하면, 권력과 종교의 '미분화' 상태에 놓여 있던 옛 질서를 칼뱅주의자들은 초월의 권위에 대한 헌신의 믿음을 통하여 허물어버릴 수 있었다. 하지만 권력을 종교의 영역으로부터 '분화'시켰던 바로 그 역사의 진보가 뒤집혀, 칼뱅주의자들이 그 본래의 '분화' 능력을 잃고 자신들이 만든 특정 질서를 유지하기 위하여 다시 권력을 종교의 영역과 일치시켜 '미분화'의 상태로 되돌아서고자 한다. 근원의 분화 과정을 촉진시키면서 새로운 질서를 만들었던 칼뱅주의가 새로운 질서의 탄생과 함께 그 내면의 역동성을 포기하게 된 오만의 꼴이다. 분화의 개념은 뒤르케임과 파슨스에 이어지고 그들의 관심이 비록 베버의 관심과 일치하지 않는 점이 있기는 하지만 그들의 개념은 베버가 평생의 연구 관심으로 삼은 합리화 개념과 매우 가까이 만나고 있다(박영신, 1980).[14] 합리화가 치닫게 된 경직된 삶의 세계는 바로 이 내면의

---

14)　이 글의 논지에서 벗어나기에 여기서 다루지는 않지만 베버가 말하는 합리화는 그가 실러(J.

역동성을 잃어버린 오만의 결과라고 할 수 있다.

　　이처럼 친화력은 단순한 친화의 관계에서 끝나는 것이 아니다. 사회의 한 영역이 종교의 영역과 친화의 관계를 맺는다는 것은 그 관계를 종교로 정당화하고 나아가 그것을 절대화하여 고착화할 수 있음을 보여준다. 이전의 모든 쇠사슬을 끊어버릴 만큼 막강한 위력을 발휘하여 삶의 여러 영역을 자유롭게 풀어 주었던 종교의 힘이, 거꾸로 스스로 이룩한 그 '자유'의 특정 지점에 들러붙어 자기 안위와 도취에 빠져 자유의 영원한 변혁 능력을 멈춰 버릴 수 있다. 이 상황은 마치 예수의 제자들이 산에 올라 '변화'된 정경을 목도한 다음 그 산 위에서 만판 머물고 싶었던 그 '바람과 욕구'의 이야기와 같은 것이다(눅 9: 28 - 36). 인간이 빠져들 수 있는 이해할 만한 유혹이고 함정이다.

　　하지만 신의 뜻을 현실의 삶 속에서 구현해 가야 할 칼뱅 교도들에게는 도무지 벗어나고 싶지 않을 만큼 산 위가 황홀하고 평안하다고 하더라도 그곳은 결코 머물 곳이 아닌 것이다. 모름지기 그 평온을 박차고 산 밑으로 내려와야 한다. 그들은 신의 뜻에 따라 삶의 체제를 끊임없이 바꿔가기 위해 부름을 받은 자로 산 밑으로 내려와 세상 한 가운데서 살아가야 하기 때문이다. 이 세상의 질서란 그대로 지켜가야 할 '신성한 체제'가 아니라 그 초월의 높은 뜻에 따라 끝없이 바꿔가야 할 '세상의 체제'일 따름이다. 그 어떤 것도 초월의 권위와 일치시키고 등식화하여 '탈분화'

Schiller)의 글귀를 따와 적고 있는 '세계의 탈주술화(disenchantment)'라고 한 것과 이어진다 (Weber, 1946: 147 - 156). 이것은 그가 신비스런 영역으로부터 떨쳐 나오게 된 근대의 상황을 가리키기 위하여 쓴 낱말이다.

의 뒷걸음을 쳐서는 안 되는 것이다. 종교 일반이 그러해야 하지만 초월의 극대화를 지키며 인간과 세계를 초월코자 하는 변혁의 힘을 그 어느 종교 지향성보다 강력하게 뿜어내 온 칼뱅주의자들에게는 더욱 그러해야 하는 것이다.

그럼에도 종교는 비극의 상황을 빚는다. 그것이 지닌 초월의 가능성을 세속의 압력 밑에서 하찮은 지푸라기처럼 여겨 손쉽게 저버리게 되는 현실이 다름 아닌 종교의 비극이다(벨라, 1994: 248-249). 이 비극의 무대 위에 칼뱅주의도 올라서 있는 것이다.

5. 상징의 힘 되새기며

다양한 신학 노선과 윤리 지향성으로 전개되어 온 칼뱅주의에서 이른바 '보수주의'의 교리 해석을 지키고자 한 우파 진영에 속했다고 하더라도 우리나라 개신교 역사가 보여주듯이 특정 역사 상황에 서는 '순응'보다는 '맞섬'의 길에 들어서기도 했으며, 그 나름의 긴장과 대결의 사회 과정을 빚어내어 기대치 않은 엄청난 변화의 동력을 대어 주기도 하였다. 도거리로 부르는 근본주의자들의 신앙 집단이 폭넓은 사회 및 정치 변혁의 운동 세력으로 나타날 수 있었던 '각별한' 역사 이야기가 그것이다(Park, 2003: 50-94; 박정신, 2004: 125-179; 2009). 어떤 종교 지향성이 역사 상황에 따라 다르게 나타날 수 있다는 것은 종교와 역사 상황 사이에는 결코 일반화할 수 없는 복잡한 변증의 관계와 그 미묘한 과정을 지니고 있다는 뜻이기도 하다. 칼뱅주의 교리가 우리나라의 특정 상황에서 다른 사회 요인들과 만나 또 다시 다른 가지를 칠 수 있고, 내부 분열과 함께 한쪽이 다른 쪽을 격하하고 훼손하여 '더럽히면서' 자기를 거룩하다고 치켜세워 친화와 반친화의 경직된 대립 구조화를 낳을 수도 있다(이철, 2009; 황정욱, 1998ㄴ: 373 - 374).

상상하기 어려운 변혁의 에너지를 분출할 수 있는 초월의 가능성은 한갓 가능성으로 남아 있을 뿐 자체의 구체스런 실현을 반드시 보장해 주지는 않는다. 그것은 어쩔 수 없는 가능성이기에 안팎의 여러 유혹에 의해 현실 속에서 시들어 버려 '가능성의 가능성'을 향한 영원한 변형의 힘을 잃을 수도 있다. 절대의 확신으로 올라설 수 없는 인간이 자기 확신의 확신에 넘쳐 스스로 절대의 자리로 올라서서는 그 절대 너머 새로운 가능성의 지평에 문을 닫아 버리기 때문이다. 영원한 가능성을 향해 문을 열어 두고 있어야 할 초월의 가능성을 배신한 다음 인간이 맞닥뜨리게 된 그 가능성의 중단 사태이다. 초월의 능력을 행사해 온 종교 지향성이 어느 지점에서 멈춰 서서는 그 곳에 안주 하고픈 유혹에 굴복해 버린 자기모순이다. 이 자기 축소의 분절화 과정에서 독선의 편협함이 움돋는다.

여기서 기억해야 할 점이 있다. 칼뱅주의를 비롯한 프로테스탄트 윤리는 특정 삶의 영역에 집중하는 직업 윤리에 한정되어야 할 만큼 비좁지 않다. 역사에서 드러난 그대로 그 윤리는 삶의 모든 영역으로도 나아가 그곳에서 부름 받은 소명의 삶을 살아가도록 부추겼다. 그럼에도 삶의 관심이 분절화되어 제각기 좁은 칸막이로 갈라져 들어가 그 안에 갇혀 버린 것이다. 이것은 친화력으로 굳어진 삶의 타성이다. 그럼에도 벨라가 밝히고 있듯이(Bellah,

2006: 123－149) 그 타성 밑바탕에는 여전히 싱그러운 초월의 능력이 완전히 사라지지 않고 도사리고 있다. 그 능력에 터하여 차갑게 굳어진 그 삶의 틀에서 떨쳐 나와 더욱 넓은 지평을 바라볼 수 있어야 한다. 베버 스스로 '형제(자매)애'와 '이웃됨'을 강조하고 나왔던 바를 다시 새겨 봐야 한다는 말이다(Weber, 1946: 324－359). 어찌 보면 이것은 성도들이 교통하는 것이 교회의 참모습이라며 아래와 같이 적고 있는 칼뱅의 생각과 상통하는 것이라 할 수 있다.

> 하나님이 어떤 은택이든 성도들에게 주셨다면 이제는 성도들이 서로 나눠야 한다는 원리에 따라 그리스도의 공동체에 함께 모이게 되었다고 말하는 것과 같다. … 하나님이 모든 사람들에게 공통된 아버지이고 그리스도가 공통된 머리라는 것을 진실되게 확신한다면 형제자매의 사랑으로 연합하여 그들이 받은 은택을 그들이 서로 나눌 수밖에 없다(Calvin, IV. 1. 3; 칼뱅, IV. 49－50).[15]

이 가르침은 소명의식이 어느 영역에 이어져 있든 그 영역보다 훨씬 넓은 삶의 지평을 가리키며, 두말할 나위도 없이 인류의 역사를 관통하여 다스려 온 저 오랜 친족 집단 중심의 윤리 관심과 거기로 되돌아가고자 하는 비좁은 삶의 지향성을 넘어서는 더욱 넓은 삶의 공동체와 거기서 나눠야 하는 '형제자매의 사랑'을 가리킨다(박영신, 2008ㄴ: 25－26).

이것은 오늘에 이른 삶의 역사를 깡그리 새롭게 새겨봐야

---

15) 위의 옮김은 나의 것임.

할 계기와도 이어질 수 있다. 다른 말로, 이것은 자신을 인식의 중심부에 두고 모든 것을 주변에 위치지운 인간 중심의 비좁은 생각의 틀을 부수어야 하는 새로운 삶의 책무를 가리킨다. 이 책무는 부의 증식에 단단히 고착시켜 놓은 삶의 지향성 때문에 자칫 자기만의 성취를 유일한 구원의 표지로 삼아 이웃한 가난한 자들의 빈곤에 대하여 깍듯한 관심을 지켜온 칼뱅의 생각조차도(앞의 달음 9) 지나쳐버리는 속 좁은 자기중심의 틀을 되돌아보는 데까지 나아가고, 한 차원 넓혀 인간의 인간에 대한 지평 그 너머 창조 질서 안의 피조물 사이에서도 펼쳐져야 할 삶의 지향성으로도 이어져야 한다(박영신, 2006, 2008ㄱ; 송준인, 2009).[16]

인간은 자칫 특정한 구체 수준에 종교 지향성을 붙잡아 놓고는 더욱 높은 일반스런 관심 세계로 나아갈 수 있는 가능성을 지레 문닫아버리곤 한다. 칼뱅주의자들도 마찬가지였다. 그들 역시 특정 지역과 시대의 과제에 홀려 그 모든 것을 넘어, 다른 말로 구체적 수준 너머 일반 수준으로 나아가지 못하기도 했던 것이다. 칼뱅주의 스스로 자체 속에 들어있는 가능성의 가능성을 철저하게 일궈가지 못하여 영구히 넓어져야 할 관심 세계를 놓치고 잃어버린 경우라 할 수 있다. 칼뱅주의 해석에서 지나쳐버리는 오류가 바로 이 대목이었다.

칼뱅주의는 자체의 원형으로 돌아가 공간과 시간에 얽매인 구체스런 수준의 활동 구조, 그것을 쉼 없이 새김질해 볼 필요

---

16) 송준인(2009)은 '인간 중심'에서 범신론과 범재신론에 터한 '생태 중심'으로 나아가는 통례의 생각에 머물지 않고 '하나님 중심'으로 나아가야 한다는 논지를 펼치고 있다. 그의 논지는 흔히 기독교가 빠져든 인간 중심주의와는 달리 유대교와 이슬람교에서 초월의 하나님 중심을 강조했다는 논지(Jamieson, 2008: 21)와 다른 차원에서 만나고 있다.

가 있다. 칼뱅주의라는 프로테스탄트 윤리가 삶의 놀라운 변혁을 가져왔음에도 불구하고 그것이 피할 수 없는 '쇠우리'라는 역설의 상황을 낳게 되었을 때 다시 그것을 돌파하기 위하여 그 변혁의 원천으로 작용한 초월의 상징과 다시 마주하는 깊은 계기를 만들 수 있어야 한다(박영신, 1980; 2008). 여기에서 새로운 가능성의 문이 열릴 수 있기 때문이다.

참고문헌

괴테(김래원),『친화력』(서울: 민음사, 2001).

박영신, "프로테스탄트 윤리의 재인식,"『현상과인식』, 4권 4호(1980).

──, "역사 – 구조적 접근의 일반 원리,"『사회학연구』, 첫째 책(1984).

──,『우리 사회의 성찰적 인식』(서울: 현상과인식, 1995).

──, "다시 생각하는 여성주의, 새로 생각하는 생태주의,"『사회이론』, 통권 33호(2008ㄱ).

──, "'초월'의 추방, 그 문화의 정황,"『현상과인식』, 32권 3호(2008ㄴ).

──, "개신교 정신과 '시민다움'의 삶"(주제 발표)(한국기독교교육학회/2008년 가을학술대회/감리교신학대학교)(2008ㄷ).

박정신,『한국 기독교사 인식』(서울: 혜안, 2004).

──, "보수적 칼뱅주의의 조선 유입: 그 각별한 역사,"〈칼뱅주의 논쟁: 인문사회학에서〉(자료집)(한국인문사회과학회 봄학술대회/2009년 5월 30일/배재학술지원센터).

벨라, 로버트 엔(박연신 옮김),『도쿠가와 종교』(서울: 현상과인식, 1994).

송준인, "'牧民' 精神과 그리스도인의 청지기職"(제1회 목민학술강좌/재단법인 목민/2009. 7. 10/숭실대학교 한경직 기념관).

오형국,『칼뱅의 신학과 인문주의』(파주: 한국학술정보, 2006).

이상규, "한국에서의 칼뱅 연구," 오정호 외,『칼뱅과 한국 교회』(서울: 생명의말씀사, 2009).

이종성,『칼뱅』(서울: 대한기독교출판사, 1978).

이철, "칼뱅주의와 1953년 한국 장로교 분열: 문화사회학적 연구,"〈칼뱅주의 논쟁: 인문사회학에서〉(자료집)(한국인문사회과학회 봄학술대회/2009. 5. 30./배재학술지원센터).

전경연,『칼뱅의 生涯와 神學思想』(서울: 한신대학교출판부, 1982).

정성구,『칼뱅主義 思想大系』(서울: 총신대학교출판부, 1995).

칼뱅, 존,『基督敎 綱要』(서울: 세종문화사, 1977).

한국칼뱅학회(엮음),『칼뱅 신학 해설』(서울: 대한기독교서회, 1998).

황정욱,『칼빈의 초기 사상 이해』(서울: 선학사, 1998ㄱ).

──, "교회론," 한국칼뱅학회(엮음),『칼뱅 신학 해설』(서울: 대한기독교서회, 1998ㄴ).

Bellah, Robert N., "Reflections on the Protestant Ethic Analogy in Asia," Robert N. Bellah, *Beyond Belief*(New York: Harper & Row, 1970).

──, "Max Weber and World–Denying Love," Robert N. Bellah/Steven M. Tipton(엮음), *The Robert Bellah Reader*(Durham, North Carolina: Duke University Press, 2006).

Benedict, Philip, *Christ's Churches Purely Reformed*: *A Social History of Calvinism*(New Haven: Yale University Press, 2002).

Breuilly, John, "Eduard Bernstein and Max Weber," Wolfgan J. Mommsen/Jürgen Osterhammel(엮음), *Max Weber and His Contemporaries*(London: Unwin Hyman, 1987).

Calvin, John, *Institutes of the Christian Religion*(Louisville: Westminster John Knox Press, 2006).

De Gruchy, John, *Christianity and Democracy*(Cambridge: Cambridge University Press,

1995).

Duke, Alastair, "Perspectives on International Calvinism," Andrew Pettegree/Alastir Duke/Gillian Lewis(엮음), *Calvinism in Europe, 1540–1620*(Cambridge: Cambridge University Press, 1994).

Eisenstadt, S. N.(엮음), *The Protestant Ethic and Modernization: A Comparative View*(New York: Basic Books, 1968).

Fischoff, Ephraim, "The Protestant Ethic and the Spirit of Capitalism: The History of A Controversy," S. N. Eisenstadt(엮음), *The Protestant Ethic and Modernization: A Comparative View*(New York: Basic Books, 1968).

Forcese, Dennis P., "Calvinism, Capitalism and Confusion: The Weberian Thesis Revisited," *Sociological Analysis*, 29권(1968).

Fuchs, Eric, "Calvin's Ethics," Martin Ernst Hirzel/Martin Sallmann(엮음), *John Calvin's Impact on Church and Society*, 1509–2009(Grand Rapids, Michigan: Wm. B. Eerdmans, 2009).

Geary, Dick, "Max Weber, Karl Kautsky and German Social Democracy," Wolfgan J. Mommsen/Jürgen Osterhammel(엮음), *Max Weber and His Contemporaries*(London: Unwin Hyman, 1987).

Gerth, H. H./C. Wright Mills, "Introduction : The Man and the Work," Max Weber, *From Max Weber : Essays in Sociology*(H. H. Gerth/C. Wright Mills 엮고 옮김)(New York : Oxford University Press, 1946).

Gorski, Philip S., "Calvinism and Revolution: The Walzer Thesis Reconsidered," Richard Madsen 들(엮음), *Meaning and Modernity: Religion, Polity, and Self*(Berkeley: University of California Press, 2002).

________, *The Disciplinary Revolution: Calvinism and the Rise of the State in Early Modern Europe alvinism and: The Weber Thesis and Its Critics*(Chicago: University of Chicago Press, 2003).

Green, R. W.(엮음), *Protestantism and Capitalism : The Weber Thesis and Its Critics*(Boston : Heath, 1959).

Hall, David W., *Calvin in the Public Square*(Phillipsburg, New Jersey: P & R, 2009).

Holder, R. Ward, "Calvin's Heritage," Donald K. McKim(엮음), *The Companion to John Calvin*(Cambridge: Cambridge University Press, 2004).

Honigsheim, Paul, *The Unknown Max Weber*(New Brunswick: Transaction, 2000).

Höpfl, Harro, "Introduction," *Luther and Calvin: On Secular Authority*(Cambridge: Cambridge University Press, 1991).

Howe, Richard Herbert, "Max Weber's Elective Affinities: Sociology within the Bounds of Pure Reason," *American Journal of Sociology*, 84권 2호(1978. 9).

Jamieson, Dale, *Ethics and Environment*(Cambridge: Cambridge University Press, 2008).

Kirkpatrick, Frank G., *The Ethics of Community*(Oxford: Blackwell, 2001).

Little, David, *Religion, Order, and Law: A Study in Pre–Revolutionary England*(Chicago: University of Chicago Press, 1969).

Luther, M./Calvin, J., *Luther and Calvin: On Secular Authority*(Harro Höfl 엮음)(Cambridge: Cambridge University Press, 1991).

Lüthy, Herbert, "Once Again: Calvinism and Capitalism," Eisenstadt, S. N.(엮음), *The Protestant Ethic and Modernization: A Comparative View*(New York: Basic Books, 1968).

Maag, Karin/Paul Fields, "Calvin in Context: Current Resources," Donald K. McKim(엮음), *The Companion to John Calvin*(Cambridge: Cambridge University Press, 2004).

Marx, Karl/Friedrich Engels, *On Religion*(New York: Schocken, 1964).

McNeill, John T., *The History and Character of Calvinism*(London: Oxford University Press, 1954).

McGrath, Alister E., "Shapers of Protestantism: John Calvin," Alister E. McGrath/Darren C. Marks(엮음), *The Blackwell Companion to Protestantism*(Oxford: Blackwell, 2007).

Merton, Robert K., "Puritanism, Pietism, and Science," *Social Theory and Social Structure*(New York: Free Press, 1957).

Mommsen, Wolfgang J., *The Political and Social Theory of Max Weber*(Cambridge: Polity, 1989).

Muller, Richard A., "John Calvin and Later Calvinism: The Identity of the Reformed Traditon," David Bagchi/David C. Stenmetz(엮음), *The Companion to Reformation Theology*(Cambridge: Cambridge University Press, 2004).

Nelson, Benjamin, *The Idea of Usury: From Tribal Brotherhood to Universal Othernessr*(Chicago: University of Chicago Press, 1969).

Niebuhr, H. Richard, *Christ and Culture*(New York: HarperCollians, 2001)[1951].

Niebuhr, Reinhold, "Introduction," Marx, Karl/Friedrich Engels, *On Religion*(New York: Schocken, 1964).

Olson, Jeannine, "Calvin and Social Ethical Issues," Donald K. McKim(엮음), *The Companion to John Calvin*(Cambridge: Cambridge University Press, 2004).

Park, Chung–shin, *Protestantism and Politics in Korea*(Seattle: University of Washington Press, 2003).

Parsons, Talcott, *The Early Essays*(Chicago: University of Chicago Press, 1991).

Partee, Charles, *The Theology of John Calvin*(Louisville: Westminster John Knox Press, 2008).

Poggi, Gianfranco, *Calvinism and the Capitalist Spirit: Max Weber's Protestant Ethic*(Amherst: University of Massachusetts Press, 1983).

Sadri, Ahmad, *Max Weber's Sociology of Intellectuals*(New York: Oxford University Press, 1992).

Salvadori, Massimo L., "Kautsky and Weber: Common Problems and Different Approaches," *International Journal of Comparative Sociology*, 30권 1/2호(1989).

Schreiner, Susan E., *The Theater of His Glory: Nature and the Natural Order in the Thought of John Calvin*(Grand Rapids, Michigan: Baker Academic, 1991).

Selderhuis, Herman J., *John Calvin: A Pilgrim's Life*(Downers Grove, Illinois: IVP Academic, 2009).

Steinmetz, David, *Calvin in Context*(New York: Oxford University Press, 1995).

Stewart, M. A., "Religion and Rational Theology," Alexander Broadie(엮음), *The Scottish*

Enlightenment(Cambridge: Cambridge University Press, 2003).

Tawney, R. H., *Religion and the Rise of Capitalism*(New York: Mentor, 1926).

Thomas, J. J. R., "Ideology and Elective Affinity," *Sociology*, 19권 1호(1985. 2).

Tocqueville, Alexis de, *Democracy in America*(New York: Vintage Books, 1945).

Trueman, Carl R., "Calvin and Calvinsim," Donald K. McKim(엮음), *The Companion to John Calvin*(Cambridge: Cambridge University Press, 2004).

Walzer, Michael, *The Revolution of the Saints: A Study in the Origins of Radical Politics*(Cambridge, Massachusetts: Harvard University Press, 1965).

Weber, Marianne, *Max Weber: A Biography*(New Brunswick: Transaction, 1988).

Weber, Max, *From Max Weber: Essays in Sociology*(H. H. Gerth/C. Wright Mills 엮고 옮김)(New York: Oxford University Press, 1946).

______, *The Protestant Ethic and the Spirit of Capitalism*(New York: Charles Scribner's Sons, 1958).

______, *The Sociology of Religion*(Boston: Beacon, 1963).

______, *Economy and Society* I(Berkely: University of California Press, 1968).

White, Jr., Lynn, "The Historical Roots of the Environmental Crisis," R. J. Berry(엮음), *The Care of Creation: Focusing Concern and Action*(Leicester: Inter-Varsity Press, 2000)[1967].

Winter, J. A., "Elective Affinities between Religious Beliefs and Ideologies of Management in Two Eras," *American Journal of Sociology*, 79권 5호(1974. 3).

Woodhouse, A. S. P., "Introduction," A. S. P. Woodhouse(엮음), *Puritanism and Liberty*(London: J. M. Dent & Sons, 1992).

Zachman, Randall C.(엮음), *John Calvin and Roman Catholicism: Critique and Engagement, Then and Now*(Grand Rapids, Michigan: Baker Academic, 2008).

박영신 연세대학교 사회학과 명예교수 _parkphen@chol.com

미국 버클리대학교에서 사회학 박사학위를 받았으며, 연세대학교 사회학과 명예교수 및 실천신학대학원대학교 종교사회학 석좌교수로 있다. 지은 책으로 「현대사회의 구조와 이론」(일지사, 1978), 「사회학 이론과 현실 인식」(민영사, 1992), 「우리 사회의 성찰적 인식」(현상과인식, 1995), 「실천도덕으로서의 정치-바츨라브 하벨의 역사 참여」(연세대학교 출판부, 2000), 「겨레 학문의 선구자-외솔과 한결의 사회사상」(연세대학교 출판문화원, 2002) 등이 있으며, 옮긴 책으로는 「집단 심리학」(학문과 사상사, 1980), 「사회 변동의 상징 구조」(삼영사, 1981), 「사회 변동과 사회운동」(세경사, 1984), 「도쿠가와 종교」(현상과인식, 1994)를 비롯하여 여러 가지가 있다. 녹색연합의 상임대표로 일하면서 시민운동과 생태주의의 사회 이론에 관심을 기울이고 있다.

칼뱅의 신학과 16세기 프랑스 인문주의

신현수_평택대학교 신학과 및 피어선신학전문대학원 부교수

1. 들어가는 말

칼뱅 출생 500주년을 기념하는 행사가 세계 곳곳에서 열리고 있다. 한국 교회도 교단별로 갖가지 기념행사를 벌이고 있다. 칼뱅은 루터에게서 시작된 종교개혁운동을 신학적으로 발전시켰고 전 유럽으로 확산시키는 데 크게 기여했다. 그의 사상은 개신교회의 토대가 되었을 뿐만 아니라 당시는 물론 오늘에 이르기까지 유럽 사회와 세계 문화에 크게 영향을 끼치고 있다. 따라서 그의 사상은 신학뿐만 아니라 여러 학문 분야에서 살펴볼 가치가 있다. 이런 점에 비추어 볼 때 한국인문사회과학회가 칼뱅 논쟁을 주제로 학제 간의 연구를 시도하는 것은 뜻있는 일이다.

갬블(Gamble, 1994: 105)이 정확히 지적한 것처럼, 19세기 후반과 20세기 초기에 칼뱅의 신학은 주로 중심 주제별로 연구되었다. 이것은 어느 한 중심 주제가 칼뱅의 신학의 기반을 이루고 있다는 판단에서다. 하지만 이러한 연구 방법은 받아들이기 힘들다.

칼뱅은 어느 한 교리로 자신의 신학을 체계화하려 하지 않았다. 더구나, 오늘날 칼뱅 연구자들이 일반적으로 주장하듯이, 칼뱅신학에는 모든 주제를 해석하는 하나의 혹은 유일한 주제가 없다. 따라서 칼뱅신학에 관한 새로운 연구 방향이 요구된다.[1]

칼뱅의 신학은 16세기 프랑스 인문주의와 떨어져 바로 이해될 수 없다. 한 사람의 사상은 그가 살았던 시대의 지적 풍토와 밀접히 관련되어 있다. 칼뱅의 신학은 14세기 이탈리아에서 시작하였고, 16세기에 전 유럽에 확산된 인문주의의 배경에서 형성되었다. 인문주의는 칼뱅 당시 유럽의 시대정신이자 주된 지적 풍토였다. 따라서 칼뱅의 신학은 이 인문주의의 영향에서 벗어날 수 없다. 그의 신학에 인문주의적 특성이 나타나는 것은 자연스러운 현상이다.

하지만 칼뱅이 개신교로 회심 후에도 여전히 인문주의자였느냐에 대해서 서로 상반된 주장이 있다. 먼저 칼뱅이 초기에 인문주의에 크게 영향을 받은 것은 틀림이 없으나 종교개혁자가 된 이후에는 그렇지 않았다고 보는 입장이다. 워필드가 이런 입장을 가진 대표적인 인물이다(Warfield, 1956: 53). 이에 반하여, 칼뱅이 언제나 인문주의에 충실하였다고 보는 견해가 있다. 벤델(Wendel, 1950: 117)에 따르면, 노이에르하우스(J. Neuerhaus)는 칼뱅이 끝까지 뛰어난 인문주의자의 명성을 유지하였다고 역설한다. 가노크치(Ganoczy, 1987: 181)도 같은 입장이다. 그는 비록 르페브르와 로테르담(Rotterdam)의 에라스무스(Desiderius Erasmus 1466-1536)의 주석이 『기

---

1) 갬블은 칼뱅신학의 최근 연구 방향으로 세 가지 곧 사회적 정치적 접근, 주석적 접근 및 지적 신학적 접근 등을 든다(Gamble, 1994: 92-101).

독교강요』에 나타나지 않지만, 인문주의 유산의 상당 부분이 칼뱅신학에 들어있음을 그 근거로 지적한다.

칼뱅의 신학은 인문주의의 환경에서 형성되었기 때문에 어떠한 형태로든지 영향을 받은 것은 틀림이 없다. 하지만 이러한 사실 자체는 그가 언제나 인문주의자였다는 것을 직접적으로 뒷받침해주지 못한다. 칼뱅 자신은 당시 인문주의에 대해 어떠한 평가를 내리는가? 이것을 짐작케 하는 칼뱅의 말이 있다.

> 데모스테네스(Demosthenes)나 키케로(Cicero)의 저작들을 읽어보라. 플라톤이나 아리스토텔레스 같은 이들의 글을 읽어보라. 아마도 그 책들에게 상당히 매료되고, 거기서 즐거움과 감동을 얻으며, 거기에 마음이 사로잡힐 것이다. 그러나 그것들을 읽은 다음 성서를 읽는 데 전념하라. 그러면 성서는 우리 자신도 모르는 사이에 우리를 크게 감동시키고, 우리 마음에 스며들 뿐만 아니라, 골수에까지 새겨진다. 성서가 끼치는 깊은 영향과 비교할 때에 수사학자나 철학자들의 글에서 받은 감동은 거의 사라지게 될 것이다. 결국 이 성서에는 인간의 노력으로 얻게 되는 모든 재능과 품위를 완전히 뛰어넘는 무엇이 있고 무엇인가 신적인 것이 숨쉬고 있다는 것을 쉽게 알게 될 것이다 (Calvin, 1권 8장 1절).

그러면 칼뱅의 신학은 당시 프랑스 인문주의와 어떠한 관계를 갖는가? 다시 말하면, 그의 신학 형성에 이 인문주의가 어떠한 역할을 하였는가? 이 글이 논증하고자 하는 것은 칼뱅의 신학이 교부들의 전통에 입각하여 철저히 성서에 바탕을 두면서도

16세기 프랑스 인문주의의 관점과 사고의 틀에서 표현되었다는 것이다. 칼뱅의 신학의 가장 큰 특징은 성서 중심이라는 것이다. 칼뱅은 평생토록 성서의 진리를 탐구하였다. 그에게 성서는 하나님의 계시로서의 권위를 갖는 것이기 때문이다. 샤프는 이것을 정확히 지적하여 말하기를, "그는 하나님의 말씀이라고 하는 이 움직이지 않는 반석 위에 자신을 확고히 세우고 신앙과 행위 문제에서 성서를 유일하며 가장 안전한 안내자로 확신했던 것이다(Schaff, 1969: 330)." 칼뱅의 성서 중심의 신학 형성에는 초기 교회의 교부들, 특히 성 어거스틴의 영향이 컸다. 칼뱅은 어거스틴을 비롯한 교부들의 글을 자신의 글에 많이 인용하였다. 칼뱅은 교부들의 전통에 입각한 이러한 성서 중심의 신학을 그것의 본질을 변질시키지 않으면서 당시의 지적 풍토인 인문주의의 형식으로 표현함으로써 당시 사람들과 소통하고자 하였다. 이것은 이른바 전통 신학의 인문주의적 상황화(contextualization)이다.

이러한 논지가 정당하다는 것을 밝히기 위해 먼저 칼뱅이 16세기 프랑스 인문주의 운동과 어떠한 관계를 맺는지를 그의 교육 배경과 사역을 중심으로 살핀다. 이어서 이 인문주의적 요소의 관점에서 칼뱅의 신학이 갖는 특성을 오직 성서의 신학원리, 이중적 하나님 지식 및 경건의 수사학의 순서로 분석한다.

2. 칼뱅과 16세기 프랑스 인문주의 운동

1) 프랑스 인문주의 운동의 특성

칼뱅은 프랑스 인문주의 운동이 활발하던 시대에 태어나고 자랐으며 활동하였다. 당시 인문주의 운동은 그의 신학적 사고의 지적 상황이었다. 따라서 그의 신학은 이 인문주의의 영향으로부터 벗어날 수 없다. 그러면 그의 신학 형성의 배경인 이 인문주의의 기본 성격은 무엇인가?

16세기 프랑스 인문주의는 14세기 이탈리아에서 시작한 르네상스 인문주의의 전통에 바탕을 두고 있다. 비록 전자가 후자를 그대로 받아들이지 않고 당시 상황에 맞게 채택하고 발전시켰지만 말이다. 따라서 칼뱅 당시 프랑스 인문주의의 기본 성격은 르네상스 인문주의의 그것과 맥을 같이 한다.

크리스텔러(Kristeller)가 바로 보았듯이, 르네상스 인문주의는 본질적으로 고전을 강조하는 문화적·교육적 프로그램이었다. 그것은 고전에서 글을 잘 쓰고 말을 유창하게 하는 유형을 찾고자 한 것이었다. 르네상스 인문주의는 어떤 사상의 실제적 내용에 관한 것이 아니라 어떻게 사상을 습득하고 표현하느냐에 관한 것이었다(McGrath, 1994: 45).

이와 같은 르네상스 인문주의의 본질에 비추어 볼 때, 칼뱅 당시 프랑스 인문주의의 기본 이상은 무엇보다 먼저 고전을 익히고 고전 언어학에 힘을 기울이는 것이다. 이것은 '원전으로 돌아가라(*ad fontes*)'는 르네상스 인문주의의 원칙을 그대로 따른 것이다.

고전 연구는 그 자체가 목적이 아니라 말을 유창하게 하고 글을 잘 쓰기 위한 수단이었다.

　　종교적 프로그램으로서 16세기 프랑스 인문주의 운동은 원전 성서에 초점을 둔다. 원전 성서가 기독교의 고전이기 때문이다. 이 운동이 주로 관심을 기울이는 것은 다음과 같다: 첫째, 원전 성서의 본문을 비평하는 것이다. 둘째, 성서 본문을 학문적으로 주석하는 것이다. 셋째, 성서 본문을 해당 지방의 언어로 번역하는 것이다(신현수, 2003: 127 – 31).

　　뿐만 아니라, 이 운동은 프랑스의 법적 개혁에 많은 관심을 기울였다. 프랑스가 보편 원칙에 바탕을 둔 합리적인 법률을 갖기 위한 이론적 연구 활동이 부르주(Bourges)와 오를레앙(Orleans) 대학을 중심으로 활발하게 일어났다. 이러한 활동은 고전적 법률 문헌을 읽을 때 원전을 읽는 방법을 발전시켰다. 이것 역시 '원전으로 돌아가라'는 르네상스 인문주의 원칙의 한 적용이다.

　　16세기 프랑스 인문주의 운동을 이끌었던 대표적 인물로서 가장 먼저 발라(Lorenzo Valla)를 들 수 있다. 브린(Quirinus Breen, 1968: 103 – 104)에 따르면, 그는 저술을 통해 성서와 고전의 본문을 접하도록 하는 본문비평의 정신을 일깨워주었다. 두 번째로 들 수 있는 인물은 뷔데(Guillaume Bude)이다. 그가 쓴 그리스어 교본은 오랫동안 그리스어를 공부하는 사람에게 표준적 지침서가 되었다. 또한 그의 유스티니아누스 법전의 주석서(Annotationes in quattuor et viginti Pandectarum libros)는 문헌학의 이정표가 되었다. 프랑수아 1세의 자문위원인 그는 인문주의 학문을 진흥시키기 위해 퐁텐블로의 도서관과 왕립 강좌를 설립하는데 주도적 역할을 했다. 그리고 그는

『헬레니즘에서 기독교로의 전이에 대하여(*On the Transition from Hellenism to Christianity*)』라는 책을 저술하여 고대 문화를 연구하는 것이 기독교의 진리를 더 잘 이해하는데 도움이 됨을 역설했다. 세 번째로 중요한 사람은 르페브르 데타플(Jacque Lefevre d'Etaples)이다. 그는 파리대학교의 교수로서 성서원전 연구의 필요성을 강조하였다. 그에게 원전 성서는 최고의 권위를 갖기 때문이다.

2) 칼뱅의 교육과 활동

이처럼 프랑스 인문주의 운동이 활발하던 때 칼뱅은 노아용(Noyon)에서 태어났다. 그는 열두 살 때부터 스물다섯 살 때까지 이곳 대성당과 부친의 고향 교구의 성직록을 받으면서 공부했다. 이것은 비록 그가 사제서품을 받은 적이 없으나 어릴 때부터 예비 사제의 의식을 갖고 자라났음을 뒷받침한다. 1523년 칼뱅은 파리에 있는 마르쉬학교(College de Marche)에서 라틴어 문장의 기초를 닦았다. 그런 다음 몽떼귀대학에서 철학과 변증학을 공부하여 문학석사를 받았다.

그 후 칼뱅은 아버지의 뜻에 따라 오를레앙대학으로 옮겨 법학 공부를 시작하였다. 윌리스(Willis, 1974: 48)에 따르면, 이 법학 교육은 칼뱅이 율법적 사고를 갖게 하는 것보다 오히려 인문주의적 신학의 내용을 갖게 하였다. 1529년 칼뱅은 부르주대학으로 옮겨 계속 법학을 공부하여 법률가 자격증(licencie es lois)을 받았다. 이러한 인문주의 교육은 칼뱅이 로마 가톨릭 교회를 비판하고 종교개혁 운동을 벌이는 학문적 기반이 되었다.

칼뱅이 당시 프랑스 법적 인문주의자들 특히 뷔데로부터 배운 것은 다음과 같다. 우선 성서를 직접 원어(히브리어와 헬라어)로 읽어야 하고, 성서 원어에 대해 언어학적 연구를 하며, 성서를 해석할 때 본문의 언어적·역사적 요소를 고려하고, 설교할 때 성서 본문 비평과 듣는 청중의 상황에 맞게 적용하는 것 등이다.

1531년 아버지가 죽자 칼뱅은 파리의 왕립 강좌(Lecteurs Royaux)의 수강생으로 그리스어와 히브리어를 공부하였다. 이곳에서 공부하는 동안 그는 세네카의 「관용론」에 대한 주석을 써서 출판하였다. 이 책은 자신이 그동안 공부한 인문주의 학문을 집대성한 것이다. 그것은 발라, 에라스무스 및 뷔데의 방법에 충실하면서도 자기 자신의 독창성을 잘 나타내었다. 여기서 칼뱅은 어거스틴과 초기 교회 교부들, 그리고 뷔데와 에라스무스를 비롯한 당대 저명한 인문주의자들을 수없이 많이 인용하고 있다. 이것은 칼뱅이 인문주의 학자로서 뛰어난 능력을 가지고 있음을 드러낸 것이다. 다른 많은 인문주의자들처럼 칼뱅에게 고전은 예수 그리스도의 복음을 준비하는 것이었다. 1559년 판 『기독교강요』에서 칼뱅은 키케로가 사람들을 고대 자연 종교에서 예수 그리스도의 복음으로 인도하는 데 도움을 줄 수 있다고 주장하였다. 이러한 사실들은 칼뱅이 프랑스 인문주의의 문화에 깊이 영향을 받았음을 말해준다(Breen, 1974: 126).

이러한 인문주의적 성향이 칼뱅이 회심한 후에는 어떻게 되었는가? 칼뱅은 시편주석 서문에서 자신의 회심이 '갑작스러운' 것이었고, '하나님이 행하신' 것이었다고 밝혔다. 이것은 그 회심이 인문주의적 학문 방식과 상관이 없음을 뜻한다. 인문주의 운동이 기본적으로 관심을 기울이는 것은 일관되고 변할 수 없는 어떤 내용이 아니라 어떤 문제에 접근하는 방식이다. 위에서 이미 논한 바와 같이, 인문주의가 고전 연구를 강조하는 것은 그 고전의 내용보다 그 고전이 갖고 있는 표현 양식 때문이다. 칼뱅에게 회심 사건은 성서가 하나님의 계시의 말씀이라고 믿게 한 것이다. 따라서 이 회심 사건은 연구의 주된 대상을 고전에서 성서로 바뀌게 한 것이지 오랜 세월동안 훈련받은 인문주의적 사고의 틀과 방식을 바뀌게 한 것은 아니다.

이러한 인문주의적 성향은 칼뱅이 1541년 제네바 아카데미를 설립하는 구상에서도 지속적으로 나타나고 있다. 이 아카데미는 중세 전통의 대학과는 달리 스콜라주의가 아니라 인문주의적 교육 이념을 택하였다. 그는 신학교육마저도 어학과 교양학문의 기반 없이는 헛된 것으로 이해하였다. 제네바 아카데미의 기본 목표는 교회 사역자뿐만 아니라 정부에서 일할 경건하고 학식 있는 인물들을 양성하는 것이었다.

그 후 칼뱅은 제네바에서 주로 성서에 바탕을 둔 설교, 성서강해, 성서주석, 그리고 제네바 시와 밖으로부터 제기된 다양한 신학적 문제들에 대해 서신과 논문을 통해 답하는 일에 몰두하였다. 이러한 일들은 모두 성서적 진리를 증언하기 위한 것들이라고 말할 수 있다. 그는 어떤 형태의 사변적 추론도 배격하고 오직 성서 본문에 따라 성서적 진리를 전개하고 표현하려 하였다.

이러한 성서적 진리를 선포하고 가르치기 위한 일에 칼뱅은 당시 프랑스의 인문주의의 정신과 방식을 적극 활용하였다. 그것은 이 인문주의가 그의 신학 형성의 한 배경에 그치는 것이 아니라 그의 신학을 구성하는 요소가 되었기 때문이다. 신학적 사상은 그것을 사고하고 표현하는 틀과 결코 분리되어 이해할 수 없다. 바로 여기에 신학의 상황화가 요구된다. 그러면 이 상황화가 칼뱅의 신학에 어떻게 나타나는가? 이것을 칼뱅의 신학에 나타난 인문주의적 특성을 살펴봄으로써 밝히고자 한다.

3. '오직 성서'의 신학원리

성서 중심은 칼뱅의 신학 전체에 일관되게 흐르고 있는 기본 원리이다. 그의 신학적 사고의 원천과 기준은 언제나 성서다. 이 '오직 성서'(*sola scriptura*)의 강조는 성서가 하나님의 계시의 말씀이라는 그의 확신 때문이다.

'오직 성서'의 신학 원리는 중세 전통을 떠나는 것이었다. 당시까지 내려오던 중세 스콜라주의 신학은 교회의 전통을 성서보다 우위에 놓았다. 하지만 칼뱅은 성서의 권위를 교회의 권위 위에 두었다. 교회란 예수 그리스도를 주로 믿고 구원받은 사람들의 공동체다. 그런데 구원에 이르게 하는 이 믿음은 성서의 말씀을 들어서 갖게 된다. 성령 하나님은 이 성서의 말씀을 통해서 사람이 예수를 믿게 하고 구원에 이르게 한다. 이 성서의 말씀은 하나님의 영감으로 기록된 권위 있는 하나님의 계시의 말씀이기 때문이다. 따라서 성서는 교회의 설립의 기초다.

이러한 '오직 성서'의 신학 원리는 종교개혁자 루터의 신학과 신 어거스틴 학파 리미니의 그레고리(Gregory of Rimini) 신학의 영향이다. 이것은 다시 4세기 경 히포의 어거스틴(Augustine of Hippo)의 신학 전통에까지 거슬러 올라간다. 이것은 결국 사도들의 복음 전통을 이어 받은 것이다. 이런 점에서 칼뱅의 신학은 철저히 복음 전통에 기반하고 있다. '오직 성서'의 신학의 원리는 먼저 원전 성서를 강조한다. 이것은 16세기 프랑스 인문주의자의 보네 리터레(bonae litterae), 곧 고전의 유형에서 글을 잘 쓰고 말을 유창하게 하려는 정신의 실천이다. 기독교의 고전은 히브리어 성서와 헬라어 성서이기 때문이다. 에라스무스는 그리스어를 공부하는 것이 성서 연구에 필수적이라고 여겼다. 이러한 인문주의자들의 전통에 따라 칼뱅은 고전어로 된 성서 본문을 연구하는 데 집중하였다. 그의 신학은 바로 이러한 노력의 결과다.

고전으로 돌아갔다는 점에서 칼뱅과 당시 프랑스 인문주의는 비슷하나 고전으로 돌아간 기본 동기에서 그 둘은 서로 다르다. 인문주의자들은 고전 연구를 통해서 인간에 관한 지혜를 얻고자 하였다. 그러나 칼뱅이 기독교의 고전인 원어 성서를 연구한 것은 하나님을 아는 지혜를 갖고자 함이다. 그에게 성서는 인간이 하나님을 알 수 있게 하는 유일한 길이기 때문이다. 이런 점에서 칼뱅은 인문주의를 넘어서고 있다.

칼뱅의 '오직 성서'의 신학 원리는 성서를 해석할 때 무엇보다 먼저 그 본문이 실제로 무엇을 말하고자 했는지를 파악하는 일에 우선적으로 관심을 기울이게 한다. 그에게 성서 말씀이 가진 본래의 뜻이 언제나 어떤 비유에 의해 도출한 뜻보다 앞서고, 그리고 표현된 문자적 의미가 다른 어떤 것에 의해 보완된 의미보다 앞선다. 칼뱅은 때로 교부들이 성서 본문을 지나치게 애매하게 다루거나, 비유적이거나 사변적으로 해석한다고 비난하기까지 한다. 그것은 그들이 그 성서 말씀을 기록한 사람의 의도를 올바로 다루지 않았다는 이유에서다. 이러한 본문 중심의 문자적 성서 해석 원리는 칼뱅이 그 당시 북유럽의 고전적 인문주의자들의 방법을 따른 것이다. 인문주의자들에게 어떤 글을 해석할 때 가장 먼저 해야 할 일은 그 글을 쓴 사람의 본래 의도를 찾는 것이다. 그리고 그 의도는 그 글을 문자적으로 해석함으로써 가장 잘 파악할 수 있다고 보았다(하로투니언, 1994: 23 - 25).

　　　칼뱅의 '오직 성서'의 신학 원리는 성서를 역사적으로 해석하게 한다. 칼뱅은 성서가 저자들이 살았던 특정한 시대와 상황에서 기록한 것으로 이해하였다. 또한 구약의 예언을 인용한 신약 성서를 해석할 때 구약 선지자의 관점이 아니라 그 예언을 자신의 역사나 교회의 상황에서 적용한 기록자의 관점에서 해석하였다(윗글, 25 - 26). 이러한 칼뱅의 해석 방법은 인문주의적 전통을 따른 것이다. 역사적 해석 방법은 에라스무스가 택하고 있는 성서 해석의 중요한 원리 가운데 하나다.

　　　뿐만 아니라, 칼뱅의 '오직 성서'의 신학 원리는 성서를 해석할 때 종종 문학비평의 방법을 쓰게 한다. 이것은 그가 르페브르, 에라스무스, 및 부서의 방식을 신학적으로 택한 것이다. 하지만 그의 방식은 단지 인문주의적 문학비평에 그치는 것이 아니다. 그가 문학비평을 하는 기본 동기는 원본과 번역본을 통해 단순한 인간의 작품으로서가 아니라 '하나님의 말씀'을 찾고자 한 것이다(윗글, 28).

　　　칼뱅의 '오직 성서'의 신학 원리는 성서의 권위를 전제한다.

그런데 칼뱅에게 이 성서의 권위는 성서가 아주 작은 부분에까지 정확하다는 사실에 있지 않다. 오히려 성서가 하나님의 말씀이고 약속이라고 믿을 수 있다는 사실에 성서의 권위가 있다. 성서가 하나님의 말씀과 약속이라고 믿을 수 있는 것은 그것이 무엇보다 사람과 공동체에 영적 유익을 주기 때문이다. 성서에서 얻을 수 있는 것은 하나님의 지혜요, 그리스도인의 철학이며, 생명의 길이다. 이것은 인문주의자의 방식을 채용한 것이다. 당시 프랑스 인문주의자들이 고전을 강조한 것은 그것의 기록이 정확하기 때문이 아니라 그것이 당시 사회를 교화시키는데 도움을 주는 것으로 여겼기 때문이다.

4. 이중적 하나님 지식

칼뱅의 신학은 하나님을 아는 지식이다. 그의 저서 『기독교 강요』는 하나님을 우주 만물과 사람을 지으신 창조주일 뿐만 아니라 세상을 죄에서 구속하시는 구속주로 나타내고 있다. 하나님을 아는 지식이란 어떤 것인가? 그것은 인간이 감각으로 알 수 있는 것이 아니다. 또한 그것은 사변적 지식도 아니다. 오히려 이 하나님 지식은 하나님을 인격적으로 경험하는 것에서부터 비롯된다(Calvin, 1권 1장 1절). 이러한 경험은 하나님을 사랑하고 두려워하며 감사하게 한다. 따라서 칼뱅에게 하나님을 아는 지식은 눈으로 볼 수 있는 '합리적 증거'를 통해 받는 것이 아니라 믿음으로 받는 것이다. 믿음을 통해 아는 것은 이해가 아니라 확신이다(Calvin, 3권 2장 15절).

그러면 이러한 하나님 지식을 어떻게 가질 수 있는가? 그 것은 감정이나 논리적 추론으로 갖는 것이 아니다. 그것은 오직 성서 말씀에서 찾을 수 있다. 성서는 하나님을 알려주는 하나님 의 계시이다. 따라서 이 성서의 말씀을 통해서 하나님은 사람이 하나님을 알게 하는 지식에 이르게 한다.

성서의 말씀을 통해 하나님을 아는 지식을 갖는 것은 사람 의 이성적 활동이 아니다. 사람의 이성 능력은 하나님의 뜻을 어 긴 죄 때문에 상당한 정도로 제한을 받았다. 따라서 하나님을 아 는 지식은 근본적으로 성령의 활동을 통해서만 갖게 된다. 성령 은 사람이 성서의 말씀을 읽을 때 그것을 통해 하나님을 아는 지 식을 갖도록 이끌어 준다. 이 성령의 조명을 통해 사람은 신앙 안 에서 하나님을 아는 지식을 갖게 된다. 칼뱅은 이것에 대해 분명 하게 말한다, "어느 누구도 성령의 가르침을 받지 않는 한 하나님 께 대한 온전한 교리에 대해 극소량도 맛볼 수 없으며 하나님의 실체에 대해 깨닫지 못할 것이다"(Calvin, 1권 6장 2절). 칼뱅에게 하나 님을 안다는 것은 하나님의 능력을 아는 것을 뜻한다. 그런데 하 나님의 능력은 언제나 그의 말씀을 통해서 경험된다. 성령은 성 서 말씀을 통해 사람이 하나님의 능력을 체험하게 한다.

한 걸음 나아가, 하나님을 아는 지식은 하나님의 본질을 아 는 것에 이르게 하기보다 사람을 향한 하나님의 은혜와 뜻을 알 도록 한다. 하나님의 은혜와 뜻을 알면 사람은 하나님을 믿고 예 배하며 그의 뜻에 순종한다(하로투니언, 1994: 33). 따라서 예배와 순종 이 뒤따르지 않는 지식은 하나님을 아는 바른 지식이라 할 수 없다.

칼뱅은 하나님을 아는 지식을 인간을 아는 지식과 분리시키지 않는다. 하나님을 알기 위해서는 인간을 알아야 한다. 또한 인간을 알기 위해서는 하나님을 알아야 한다. 이 둘이 함께 바른 성서적 지식에 이르게 한다.

칼뱅의 신학이 이처럼 인간을 아는 지식과 분리될 수 없는 하나님 지식에 기초한 것은 지식에 초점을 두는 당시 프랑스 인문주의 지적 풍토의 반영이다. 존스(S. Jones)가 정확히 평가하였듯이(Jones, 1995: 103), 칼뱅의 '이중적 하나님 지식론'(*duplex cognitio Dei*)은 독자의 주류인 인문주의적 성향의 지식인들에게 자신의 사상을 효과적으로 호소하기 위한 수사학적 전략이었다. 칼뱅이 『기독교 강요』를 저술할 때 프랑스는 중세의 이성 지배의 인식론에서 벗어나 새로운 인식의 근거를 모색하던 때였다. 중세 전통의 인식론은 몇 가지 낙관론이 전제되어 있다. 하나는 인간이 이성을 바로 활용하면 인식 대상을 있는 그대로 파악할 수 있다는 것이다. 다른 하나는 언어를 적절히 사용하면 사물을 제대로 나타낼 수 있는 매개가 충분히 될 수 있다는 신념이다. 한 걸음 나아가, 안다는 것은 보는 것이라는 믿음이다(오형국, 2006: 132–33). 하지만 칼뱅 당시 프랑스 인문주의자들은 이러한 전통적 인식론에 회의를 가졌다. 피렌체에서 강력한 신앙 부흥 운동을 일으켰던 설교자요, 개혁자인 사보나롤라가 다음과 같이 말한다,

이성에 의해 파악될 수 있는 모든 진리는 그 반대되는 이성에 의해 의심스러운 것으로 여겨질 수 있다. 네가 더 많이 알면 알수록 너는 그만큼 더 사실은 네가 아무것도 모르고 있다는 것을 알게 될 것이다. 그것은 우리에게 지식이라고 여겨지는 것

이 사실에 있어서는 일종의 합리적인 불확실성에 지나지 않기 때문이다(Bouwsma, 1988: 151).

또한 뒤러는 "우리들의 지식에는 오류가 있으며, 어두움이 너무나 깊숙이 우리 안에 뿌리를 내리고 있어서 우리는 더듬거릴 수조차 없다."고 분명하게 말한다(Bouwsma, 1988: 152).

이러한 진술들은 칼뱅이 지식의 타당성에 대해 회의하는 지적 풍조에서 활동하였음을 나타내 준다. 이러한 상황을 고려하여 칼뱅은 무엇보다 먼저 '안다는 것'이 무엇인지를 다루고 있다. 이것은 당시 프랑스 인문주의자들이 함께 가졌던 문제 의식을 그대로 표현한 것이라 할 수 있다(Calvin, 4권 11장 1절).

칼뱅은 인간을 바르게 이해하는 길을 성서에서 찾을 수 있다고 보고 있다. 이것은 성서가 인간의 다양한 삶의 기록을 통해 인간의 참된 모습을 보여주고 있는 것으로 믿기 때문이다. 칼뱅에게 성서적 인간 이해는 절망적이다. 인간은 근본적으로 어리석고 악하다. 이것은 결국 사람과 인류의 역사를 비참한 상태에 이르게 하였다. 이러한 부정적인 인간의 이해는 스토아 학파의 '운명론'과 인문주의자의 '자유의지'를 모두 받아드릴 수 없게 한다.

여기서 제기해야 할 점은 칼뱅이 인간의 부정적 모습을 강조하는 근본 의도가 무엇인가 하는 것이다. 위에서 논한 바와 같이, 칼뱅에게 인간 이해는 그것으로 그치지 않는다. 그것은 언제나 하나님을 아는 지식으로 나아가게 하는 것이다. 성서는 인간이 창조주 하나님의 뜻을 따르지 않는 죄로 말미암아 비참한 상태에 놓이게 되었다고 증언한다. 그러나 이러한 증언은 동시에 인류에게 새로운 희망을 갖게 한다. 칼뱅은 하나님 앞에 죄를 지은 인류의 역사를 죄인을 구원하시는 하나님의 주권적 드라마로 본다(윗글. 35). 이 드라마의 관점에서 볼 때, 비참한 상태에 놓여 있는 인간은 하나님의 사랑과 은혜의 대상이다. 이러한 자기 이해는 곧바로 하나님이 그러한 사랑과 은혜를 베푸는 분이라는 것을 받아들이게 하고 그 하나님께 감사와 영광을 나타내며, 한 걸음 나아가, 그 하나님의 뜻에 따라 살게 한다.

칼뱅에게 이러한 믿음의 삶은 사람이 이 땅에 살아가는 모든 영역에까지 확대된다. 하나님의 뜻은 종교적 영역에 머물지 않고 삶의 총체적 영역에 관계되기 때문이다. 칼뱅은 미술, 음악, 문학, 정치, 경제, 철학 및 과학 등 인간의 모든 삶의 영역에서 성서의 말씀을 따라 살아가는 문화 변혁의 사명을 강조했다. 세속적 삶의 영역에 대한 칼뱅의 적극적인 태도는 당시 인문주의적 관점을 적극적으로 수용한 것이다. 이것과 관련하여, 칼뱅은 인간 본연의 성품 곧 존엄성, 자유 및 자율을 존중히 여겼다. 이것은 사람을 종교와 교권주의의 노예로 삼는 당시 종교의 현실에 대한 반발이다. 당시 프랑스 인문주의는 인간 본연의 인간성을 탐구하는 것을 강조함으로써 맹목적 신앙, 환상, 및 미숙한 편견으로부터 벗어나고자 하였다.

여기서 주목해야 할 것은 칼뱅의 이중적 하나님 지식 개념이 단지 당시 프랑스 인문주의의 지식 개념에 머물지 않고 있다는 점이다. 성서가 증거하는 하나님을 아는 지식이란 하나님을 경외하고 사랑하는 것이다. 그리고 그것은 오직 성서 말씀을 통한 성령의 조명 사역을 통해서 갖게 되는 것이다. 따라서 칼뱅의 하나님 지식 개념은 언제나 성서의 진리에 바탕을 둔다. 이러한 성서적 하나님 지식으로써 칼뱅은 당시 교회의 잘못된 신앙을 개혁하려고 했다.

이처럼 성서적 가르침에 충실하려고 했던 점에서 칼뱅은 전통적 신학자다. 하지만 이러한 성서적 진리를 표현하는 데에는 당시 프랑스 인문주의의 방식을 적극 수용하였다. 칼뱅은 자신의 성서 중심의 신학을 프랑스 인문주의의 상황에 맞추어 표현했다. 이런 점에서 그는 신학적 인문주의자였다.

5. 경건의 수사학

칼뱅의 성서 중심의 신학은 인문주의의 수사학을 적극 활용하였다. 칼뱅은 그것이 자신의 신학을 당시의 사람들에게 효과적으로 전달하는 데 좋은 수단이 된다고 믿었기 때문이다. 그의 저서 『기독교강요』는 수사학을 적절히 동원한 좋은 예가 된다. 존스의 표현을 빌리면, 이 책은 근대 유럽의 가장 강력한 수사학자의 세심하고 풍부한 언어를 가지고 교리의 요약을 직선적으로 전개하는 것과 다른 방식으로 칼뱅의 신학을 전개한다(Jones, 1995: 1). 그것은 독자들을 특정한 형태의 기독교 신앙의 행동, 신념 및 성향으로 이끌어 가기 위해서는 성서의 통찰과 기독교 교리의 문법을 넘어 고대의 수사학 전통을 활용하여 설득하고 있다(Jones, 1995: 13).

수사학에 대한 이러한 이해는 당시 프랑스 인문주의자들의 영향이었다. 당시의 수사학은 주로 키케로의 전통을 따랐다.

이 전통은 소피스트들의 이해를 넘어서는 것이다. 키케로는 효과적인 언어구사를 하기 위한 몇 가지 요소들을 강조하였다. 첫째, 수식어를 선택할 때 청중의 필요, 기대, 성향 및 능력의 수준을 알고 있어야 한다. 둘째, 논지를 청중에 맞게 조절해야 한다(*accomodare*). 여기서 조절이란 청중이 듣기 원하는 것을 말하는 것이 아니라 청중들이 공감하고 수용하도록 만드는 증명과 비유의 방법을 뜻한다. 셋째, 말하는 목적과 목표를 분명히 하고 그것에 맞는 언어를 택해야 한다. 넷째, 국가에 봉사하는 것과 같은 고상한 목표를 갖는 것이다(오형국, 2006: 142-45).

칼뱅의 신학 형성에는 이러한 수사학적 전통이 반영되고 있다. 그것의 구체적 모습은 무엇인가? 첫째, '설득'(*persuasio*)이다. 칼뱅에게 수사학은 단지 문체나 언어적 표현의 기법에 그치는 것이 아니라 신학의 본질적 기능, 곧 '설득'을 하기 위한 것이다. 칼뱅은 이것을 분명하게 밝힌다. "신학자의 과업은 잡다한 이야기로 청중의 귀를 이끄는 것이 아니라 진실하고, 확실하며, 유익한 것을 가르침으로써 그들의 양심을 강화시키는 데 있다(Calvin, 1권 14장 4절)." 여기서 '유익한 것'이란 추상적이고 무용한 사변이 아니라 사람들을 신앙으로 이끌고 경건한 성향(disposition)을 심어주는 지식을 뜻한다(Dowey, 1994: 248).

칼뱅은 성령의 일을 역시 설득의 개념으로 받아들인다. 그가 말하기를, "말씀은 성령의 내적 증거에 의하여 인침을 받기 전에는 사람들의 마음에 받아들여지지 않는다. 선지자의 입을 통해 말씀했던 그 동일한 성령이 우리의 마음에 침투하고 설득해야만 한다(Calvin, 1권 7장 4절)."

둘째, 상황성이다. 이것은 청중의 내적 상황에 대한 민감한 이해와 그들에 대한 책임성에서 비롯된다. 칼뱅은 신학의 사명이란 진리를 추상적이고 객관적으로 진술하는 것이 아니라 독자들의 상황에 대해 신학적으로 답하는 것이라고 이해했다. 칼뱅은 자신의 신학이 모든 시대를 위한 진리를 서술하기 위한 것이 아니라 자신의 시대가 해결해야 할 문제에 대한 답변이기를 바랐다(Jones, 1995: 38).

그러면 칼뱅이 수사학을 자신이 신학에 적극 활용한 근거는 무엇인가? 그것은 첫째, 성서 자체가 수사학적 정신과 상통한다는 이해이다. 그에게 성서는 본질적으로 인간의 언어와 인간의 문학 양식으로 기록된 수사학적 문헌이다. 성서는 인간의 눈높이에 맞추어(accomodare) 기록되었다. 둘째, 성서 자체는 웅변성과 문학성을 가지고 있다. 칼뱅은 성서에서 수사학적 표현들을 수없이 찾아볼 수 있다고 역설한다(오형국, 2006: 155-58).

칼뱅의 문체는 수사학적으로 매우 높은 수준이었다. 『기독교강요』뿐만 아니라 많은 수의 신학 논문들과 방대한 성서 주석에서 사용하는 문체는 칼뱅이 뛰어난 수사학적 역량을 가지고 있었음을 잘 나타내 보여준다.

그러면 칼뱅은 수사학적 원리를 구체적으로 어떻게 표현하고 있는가? 다시 말하면, 그의 신학적 언어의 특성이 무엇인가? 먼저 칼뱅은 인간의 언어가 불완전하고 많은 제한성이 있지만 여전히 하나님이 인간에게 자신을 계시하고 구원 사역을 행하는 매개체가 될 수 있다고 믿었다. 이것은 언어가 인간의 영혼을 고무하고 감정을 움직이고 행위를 자극하는 힘이 있다고 보는 프랑스 인문주의적 전통을 따른 것이다. 칼뱅의 문체는 간결하고도 용이한 것(*brevitas et facilitas*)이 그 특징이다. 이것은 특히 그의 주석 작업에서 잘 나타나 있다. 여기서 '간결함'이란 어조, 진술, 설명, 및 논쟁에 있어서 간결한 것을 말한다. 그리고 '용이함'이란 부드러운 어조가 아니라 평이하게, 곧 쉽게 이해되도록 표현하는 것을 뜻한다(Parker, 1993: 87).

이처럼 칼뱅은 자신의 신학적 사고나 표현에서 인문주의적 수사학의 요소를 찾아볼 수 있다. 그럼에도 불구하고, 칼뱅의 수사학은 당시 인문주의의 그것을 넘어선다. 칼뱅의 신학에 나타난 수사학적 요소는 단지 유창한 글을 쓰기 위한 문장의 기교 차원에 그치는 것이 아니다. 그것은 본질적으로 사람이 하나님 앞에서 바른 믿음의 삶을 살아가도록 돕기 위한 것이다. 그것은 윌리스의 표현대로 '지식에 힘을 불어넣으며, 진리가 인간의 삶과 관련을 맺도록 하는 학(discipline)'이라고 할 수 있다(Willis, 1974: 52). 이런 점에서 그의 수사학은 존스가 정확히 지적한 것처럼(Jones, 1995: 122-124) 경건을 실천하기 위한 것이다. 이러한 경건으로서의 수사학 이해는 그 자신의 독특한 영적 체험에 따른 확신과 열정에 바탕을 둔 것이다.

6. 맺는 말

이 글은 칼뱅의 신학이 갖는 특성을 16세기 프랑스 인문주의와 관련하여 살피는 것에 초점을 두었다. 이제까지의 논의를 통해서 밝혀진 사실은 다음과 같다. 칼뱅의 신학은 16세기 프랑스 인문주의에 결정적 영향을 받았다. 하지만 이것은 칼뱅이철저한 인문주의자라고 말할 수 있는 근거가 되지 못한다. 칼뱅의 신학은 성서 진리가 그 바탕을 이루고 있다. 칼뱅에게 성서는 하나님의 계시로서의 권위를 갖는 유일한 것이기 때문이다. 칼뱅은 성서 중심의 본질을 변질시키지 않으면서 당시의 지적 풍토인 프랑스 인문주의의 형식으로 자신의 신학을 표현함으로써 당시 사람들과 소통하고자 하였다. 이것은 성서 진리에 기초한 그의 신학의 '상황화'이다.

칼뱅은 16세기 프랑스 인문주의의의 상황과 밀접한 관련을 맺고 있다. 그는 이 인문주의의 지적 분위기에서 자라나고, 교육 받았으며, 활동을 하였다. 또한 그의 신학에는 성서 진리에 충실하면서도 그것을 표현하는 데는 프랑스 인문주의적 특성이 분명하게 드러난다. 그의 '오직 성서'의 신학은 성서적 전통에 깊이 뿌리박고 있으면서도 인문주의의적 정신과 성서 해석의 원리, 곧 본문 중심, 문자적, 역사적 해석을 따르고 있다. 하나님의 이중적 지식에 대한 칼뱅의 이해 역시 성서적 전통에 입각해 있으면서도 당시 프랑스 인문주의적 방식을 적극 수용하고 있다. 한 걸음 나아가, 그의 신학에 나타난 수사학적 원리는 성서적 경건을 목표로 하되 그 당시 프랑스 인문주의의 특징을 드러낸다. 곧 독자의 시대적 상황을 정확하게 이해하고 그것에 맞는 말을 간결하고 쉬운 문체로 표현함으로써, 독자들을 설득하여 하나님 앞에서 바른 믿음의 삶을 살아가게 하는 것이다.

이 연구는 칼뱅의 신학이 갖는 특성을 칼뱅이 처했던 지적 상황의 관점에서 분석한 점에서 그 의의를 찾아볼 수 있다. 칼뱅의 신학은 기독교 신앙의 내용을 사변적으로 이해하려는 동기에서 형성되지 않았다. 오히려 그것은 구체적이고 역사적인 삶의 상황에서 바른 믿음을 지켜가기 위한 개인적·공동체적 노력의 결과였다. 따라서 칼뱅의 신학이 갖는 이러한 역동성을 드러내기 위해서는 그의 신학을 그것이 형성된 역사적 배경과 문화적 상황, 특히 그가 교육받고 활동하였던 지적 상황과 관련하여 살피는 것이 요구된다.

참고문헌

신복윤, 「칼뱅의 하나님 중심의 신학」(수원: 합동신학대학원 출판부, 2005).

신현수, "르네상스 인문주의와 스위스 종교개혁," 「현상과인식」, 27권 3호(2003).

오형국, 「칼뱅의 신학과 인문주의」(파주: 한국학술정보. 2006).

하로투니언, 조셉(엮음)(이종태 옮김), 「칼뱅주석의 정수」(서울: 생명의말씀사, 1994).

Bouwsma, William J., *John Calvin: A Sixteenth Century Portrait*(New York: Oxford University Press, 1988).

_____, "Calvinism as Renaissance Artifact," Timothy George(엮음), *John Calvin and Church: A Prism of Reform*(Philadelphia: Westminster Press, 1990).

Breen, Quirinus, *John Calvin: A Study in French Humanism*(Hamden: Shoe String Press, 1968).

Calvin, John, *Institutes of the Christian Religion*(John T. McNeil 엮음/Ford Lewis Battles 옮김)(Philadelphia: Westminster Press, 1960).

Dowey, Jr. Edward A., *The Knowledge of God in Calvin's Theology*(Grand Rapids: Eerdmans, 1994).

Gamble, Richard, "Current Trends in Calvin Research, 1982–1990," Wilhelm H. Neuser(엮음), *Calvinus Sacrae Scripturae Professor*(Grand Rapids: Eerdmans, 1994).

Ganoczy, Alexandre, *The Young Calvin*(Philadelphia: Westminster Press, 1987).

Jones, Serene, *Calvin and the Rhetoric of Piety*(Louisville: Westminster John Knox Press, 1995).

McGrath, Alister E., *Reformation Thought: An Introduction*(Oxford: Blackwell, 1993)(둘째판).

McKim, Donald K.(엮음), *John Calvin*(Cambridge: Cambridge University Press, 2004).

Parker, T. H. L., *Calvin's New Testament Commentaries*(Louisville: Westminster John Knox Press, 1993)(둘째판).

Schaff, Philip, *History of the Christian Church*(Grand Rapids: Eerdmans, 1969).

Warfield, B. B., *Calvin and Augustine*(Philadelphia: Presbyterian and Reformed, 1956).

Wendel, Francois, *Calvin: The Origin and Development of His Religious Thought*(New York: Harper & Row, 1950).

Willis, E. David, "Rhetoric and Responsibility in Calvin's Theology," *The Context of Contemporary Theology: Essays in Honor of Paul Lehman*(Louisville: John Knox Press, 1974).

신현수 평택대학교 신학과 및 피어선신학전문대학원 부교수 _hshin91@hanmail.net
영국 글라스고대학교에서 신학 박사학위를 받았으며, 현재 평택대학교 신학과 부교수로 있다. 주요 저서로 「기독교 이해」(이컴비즈넷, 2000), 「성서와 영적 삶」(번역)(보이스사, 2007) 등이 있으며, 기독교 교리, 현대신학, 기독교철학 등에 관심을 기울이고 있다.

칼뱅주의와 법에 대한 사상사[*]
: 로저 윌리암스의 교회와 국가에 대한 분리주의 원칙

김철 _ 숙명여자대학교 법학대학 교수

1. 들어가는 말

이 연구는 칼뱅주의자 윌리암스(Roger Williams, 1603~1683)[1]의 사상과 실천이 아메리카의 기본 법제도에 어떤 영향을 미쳤는가를 인문사회과학자들로 구성된 칼뱅 연구자들에게 설명하고, 소통하기 위한 목적으로 쓰여졌다. 한국 인문사회과학회의 학술 대회(주제: 칼뱅주의 논쟁: 인문사회과학회에서)는 총 3부로 구성되었는데, 제1부는 '칼뱅주의와 서구 사회'를 사회과학자들이 다루었고, 제3부는 '칼뱅주의와 한국사회'의 주제로 한국에서의 칼뱅주의의 역사를 다루었다. 필자가 참여한 제2부는 칼뱅주의와 학문적 소통을

---

* 이 논문은 한국인문사회학회 2009년도 봄 학술대회(주제: 칼뱅주의 논쟁: 인문사회과학에서/5월 30일/배재학술센터) 제2부 "칼뱅주의와 학문적 소통"에서의 발표문, 원제 "칼뱅주의와 법에 대한 사상사 – 로저 윌리암스의 교회와 국가에 대한 분리주의 원칙 – "을 수정한 것이다. 당시 토론자들과 논문작성 후 심사자의 의견을 참조한 것이다. 고견을 말씀해 주신 토론자들과 심사자에게 감사를 표한다.

1) 윌리암스의 생애에 대해서는 Morgan(1967)을 참조할 것.

주제로 해서, 인문주의와 칼뱅주의, 사회학과 칼뱅주의 논쟁, 칼뱅주의와 교육문제를 다루었다. 이러한 학술대회의 전체적 구성과 분담이라는 맥락에서, 필자는 "칼뱅주의를 둘러 싼 해석의 맥락이 어느 한 학문 영역에 한정되어 있지 않고, 신학과 역사학, 사회과학에 이르기까지 광범위한 영역에 두루 걸쳐 있다(박영신: 2009)."라는 문제 의식[2]을 법학에서도 검토하기 위해서, 아메리카에 있어서의 칼뱅주의자 윌리암스의 사상과 실천이 아메리카 헌법 제정과 해석에 미친 영향의 시론을 발표하기에 이른 것이다.[3]

2. 아메리카 식민지에 있어서의 칼뱅주의의 전개

초기 아메리카 식민지에서의 칼뱅주의를 언급할 때면 플리머스와 매사추세츠만의 식민지에 미치게 된다. 양자는 서로 달랐으나 다 칼뱅주의자들인 것만은 분명했다.[4] 어떤 의미에서의 칼

---

2) "칼뱅주의를 둘러싼 해석의 문제는 어느 한 학문 영역에 한정되어 있지 않다. 신학과 역사학에서부터 사회과학에 이르기까지 광범위한 영역에 두루 걸쳐 있다. 뿐만 아니라, 그 문제는 쉽게 결말이 나지 않고 있다. 칼뱅의 생각을 여러 갈래로 표출시켜온 집단들과 지역들 사이에서, 칼뱅에 대한 해석의 문제는 계속 논쟁의 대상이 되었다. 칼뱅과 칼뱅주의에 대한 연구가 지속되고 있는 것은 이 해석의 문제 때문이라고 할 수 있다… 이러한 해석의 역사 줄거리를 검토하는 데 그 뜻을 두지 않는다. 오히려 사회과학 쪽에서 논의되어 온 항목 하나를 끌어들이고자 한다. 칼뱅의 생각을 이어받았다고 하는 칼뱅주의 교도들이 근대 사회의 형성에 무시하지 못할 영향을 미쳤다고 하는 논지에 새삼 들어서 보고자 하는 것이 그것이다…" 박영신, "칼뱅주의 해석의 오류 지점," 한국인문사회과학회 봄 학술모임: 〈칼뱅주의 논쟁: 인문사회과학에서〉(배제학술센터/2009.5.30).

3) 필자의 발표에 대해서, 사회학자들, 신학자들이 토론에 참여해서, 아메리카 역사에 있어서의 칼뱅주의가 교회 문화에 미친 영향과 같은 유익한 조언을 해 주었다. 본격적인 신학과 역사학, 그리고 사회학적인 전망을 배울 수 있었던 기회를 감사하게 생각한다. 이 작은 논문은 아메리카 헌법 역사에 있어서의 칼뱅주의자 윌리암스의 법학적 영향이라는 지극히 한정된 초점에 국한 시켰다. 칼뱅주의 자체에 대한 논의는 다른 대가들의 영역이라고 생각해서 대부분 절제하였다.

4) 이들은 네덜란드의 라이덴(Leyden)에 있는 존 로빈슨의 충성스러운 제자들이었다. 그들은 원칙

뱅주의자였던가. 성경에 대한 철저한 순종, 그리고 하나님과 양심에 관한 문제에 있어 자기들의 신앙에 따라 살려는 용기에 있어서 그러했다(맥닐, 1954).[5]

1) 매사추세츠 식민지(1628~1630 시작)의 칼뱅주의적 청교도의 성격

> 매사추세츠의 살렘 식민지의 건설자였던 히긴슨(Higginson)은 "우리가 뉴잉글랜드로 가는 것은 영국 교회에서의 분리주의자로서가 아니라 그것의 부패로부터 분리되지 않을 수 없기 때문입니다. 우리는 영국 종교개혁의 긍정적 부분을 실천하고 아메리카에 복음을 전파하러 가는 것입니다."라고 말한 바 있다(윗글: 385).

1638년에 약 40~50명의 케임브리지 졸업생들이 정착민들 사이에 끼어 있었고, 이들이 목사들의 주류를 이루었다. 1630년대의 목사 중 가장 학자적인 사람들 중 카튼(John Cotton)과 후커(Thomas Hooker)가 이들 중에 있었고[6] 윌리엄스는 이들을 모국에서 만난 뒤 그들보다 먼저(1631) 아메리카로 건너왔다(윗글: 386).

매사추세츠에서는 제네바보다 영국 방식에 따라서 1647년

적으로 분리주의자들로서 개별교회의 완전한 자율권을 주장했다(맥닐, 1994: 382 – 383).

5) 라이덴의 존 로빈슨의 영향 범위는 프랑스, 네덜란드 그리고 스코틀랜드 개혁 교회의 구성원들이었다(윗글: 383).

6) 기본적으로 그들은 다 칼뱅주의자였으나 그들의 칼뱅주의는 완고하고 고착된 체계가 아니었다. 그들은 칼뱅처럼 '진리가 어디에 나타나든지' 그것을 추구하는 것을 주저하지 않았으며 어떤 한 사람의 종교개혁자를 자기들의 유일한 스승으로 삼으려는 생각은 없었다. 그들은 『기독교강요』와 제네바 교회법의 문구에서 탈피했다(윗글: 385).

까지 참정권이 성찬 참여자에게만 주어졌다(윗글: 386). 때문에 자유민에게 선거권을 주지 않는 이 제도에 반대가 있었다. 이 반대는 아메리카 식민지에 있어서 정교분리 원칙에 대한 최초의 표현으로 보여진다.[7]

2) 분리주의자 윌리암스

그는 교회와 국가가 분리된 영역이라는 칼뱅주의적 교리를 강조하는 바람에 매사추세츠의 보스턴에서 용납이 되지 않았고, 살렘에서는 자기의 주장과 가르침 때문에 1636년 주의회에 의해서 추방당했다. 윌리암스는 사실상 의회가 교회문제에 관해 행사하고 있던 권위에 도전한 셈이었다. 겨울 도주의 심한 고생 끝에 — 그는 나라간세트의 인디언들 때문에 겨우 겨울 동안 목숨을 부지할 수 있었다 — 1636년 윌리암은스는 프로비던스에 '양심의 문제로 고통당하는 사람들을 위한 피난처'로 로드 아일랜드 식민지를 세웠다(윗글).

3) 보스턴에서의 종교재판과 허친슨(Anne Hutchinson) 사건

이단 재판에 있어서 교회가 재판하기 이전에 국가가 교회 구성원에 대해서 소추할 수 있는가 없는가에 관해 당시 청교도들 사이에는 이견이 있었다(Morgan, 1967: 72). 매사추세츠의 성직자들은,

---

7) 1635년의 코네티컷 주의회 발족식에서 토마스 후커는 '권위의 기초는 사람들의 자유로운 동의에 있다.'는 견해를 표시했다.

교회의 판단을 기다리지 않고 식민지 정부는 명백하고 위험한 이단을 처벌할 수 있으나, 의심스러운 경우에는 교회의 판단이 우선되어야 한다고 자문에 응했다. 이 의견은 물론 구속력은 없으나 교회와 세속 정부의 결정은 교회 구성원에 대한 소추에 있어서 조정되어져야 된다는 것으로 보인다. 1638년에 식민지 정부는 교회가 그 문제를 다룰 것이라는 생각으로 어떤 경범죄를 일부러 소추하지 않았다(윗글: 72). 허친슨은 반율법주의적 가르침을 퍼뜨린 죄로 기소되었다. 1637년에 그녀는 추방되어 윌리암스의 로드 아일랜드의 '피난처'에서 안식을 얻었다.

4) 뉴잉글랜드에 있어서의 정부와 교회 일치(entanglement)의 문화[8]

뉴잉글랜드는 주로 성직자들이 통솔했다. 그들이 학교를 만들어 주었고, 법률을 통과시켰으며, 백성들의 사회적 성격을 형성했다. 존 카튼에서부터 조난 에드워드까지 뉴잉글랜드의 청교도주의는 위대한 시기를 통과해서 공정하고 지식 있는 사람이라면 도저히 감탄하지 않을 수 없는 인간 유형을 배출해내었다. 코네티컷의 '엄격법'은 주일의 오락을 금했던 청교도 시대의 법이며, 사치를 금하는 버지니아의 규제법들은 보스턴의 법보다 더 가혹했다. 뉴잉글랜드의 정교일치의 재판은 중세풍의 마녀사냥을 연상시키고[9] 1692년 매사추세츠의 살렘에서 행해졌다. 당시 마녀

---

8) 버만은 초기 뉴잉글랜드 식민지에서의 공동체주의의 엄격성은 마치 초기 소비에트 사회를 연상할 만큼 계율이 강했다고 한다(버만/김철, 1992).

9) 나다니엘 호손(Nathaniel Hawthorne, 1804-1864)의 '주홍글씨'(the Scarlet Letter)는 이런 재판의 기록이다(호손, 1993).

의 화형은 거의 1세기 동안 유럽 전역에서 행해지고 있었는데 살렘에서 19명이 마녀로서 교수형을 당하고 1명이 압살당했다.[10] 침례교파들은 체포되어 보스턴에서 재판을 받았고 퀘이커 선교사들은 투옥당하거나 교수형을 당했다. 1665년에 이르러서야 사정이 달라졌다(맥닐, 1954). 로드 아일랜드 식민지 외에는 영국 왕 찰스 1세의 압제와 종교적 불관용으로부터 피난민이 자기들의 땅을 자신들 이외의 소수파들을 위한 피난처로 만든다는 것은 생각하지 못할 일이었다.

3. 아메리카 헌법에 나타난 칼뱅주의자 로저 윌리암스의 분리원칙

1) 수정 1조 제정 이전의 상황[11]

식민지 시대의 정교분리 및 종교 행사 자유운동은 특정한 종파와 공인된 종파 그리고 식민지 정부 사이에 생기는 문제였다. 이에 대하여 연합규약(1781), 아메리카 합중국 헌법(1787)의 제정을 지나 수정 헌법 1조(1791)에 의하여 아메리카 시민의 기본적 권리가 보장된 건국 이후에는 사정이 달라졌다. 건국시대에는 기독교

---

10) 바잉턴(E. H. Byingtion)은 네덜란드의 순례자(pilgrim)들의 기질이 뉴잉글랜드 청교도들보다 더 온유했는데, 그 이유는 순례자(pilgrim)들이 '역경의 모진 학교에서 배웠기' 때문이라고 주장했다. 그러나 네덜란드에서 관용(tolerance)을 배웠다고 본다(맥닐: 389).

11) 여기에 대해서는 Journal of Continental Congress I의 역사적 기록을 Stokes(1950)가 인용함.

의 여러 종파와 합중국 정부와의 관계가 문제가 되었다.[12]

(1) 합중국에서의 경건의 전통[13]

의회에서의 기도는 1774년 대륙 회의로 거슬러간다. 이미 대륙회의에서는 1774년 9월 6일 제 1회기의 개회 때 기도를 하자는 제안이 행해져 기도로써 개회를 하였던 것이다. 동의는 실제로는 쿠싱(Thomas Cushing)이 제출했지만 이것은 제이(John Jay, 1745~1829), 루틀리지(John Rutledge, 1739~1800)의 반대를 받았다. 그 이유는 의회에서는 종교의식에 관한 것은 행할 수 없고, 예배 행위를 할 수 없다는 것이었다. 거기에 아담스(Samuel Adams)가 일어서 경건과 덕을 갖춘 사람에게서 기도를 받는 것은 누구나 할 수 있는 것이라고 주장하여 의회의 다수의 찬성을 받기에 이르렀다. 「아침의 기도」로 불리는 짧은 기도문은 의회 다수의 찬성을 받아서 낭독되었다.[14] 이 개회식의 기도 후, 의회는 그날의 의식의 주재자에 대하여 감사의 뜻을 나타내는 표결(a vote of thanks)을 하였다. 초기의 의회 목사의 역할은 매 회기에 일정한 기도의 의식을 행하는 것이 아니라, 설교를 하고, 사망한 의원의 장의를 행하고, 또 자기의 죄 많고 비천함을 자성하는 날(a day of humiliations)을 행하고, 감사절의 의식을 집행하고, 국가의 경축절 의식(Patriotic Celebrations)을 행하고, 미국판 성경의 준비 및 간행을 감독하였다. 그런데 대륙회

---

12) 아메리카 헌법 수정 1조의 조항성립사와 해석 그리고 분리주의 원칙에 대해서는 김철(1994) 참조.

13) Stokes(1950: 448)은 Journal of the Continental Congress I: 26을 인용하고 있다.

14) "신이여, 우리와 대립하는 것에 대해서 나의 입장을 옹호해 주시고, 또 나와 적대하는 자들에 대해 싸워 주소서." Gaillard Hunt(History of the Seal of the United State, 1909)를 Stokes(1950)가 인용하고 있다.

의는 식민지 연합(Colonial Union)의 정식적 강화를 목적으로 하여 최초의 감사절을 행하기 위해서 이에 앞서 금식일의 선언(The fast day proclamation)을 발표하였다. 그런데 1787년 6월 28일 연방의회 내에서 기도의 문제가 토의되었는데 찬성파와 반대파 사이에 격론이 벌어졌다. 이러한 찬반양론을 거쳐 합중국 의회는 1789년 대륙회의에서 행했던 의회 개회의 기도의 관행을 인계받았다.

① 독립선언에 나타난 경건의 전통과 종교적 관용의 문제

1776년 독립선언에서는 '자연의 신의 법(Laws of Nature's God)', '창조주(Creator)', '세계의 지고한 심판자(Supreme Judge of the World)', '신성한 섭리(Divine Providence)' 등의 표현이 사용되고 있다. 그러나 대조적으로 1778년에 공식적으로 성립된 성문헌법으로서의 합중국 헌법에서는 이러한 표현이 사라졌다.[15] 이러한 절대자에 관한 언급의 결여는 헌법을 비준할 때까지 종종 비난의 대상이 되었다. 예컨대 당시 예일대 총장 드와이트(Timothy Dewight, 1752~1817)는 당시 보수적 크리스찬의 대표자로 "우리의 헌법에 절대자를 인정하지 않는 것은 우리들에게 명백한 불명예이다."라고 하였다(A. Stokes, 1950: 523). 그러나 합중국 헌법은 메이플라워 서약서, 독립선언서, 그리고 대륙 회의의 결의들에서 보여지는 신의 영광, 가호, 감사에 관하여 조금도 언급하지 않고, 오히려 당시 남아있던 종교적 선서를 금지하는 규정을 담고 있었다. 이것은 합중국에 있어서

---

15) 메이플라워 서약서, 독립선언서, 대륙회의의 결의에서 보여지는 신의 영광, 가호, 감사에 관해서는 성문헌법에서는 사라지고 오히려 그때까지의 관행이었던 종교적 선서를 금지하는 규정을 담고 있다(윗글).

신교의 자유, 정교분리의 역사에 있어서 하나의 이정표로서의 의미를 갖는 현상이라고 할 수 있다. 즉, 식민지 형성 이래의 공인교회(Establishment Church)와 교파를 가지고 있던 주들 가운데 헌법회의 개회에 이르기까지 다섯 주(뉴저지, 뉴욕, 노스 캐롤라이나, 조지아, 버지니아)는 공인교회 제도를 폐지하고 있었지만, 뉴잉글랜드의 다른 주에서는 조합 교회파 또는 감독파의 공인교회를 가지고 있었다. 또 공인교회 제도를 폐지하고 있는 주에서도 공직 취임의 요건으로서 '신학적 테스트'는 여전히 남아있는 상황에서 헌법회의에서 결의한 대로의 공직 취임에 있어서 종교적 선서 금지를 실제로 헌법에 규정한다는 것은 많은 어려움을 가지고 있었다.

경건의 전통은 사라지지 않았으나, 다양한 종파가 각축하거나 또는 특정 기독교가 공인됨으로써 가지는 소수파의 불이익과 부자유를 제도적으로 해결하려는 의도는 종교적 선서 금지에서부터 보여지는데, 이러한 취지에 가장 열의를 보여준 것이 핑크니(Charles Pinkney, 1757~1824)였다.[16] 그의 「정부의 계획」(Plan of Government)에 의하면 종교상의 선서의 금지는 인신보호영장, 배심

---

16) 1787년 연합규약을 개정하기 위해서 모인 대표자 회의에서 그 이후 약 2세기 이상 지속된 정치적 지혜의 기적이라 할 수 있는 미합중국 헌법을 만들었다. '정치적 지혜의 기적'으로서의 미합중국 헌법이라고 할 수 있는 것은 최초로 종교적 관용이라 할 만한 가치가 표현되었다는 것이다. 현재로 봐서는 이 자유는 당연하게 여겨지지만 당시의 지구상에서 팽배하고 있던 방식으로부터는 생각지도 못하던 급격한 전회였기 때문에, 이 종교적 관용의 제안은 미합중국 헌법이라는 기적의 최초의 것으로 평가되는 것이다. 핑크니는 "미합중국의 어떤 공직이나 공적인 임무의 자격 요건으로서 어떤 종교적 심사도 필요하지 않도록 한다."라는 조항을 제안하여 10일 뒤에 미합중국 헌법 3조 6항(Clause 3 of Article 6)이 성립되었다. 1787년의 환경은 종교적 자유에 관한 한 오늘날과 엄청나게 다르다. 모든 나라는 정부가 공식적으로 설정한 종교가 있었으며 종교적 소수자나 국가공인 종교를 따르지 않는 사람들에게는 아무런 법적 보호가 없었다. 국가 종교를 갖고 있는 나라들은 제1급의 시민권을 단지 공인 종교 집단의 구성원에게만 부여하였다. 통치자나 공직자들은 모두 국가공인 종교의 구성원이 되지 않으면 안되었다. 예외자는 나설 수가 없었다. 여기에 대해서는 Menendez(1987)을 참조할 것.

재판, 출판의 자유와 함께 새 국가를 조직하는 중요한 요소라고 생각되었다(김철, 1994: 6).[17]

2) 수정 1조의 성립에 있어서의 여러 사정

그러나 이러한 공직 취임 때의 종교상의 선서요구를 봉쇄함으로써 종교의 자유를 확보하려는 소극적 선언을 만족할 수 없는 입장에서는 다시 적극적으로 종교의 자유를 보장하는 헌법조항을 요구하고 나섰다(Corwin, 1956: 758).

이러한 권리선언을 요구하는 움직임은 대륙회의에서도 보이지만 거기에서는 조합교회파 또는 감독교회파를 주의 공인 종교로 하고 있기 때문에 종교의 자유를 둘러싼 권리 선언의 문제를 취급하는 데 까지는 이르지 못하였다(熊本信夫, 1972: 150 - 152).

① 매디슨안(추가방식)의 패배(Story, 1833)

2년 뒤인 1789년 6월 8일 매디슨(J. Madison)[18]은 의회에 대하여 신교조항을 포함한 권리선언을 채택할 것을 요구하였다. 그는 제안 이유로서 새로운 합중국 헌법이 개개의 권리 침해에 대한 충분한 보장규정을 갖고 있지 않으며, 많은 국민이 헌법에 만족하지 않고 있다고 설명했다. 그리고 헌법원안 제1조 9절과 10

---

17) Charles Pinkney의 1787년 헌법 회의에서의 역할에 대해서는 이 논문(Chistopher Collier and James Lincoln Collier, "The Puzzle of Charles Pinkney" Decision in Philadelphia - The Constitutional Convention of 1787(N.Y.: Random House, 1986)]을 참조할 것.

18) 제헌 헌법 회의에 있어서의 종교 자유에 대한 매디슨의 입장에 대해서는 이 책[Chistopher Collier and James Lincoln Collier, Decision in Philadelphia - The Constitutional Convention of 1787(N.Y.: Random House, 1986) 53 - 54]을 참조할 것.

절에 신앙 또는 예배를 이유로 기본권을 침해해서도 아니 된다는 뜻이 추가되어야 한다고 하였다. 이 매디슨의 제안은 하원의 전체 위원회에 회부되어 7월 21일 각 주 1인의 대표로 구성된 11인 위원회에서 검토하였다. 이 특별 위원회는 델라웨어의 바이닝(John Vining, 1758~1862)을 위원장으로 하여 7월 28일 보고서를 제출하였다. 이 보고서는 다시 전체 위원회에 송부되었다. 하원에서는 이 수정제안에 대하여 많은 논의가 이루어졌지만 반대가 많아 결국 매디슨은 그의 제안을 철회하였다.

② 셔먼이 다시 제안함(분리방식)

이렇게 합중국 헌법에 신교조항을 둘러싼 수정을 해보려는 최초의 시도가 실패로 끝났다. 그러나 이러한 논의를 통하여 종교조항이 다수의 의원의 강한 관심을 불러일으키게 되었다. 이러한 경과를 지나서 8월 19일 헌법 수정문제는 다시 코네티컷 주의 로저 셔먼(Roger Sherman)의 제안에 의하여 재연되었다. 그의 제안은 매디슨의 경우와는 달리 수정조항도 헌법원안의 각 조항에 삽입할 것이 아니라 따로 분리하여 추가조항을 설치해야 한다고 하였다. 이 제안은(Corwin, 1956: 758) 상당한 지지를 받았다. 8월 20일 이 「추가」 수정안도 채택되었다. 이때, 종교의 자유에 관한 수정조항은 매사추세츠의 에임즈(Fisher Ames, 1758~1805)의 동의에 의하여 다음과 같이 규정되었다.

의회는 국교를 정하는 법률, 또는 자유로운 종교 활동을 방해하는 법률, 또는 양심의 권리를 침해하는 법률을 제정해서는

아니 된다(Stokes, I, 1950: 544 – 546).[19]

8월 22일에는 수정조항의 용어의 표현에 관하여 뉴욕 출신이며, 대륙회의 의원이었던 벤슨(Egbert Benson, 1746~1833)을 위원장으로 하고 디오도어 세즈위치(Theodore Sedgewich)를 위원으로 하는 소위원회가 설치되어 문제의 수정조항의 표현을 검토하였다. 이 심의 결과 하원안의 "to prevent(방지한다)"라는 표현을 "prohibiting(금지한다)"로 고쳤다.

8월 24일 벤슨은 하원제안을 포함하는 합중국 헌법 수정조항의 문체와 조항에 관한 결의를 보고하였다. 이것을 하원결의라 하는데 이 결의는 각 주의 입법부에서 3/4의 찬성을 얻어 비준된 경우에는 당해 조항이 합중국 헌법의 일부로서 효력을 가진다고 하는 것이다. 하원은 위 결의와 위원장에 의하여 보고된 수정조항을 승인하고 상원에 송부하였다.

8월 25일 상원은 위의 하원제안을 수리하고 토론에 들어갔는데, 제안된 수정조항 12개안의 제3안의 표현이 취급되었다. 이 하원 제안의 조항 가운데 '국교를 정하는 법률, 혹은 자유로운 종교 활동을 금지하는 법률'[20]를 삭제하고 '다른 종파 혹은 종교단체에 대하여 한 종파 혹은 한 종교단체를 우선하여 취급하는 법률'[21]을 삽입하자는 동의가 있었다. 그러나 이것도 부결되었다. 그러다가 이 동의에 관하여 재고려를 구하는 동의가 나와서 가결

---

19)　"Congress shall make no law establishing religion, or to prevent free exercise there of, or to infringe the rights of conscience(Stokes: 544)."

20)　"…religion, or prohibit the free exercise there of(윗글)."

21)　"One religious sect or society in preference to others(윗글)."

되었다. 이에 기초하여 다음의 문제의 수정 원안 3조 전문을 삭제
해야 한다는 동의가 나와서 이것도 다시 부결되었다.

다음에 수정 원안 3조 대신에 의회는 "양심의 권리를 침해
하는 법률을 제정하거나, 어떠한 종파 또는 종교단체를 공식적으
로 국가의 종교로 정하는 법률을 제정할 수 없다"[22]로 규정하자
는 동의가 나왔다(Stokes, I, 1950: 544 - 546). 그러나 이 동의도 부결되
었다. 다음의 수정 원안 3조를 다시

> 의회는 다른 것에 우월하여 특정한 종교의 교파를 국교로 정하
> 는 법률을 제정하거나, 자유로운 종교 활동을 금지하는 법률을
> 제정할 수 없다. 또한 양심의 권리는 침해되어서는 아니된다
> (Stokes, I, 1950: 544).[23]

로 하자는 제안이 나왔다. 그러나 이 제안도 부결되었다. 이러한
경과를 볼 때 결국 상원은 다른 종파 내지 교파의 이익 또는 특전
을 부여하는 것을 금지하자는 제안에 만족하지 않고 다시 널리
종교와 국가의 결합을 금지하고 종교의 자유를 구체적으로 보장
하려는 의도를 가지고 있었다고 추측된다. 이것이 바르다고 생각
할 수 있는 것은 나중에 수정 1조를 둘러싼 해석과 결부되기 때문
이다.

---

22) "Congress shall not make any law infringing the rights of conscience, or establishing any religious sect or society(윗글)."

23) "Congress shall make no law establishing any particular denomination of religion in preference to another, or prohibiting the exercise there of, nor shall the right of conscience be infringed(윗글)."

③ 상원 원안과 하원 제안

9월 9일 상원은 하원 결의에 대한 심의에 들어갔다. 그 후 상원은 수정원안 3조나 수정원안 4조를 결합하여 나중에 보는 바 대로의 1796년의 수정 헌법 1조에 관한 다음과 같은 상원안을 정하였다.

> 의회는 신앙에 관한 조항 또는 예배의 방법을 공식적으로 정하는 법률을 정하거나, 자유로운 종교 활동을 금지하는 법률을 정하거나, 언론 또는 출판의 자유 또는 평온한 집회, 불만의 구제를 위하여 정부에 청원하는 국민의 권리를 제약하는 법률을 제정할 수 없다(Stokes, I, 1950: 544 – 546).[24]

종교조항에 관하여 하원 제안에 대한 상원 원안은 위에서 본 바와 같이 표현에 있어서 다르다. 이 상원 원안은 하원 제안과 비교해 볼 때 다음과 같은 두 가지 특색이 있다. 하나는 종교의 자유를 하원은 양심의 권리와 함께 규정하고 있는데, 상원은 언론, 출판의 자유, 집회, 청원의 자유와 함께 규정하고 있다는 점이다. 또 하나는 종교 조항을 하원은 국교를 공식적으로 정하는 법률 제정의 금지, 종교 활동을 자유롭게 행하는 권리의 보장이라는 형태로 규정하는 데 대하여 상원은 신앙에 관한 조항 제정의 금지, 예배의 방법을 공식적으로 정하는 법률 제정의 금지, 더 나아

---

24) "Congress shall make no law establishing articles of faith or a mode of worship, or prohibiting the free exercise of religion or abridging the freedom of speech, or the press, or the right of the people peaceably to assemble and petition to the government for the redress of grievances(윗글)."

가 자유로운 종교 활동의 보장이라는 형태로 규정하고 있다는 점이다. 또 '양심의 자유'와의 관계에서 양원에서는 다음과 같은 차이점을 보여주었다. 하원의 제안에서는 '종교의 자유', 즉 국교를 정하는 법률, 자유로운 종교 활동을 금지하는 법률 제정의 금지와 '양심의 자유', 즉 양심의 권리를 침해하는 법률 제정의 금지를 구별하여 취급하고, 후자를 독립한 것으로 생각하는 데 의미가 있었다. 이러한 사고방식은 이미 하원에서 매디슨과 같은 사람들에서 보여진 것인데 이 제안에 대한 동의에서 점점 더 뚜렷해졌다. 여기에 대해서 상원의 원안에서는 양심의 자유를 특히 따로 특정하지 않는 것이었다. 그러나 이것은 위의 원안이 정하는 '신교의 자유'에 '양심의 자유'를 포함시킨다는 취지라고 생각된다. 상원 원안이 양심의 자유를 '신앙에 관한 조항' 속에 위치하고 있다고 생각하는 것은 동의를 심의하는 과정에서 자연스럽게 보였다. 이런 의미에서 상원이 신앙에 관한 조항이 양심의 자유를 포함하고 있다고 생각하고 종교자유에 관한 역사적이고도 넓은 입장에서 있었던 데 비하여 하원은 양심의 자유를 명확히 구별하여 독립한 권리로 위치 지우려는 입장에 서서 종교의 자유를 오로지 좁은 의미의 신앙의 자유로 사용하고 있다는 점이 대조된다(Corwin, 1956: 758). 이러한 양원의 불일치에 대하여 하원은 합동 위원회의 개최를 구하고 상원은 이것에 동의하였다. 이 합동위원회는 상원에서 코네티컷의 엘스워드(Oliber Ellsworth, 1745~1807), 메릴랜드의 캐롤(Charles Carrol, 1727~1822), 뉴 저지의 윌리엄 패터슨(William Paterson)이 선출되었고, 하원에서는 버지니아의 매디슨(James Madison), 코네티컷의 셔먼(Roger Sherman), 델라웨어의 바이닝(John Vining)이 선출되었다.

하원의 매디슨은 정교분리와 종교의 자유에 관한 가장 열정적인 추진자였는데, 상원의 엘스워드도 특정한 교회에 우월한 지위를 주고 종교의 자유를 제약하는 불합리에 반대하는 입장을 취하였다. 이 합동 위원회에서는 주로 매디슨이 지도적 역할을 담당하였다.

④ 상원 법안의 채택[25]

9월 24일의 상원에서 합동 위원회를 대표하여 행한 엘스워드의 보고에서 상원에 의해 제안된 수정조항에 대하여 하원이 동의하는 것이 적당하다는 취지였다. 상원 제안의 조항은 수정 원안 3조를 다음과 같이 규정하고 있었다.

> 의회는 국교를 정하는 법률, 자유로운 종교 활동을 금지하는 법률, 또는 언론 출판의 자유를 빼앗거나 평온한 질서 또는 고충의 구제를 정부에 청원하는 권리를 빼앗는 법률을 제정할 수 없다.[26]

하원은 같은 날 상원에 대한 메시지 가운데서 이와 같은 규정에 따를 것을 결의하고 같은 문장의 수정 3조를 제안하는 뜻을 정하였다. 후에 이 수정 원안 3조는 수정 10개조 가운데 제1조로 되었다. 이 수정 제1조의 최종 초안의 구성자가 누구인가 하는 것

---

25) Journal of the First Session of the Senate(1820)을 Stokes가 인용한 것이다(같은 사람, 같은 책).

26) "Congress shall make no law respecting an establishment of religion, or prohibiting the free exercise there of; or abridging the freedom of speech or of the press; or the right of the people peaceably to assemble, and petition the government for the redress of grievance(윗글)."

은 분명하지 않지만 매디슨 의원이었다는 설이 유력하다(I. Brant, 1941~1956: 353-355).[27]

종교의 자유에 관한 이 수정조항은 매사추세츠의 에미스(Ames, 1758~1805)의 동의에 의해서 채용되었다. 이 규정에 대해서 문구 수정이 제의되었는데 "다른 종파 혹은 종교단체에 대하여 한 종파 혹은 한 종교단체를 우선하여 취급하는 법률을 제정하지 못한다."라는 문구를 삽입하자는 동의가 있었다. 여러 가지 경과를 볼 때 결국 상원은 다른 종파 내지 교파에 이익 또는 특전의 부여를 금하자는 것에 만족하지 않고 다시 널리 정부가 어떤 종교와의 결합을 금지하고 신교의 자유를 구체적으로 보장하려는 의도를 가지고 있었다고 추측된다. 그것은 1791년 수정 1조에 대한 상원의 안을 보면 알 수 있다.

> "의회는 신앙에 관한 조항 또는 예배의 방법을 공식적으로 정하는 법률을 정하거나 자유로운 종교 활동을 금지하는 법률을 제정할 수 없다."[28]

---

27) 브란드(I. Brant)는 매디스(James Madison)의 The Nationalist를 1941년부터 1956년 사이에 총 5권을 정리, 편집하였다.

28) 이것은 상원의 안이다. 그러나 마지막 채택된 조항의 표현은 다음과 같다. 의회는 종교를 공식적으로 채택하거나 종교의 자유로운 행사를 금지하는 법률을 정할 수 없다(Congress shall make no law respecting an establishment of religion, or prohibiting the free exercise thereof). 인용은 ARTICLES IN ADDITION TO, AND AMENDMENT OF, THE CONSTITUTION OF THE UNITED STATES OF AMERICA, PROPOSED BY CONGRESS, AND RATIFIED BY THE LEGISLATURES OF THE SEVERAL STATES PURSUANT TO THE FIFTH ARTICLE OF THE ORIGINAL CONSTITUTION.

3) 수정 1조에 대한 해석론으로서의 윌리암스의 정교분리

하우이(Howe)에 의하면 정교분리(Mark Howe, 1965)에 있어서의 가장 큰 영향은 윌리암스에게서 찾아볼 수 있다. 그는 "만약 성속의 엄격한 분리가 행해지지 않으면, 세속의 부패가 교회를 물들이게 된다."고 하였다. 이 말은 국가에 대해서 교회를 보호하는 수단으로 분리의 개념을 파악하고 있는 견해라고 할 수 있다. 이것은 절대적 분리와는 거리가 있는 것으로 국가의 관여나 통제 없이 국가의 원조는 받을 수도 있다는 정도의 내용이라고 해석할 수도 있다고 한다(윗글: 김철, 1994: 13). 다시 말하면 윌리암스는 종교적 예배와 행사에 있어서는 국가는 이를 지원하고 후견하며 북돋아 주는 역할을 해야 한다고 하여 이런 면에서의 '적극적 협조'를 대변해 주었다고 볼 수 있다. 윌리암스의 견해를 폭넓게 해석하면 국가에 대해서 모든 종교에 대한 우호적인 분위기를 조성해야 하는 의무를 지우고 있는 것이다. 이것은 '종교적 다원주의'와 관련된다.

(1) 제퍼슨의 정교분리 – '교회와 국가의 엄격한 분리의 벽'

제퍼슨은 교회로부터 정부를 보호하는 방법으로 분리를 주장하고 있다. 세금에 의해 지탱되는 영국의 당시 국교회를 해체하는 법안을 1779년에 제출했으며 목회자는 공직에 취임할 수 없음을 강조하였다. 이것은 '제퍼슨식 민주주의 사상'과 관계가 있다. 이 견해는 오늘날에는 종교 행사자유(free exercise of religion)의 위반으로 받아들여지기도 한다. 제퍼슨은 정치의 종교에 대한 영향을 제거하고 공중에게 정치적 견해의 자유로운 선택을 제공하려는 신념에서 나온 것으로 보인다. 따라서 그는 '교회와 국가의 엄격한 분리의 벽(strict wall of separation between church and state)'을 강조하는 이른바 엄격분리론의 시조로 알려져 있다(熊本信夫, 1972). 제임스 메디슨의 정교분리론이 다시 논의되는데 제임스 메디슨은 종교와 정부는 각자가 그 개별적 영역에 자유롭게 내버려둘 때 가장 높은 목적을 달성할 수 있다고 주장한다. 한쪽이 다른 한쪽을 탈권하는 것은 부패나 뒤엉킴을 가져온다고 한다(Kauper, 1964).

(2) 절대 분리론

절대 분리론(Pfeffer, 1951)은 "분리는 분리이다. 그 외는 아무것도 아니다(Separation is separation, Anything else is nothing)."라고 주장되었다. "어느 특정 종교에 대한 지원 뿐 아니라 종교 일반에 대한 지원을 모두 금한다."라고 만약 주장하게 되면, 이것은 '종교 일반에 대한 적의(hostility against religion in general)'를 뜻한다는 비판이 생기게 된다. 또는 '신앙과 무신앙에 대한 국가의 중립(neutrality of state against belief and unbelief).'에 대한 우려를 야기한다는 논의도 있게 된다. 그렇지만 종교의 사적인 문제로의 전환(privatization of religion)이라는 미국적 전통의 한 갈래가 수정 제1조라는 형태로 성문화되었다고 설명하는 견해도 있다(Pfeffer, 1951).[29] 이러한 입장이 판례로 나타난 것은 '애버슨 대 교육위원회 사건'에서 보인다.[30] 같은 취지는

---

29) 종교문제를 개인적인 문제로 보는 것의 정신적 배경으로는 로크, 윌리엄스, 페인, 제퍼슨 등이 있다고 설명된다(Pfeffer, 1951).

30) 'Everson v. Board of Education, 330 U. S. 1, 18(1947)'에서 블랙(Hugo Black) 판사가 종교 단체뿐만 아니라 신앙자와 비신앙자 사이의 문제에 있어서도 조그만 예외도 인정할 수 없다는 견해로 표현되었다(Lokart/Kamisar/Choper, 1975: 1212).

맥컬럼 판결(McCollum v. Board of Education 333 U. S. 203, 231(1948))이다.[31]

(3) 비우선 원칙 또는 중립의 원칙

여기에 대해서 한걸음 물러서서 비우선 원칙("No Preference" Doctrine) 또는 중립(Neutrality)의 원칙(Kurland, 1963: 112)을 내세울 수도 있다.

매디슨에 의해서 국가와 종교는 어느 일방의 탈권 또는 부패적 유착, 연합에 반대하는 것으로 국가와 종교는 각각 자기의 영역에 자유롭게 방임되어야 한다는 원리이다.[32] 따라서 수정 제1조의 종교조항은, 만약 모든 종교에 대해서 동일한 지원을 한다면 이 조항의 정신에 부합한다고 할 수 있다. 즉, 조세지출의 경우와 비종교적 목적을 촉진하고 정부의 행사를 허용하는 입장에서는, 종교를 정부활동의 표준으로 사용하는 것을 포기함으로써[33] 비로소 정부는 종교적으로 중립을 지킬 수 있다고 해석한다.[34] 이러한 이론에 따르면 어떤 법률이 헌법에 저촉되느냐는 다음의 심사기준을 거쳐야 한다.[35] ① 명백한 비종교적 목적으로

---

31) 이 판결에서 프랑크퍼터 판사가 "분리는 분리이며 쉽사리 넘을 수 있는 선이 아니다."라는 표현이다.

32) 스토리(Joseph Story)에 의하면 수정 제1조의 종교조항은 연방 정부와 주 정부에 대한 훈시적 규정(informative clause)이며, 따라서 단지 특정 종교를 처벌하거나 혜택을 주는 것만 금지된다고 해석된다. 스토리의 고전인 코멘타르의 인용은 Kurland(1963: 112)가 한 것이다.

33) 중립성의 개념을 종교 조항 해석의 중심으로 삼는 것은 컬랜드(Kurland, 1963)이다. 그는 종교를 정부활동의 표준으로 사용하는 것을 포기함으로써 비소로 정부는 종교적으로 중립을 지킬 수 있다고 해석한다.

34) 판례는 Abington school district v. Schempp, 347, U.S. 1(1968).

35) 학교 교육구 대 셈프 사건에서 보여지는 이런 입장은 정부 활동의 세속적 목표, 종파적으로 중립적인 양상 그리고 중립적인 효과가 관건이 된다(Kurland, 1963: 112).

행해지는가, ② 일차적으로 비종교적 효과를 발생하는가, ③ 정치와 종교가 과도한 유착(excessive entanglement)을 이루지 아니하는가의 여부가 그것이다.

(4) 분리하되 협조

'분리하되 협조'의 이론에 의하면(separation but distinction and cooperation)의 이론(O'Neill, 1949; Konvitz, 1949: 47) 헌법 수정 1조의 분리는 비유 또는 헌법상 존재하지 않는 표상이라고 한다. 이러한 입장에서는 종교문제에 대한 정부의 중립을 전제로, 의료 교육 분야에 있어서의 정부의 행위에 의한 종교 자체의 권고를 인정한다. 컨비츠(Milton Konvitz)는 레오 13세(Leo ⅩⅢ)와 비오 9세(Pius Ⅸ) 교황이 이러한 교시를 내린 바 있다고 지적하면서 교회의 입장에서도 받아드릴 수 있다고 설명한다.

4. 자발주의

수정 1조의 해석에 있어서 판례의 연구는 자발주의(Voluntarism)(Tribe, 1978)와 분리주의(Separatism)(Kauper, 1964)를 강조한다. 이 견해에 의하면 헌법상 종교자유의 조항은 최소한 양심의 자유를 보장하기 위해서 고안되었으며, 이것은 신앙의 문제에 있어서는 어떠한 강제도 방지되어야 한다는 취지로 발상되었다. 직접적인 강제뿐만 아니라 차별을 함으로써 가져오는 간접적 강제까지도 포함해서 금지한다는 뜻이다. 따라서 종교자유 조항은 '종교적 자발주의'

를 고취한다는 뜻이다. '국교부인의 조항'(Non - establishment Clause)도 광범위하게 해석되고, 주에 적용될 때 교회의 발전은 국가의 정치적 지지에 의해서가 아니라 회중과 신도의 자발적 지지에 의해서 이루어질 수 있다는 것이다. 종교집단은 그들 신도들과 관행의 내부적 장점에서 번영하고 소멸하여야 한다는 믿음의 표시라고 할 수 있다. 이렇게 본다면 국교부인의 조항은 종교적 자발주의의 법률적 표현이라고 표현해도 잘못이 아닐 것이다(Tribe, 1978).

이것에 비교해서 분리주의는 '중립', '비개입' 또는 '비유착'의 원리라고 할 수 있다. 국가와 종교는 각자의 분야에서 독립하여 활동할 때 가장 잘 기능한다고 주장한 매디슨의 견해에서 잘 나타났다. 그리고 이 이상을 요구하는 것은 국가와 교회의 기능적 분리를 넘어서는 것을 요구하는 것으로 해석된다. 즉, 국가는 종교문제에는 개입하지 말아야 하며 종파 또는 교파의 차이가 불공정하게 정치를 분열시키도록 허용하여서는 안된다는 것이다. 따라서 종교조항을 기초한 자들에게 있어서 종교의 국교화는 후원 - 재정적 지원 - 종교 활동에 있어서의 주권의 능동적 개입을 의미하는 것으로 해석되는 것이다.[36] 종교의 자유행사조항(free exercise clause)과 국교부인 조항(Non - establishment clause)를 에버슨 사건에 있어서의 블랙과 루트리지(Black and Rootridge) 판사가 의미하는 대로 본다면 상당한 정도 자발주의와 분리주의의 시각으로 파악할 수 있다. 그렇지만 국교부인 조항에 관한 실제적인 역사는 이미 수정 1조의 채택 이후의 사정에서도 반대되는 해석을 가능케 하는 방향으로 흘러져 왔다는 사실도 부인할 수 없다. 1868년의 수정 14

---

36) 이러한 해석은 Walz v. Tax Commission, 397 U.S.(1970)에서 나타난다.

조의 채택과 1947년에 종교조항이 수정 14조로 통합됨으로써 그러한 변화는 불가피했다고 볼 수도 있다.

5. 조정(Accommodation)[37](Walz v. Tax Commission, 397 U.S. 1970)

국교부인과 종교 행사 자유조항의 관계에 있어서 긴장 관계는 교육구 대 셈퍼 사건의 케이스처럼 국교부인 조항은 강력한 교파와 정부기능이 융합할 때 소수 종파에 대해서 불행한 결과를 가져온 역사적 교훈과 함께, 또한 종교 교육과 종교적 교훈의 보편적 가치를 인정할 때 각자가 자유롭게 종교를 선택하는 가치를 인정할 수 있다. 양 조항의 갈등에 대한 조정의 문제는 여러 입장을 가능하게 하고 최초의 성립된 견해는 엄격 분리론이었다. 엄격 분리론은 최초에는 국가와 교회의 벽을 강조하였으나 차츰 종교 교육과 종교적 교훈의 보편적 가치를 인정하는 입장에서는 분리의 벽을 완화하려는 방향으로 나아갔다. 지도적 원리에 동의한 판사들도 결론에 있어서는 의견이 분열되어 '분리의 벽'이라는 언어는 비유 이상의 것이 아니라고 주장되었다. 이러한 논지는 블랙 판사에 의해서 개진되었고 루틀리지, 프랑크퍼터(Frankfurter), 잭슨(Jackson), 버튼(Burton) 판사들은 반대 입장에 서 있었다.

---

37) 일반적인 뜻은 타자에 대한 호의로써 행해지는 낙성계약이 아닌, 계약 기타를 뜻한다. 또한 우호적인 동의 또는 이견의 집성을 의미한다(Black's Law Dictionary, 1983).

1) 무원조의 이론(No-aid Theory)(Wilber G. Katz, 1964: 9)에서 완화된 분리론(Gianella, 1968)으로 진행해서 현실적이고 유연한 태도 (Abington School District v. Schempp, 374 U. S. 203/1963)를 채택하게 됨

일반적으로 국가가 종교를 돕기 위해서 아무것도 할 수 없다는 것을 의미하는 분리는 '무원조 이론'으로 표현된다. 그러나 무원조 이론은 '원조(aid)' 또는 '무원조(no-aid)'가 무엇을 의미하는가의 해석에 있어서 결코 명확하지 않다고 보는 경우도 있다(Katz, 1964: 9). 이 이론 역시 교육문제에 관해서 다양한 판례를 발전시키게 되었다. 맥컬럼 대 교육위원회 사건[38]에서 법원은 국교부인 조항에 위반된다고 판결하였다. 반대의견에서 리드(Reed) 판사는 무원조 이론의 '도움(aid)'은 단지 "교회 그 자체나 혹은 어떤 종교적 기능을 행하는 종교단체에 대한 목적적 원조를 뜻하는 것으로 엄격히 해석해야 한다."고 주장하였다. 그러나 블랙, 프랑크퍼터, 루틀리지, 버튼 판사와 다수의견은, '도움'은 위 사항과 같이 종교를 진작시키는데 고안된 정부행위 일반을 뜻한다고 해석하였다. 어떠한 패턴과 정도에 경제적 혜택이 종교에 대한 '허용되지 않는 도움'인가는 결정하는 데 있어 엄격분리이론이나 무원조 이론이 어떠한 확실한 지침도 주지 않았기 때문에 법원은 중립성이나 중립이론이라는 개념을 써왔으나 결코 엄격중립이론이라고 불리는 것을 채택한 것도 아니라고 한다(Kurland, 1963). 이 이론의 요점은 정부행동 결정에 있어서 종교를 그 분류 표준으로 삼는 것을 그만

---

38) McCullum v. Board of Education, 333 U.S. 203(1948), 공공학교 시설 내에서의 종교교육프로그램에 관한 것으로 비참가 학생의 경우가 문제가 되었다.

두는 것이라고 할 수 있다. 다소 완화된 분리론은 정부의 계획이 종교적인 것이 아니고 세속적인 목적을 가지는 한 어떤 정부계획에 종교적 결사가 포함된다고 해석하여도 무방하다는 견해이다(Gianella, 1968). 아빙턴 교육구 대 셈프(Abington School District v. Schempp, 374 U. S. 203/1963) 사건에서 나타난 보다 현실적이고 유연한 태도는 다음과 같이 요약될 수 있다. 즉, 진정한 종교의 자유의 최고의 실현을 위해서는 ① 정부는 종교적 관행에 간여하거나 강요하지 않을 것이다. ② 교파 간에 있어서나 신앙과 불신앙에 있어서 어떤 편애의 효과도 없게 하는 것이며, ③ 어떠한 종교적 신조도 저해하지 않도록 정책을 수행하는 것이다.

이러한 해석의 접근 방법은 '조정'의 개념을 중요시하는 것으로서 정부와 종교 사이에는 필요한 관계가 존재한다는 사실, 정부는 국민생활에서의 종교의 역할에 무관심할 수 없다는 사실, 그리고 더 나아가서 적대적이거나 무관심과는 달리 정부의 기구와 계획을 국민의 종교적 이익에 조정 또는 조화하여야 한다는 사실을 인정하는 데에 있다. 이러한 조정과 조화의 관념은 조라크 대 크로선(Zorach v. Clausen) 판결에서의 더글러스 판사가 공립학교 밖에서의 방과 후 기도 프로그램을 지지하는 입론에서 나왔다고 볼 수 있다(김철, 1994: 65).

6. 결 론

이 연구는 칼뱅주의자 윌리암스의 사상과 실천이 아메리

카의 기본 법제도에 어떤 영향을 미쳤는가를 인문사회과학자들로 구성된 칼뱅 연구자들에게 설명하고, 소통하기 위한 목적으로 씌어 졌다. 한국 인문사회과학회의 '칼뱅주의 논쟁: 인문사회과학회에서' 학술대회에서 필자가 참여한 제2부는 칼뱅주의와 학문적 소통을 주제로 인문주의와 칼뱅주의, 사회학과 칼뱅주의 논쟁, 칼뱅주의와 교육문제를 다루었다. 이러한 학술대회의 전체적 구성과 분담이라는 맥락에서, 필자는 칼뱅주의를 둘러 싼 해석의 맥락이 광범위한 학문 영역에 두루 걸쳐 있다는 문제 의식을 법학에서도 검토하기 위해서 윌리암스의 사상과 실천이 아메리카 헌법 제정과 해석에 미친 영향을 시론으로 발표하게 되었다.

1628년 매사추세츠 식민지에 정착하기 시작한 칼뱅주의자들 중 윌리암스는 교회와 국가가 분리된 영역이라는 칼뱅주의적 교리를 강조하는 바람에 당시 '정교일치'의 매사추세츠에서 추방당해서 1636년 '양심의 문제로 고통당하는 사람들을 위한 피난처'로 로드 아일랜드 식민지를 세웠다. 그는 뉴잉글랜드에 있어서 정부와 교회융합의 문화에 대해 비슷한 시기 유럽 전역에서 행해지고 있었던 마녀사냥과 마찬가지로 양심의 자유와 종교의 자유를 추구하게 되었다. 종교의 자유를 찾아서 신대륙에서 건국한 신교도들은 이윽고 권리 장전과 독립선언을 거쳐 세계 최초의 성문헌법인 아메리카 헌법을 제정하기에 이른다(1787). 1791년에 이 헌법에 최초의 수정 1개조가 첨가되었는데 이 수정 헌법 1조에 종교의 자유가 규정되기에 이른다. 입법과정에서 상원이 신앙에 관한 조항은 양심의 권리를 포함하고 있다고 결의하고 종교 자유에 관한 역사적이고도 폭넓은 입장에서 있었던 데 비해서, 하원은 양심의 자유는 별개의 독립된 권리로 위치 지우고 종교의 자유를 좁은 의미의 신앙의 자유로 사용하였다. 그러나 상원은 하원에 동의하였다고 1636년 이후의 윌리암스의 정교분리의 사상은 이와 같이 1791년 수정 헌법 1조에 의해서 실현되게 된 것이다. 그러나 정교분리에 따른 국교부인의 원칙 또는 '국교 설립금지(Non–Establishment)'의 원칙과 종교 활동 자유의 원칙은 그 이후 구체적인 사건에서 대법원을 구성하는 대법관과 법학자들에 의해서 다양한 스펙트럼의 원칙으로 발전되고 마침내 현실적이고 유연한 몇 개의 심사기준을 확립하게 된다.

칼뱅주의자 윌리암스의 사상과 실천은 이와 같이 아메리카 합중국의 헌법과 헌법해석을 둘러싼 관행 아래에서 현재까지 326년에 걸쳐서 살아 움직이고 있는 것이다.

참고문헌

김철, "수정 제1조에 관한 연구 – 조항성립사와 해석의 문제", 『해체기의 비교제도론/가치와 제도』(사간본)(서울: Myko International, 1994).

맥닐, 죤 T.(정성구/양낙흥 옮김), 『칼뱅주의 역사와 성격』(서울: 크리스챤 다이제스트, 1994). 원제는 John T. McNeill, The History and Character of Calvinism(New York: Oxford University Press, 1954).

박영신, "칼뱅주의 해석의 오류지점", 한국인문사회과학회 봄 학술모임, 〈칼뱅주의 논쟁: 인문 사회과학에서〉(배제학술센터/2009. 5. 30).

버만, 헤롤드(김철 옮김), 『종교와 제도 – 문명과 역사적 법이론』(서울: 민영사, 1992).

호손, 나다니엘(이정기 옮김), 『朱紅글씨』(世界文學大全集 30)(서울: 금성출판사, 1993).

熊本信夫, 『アメリカにおける政敎分離の原則』(札幌: 北海島大學圖書刊行會, 1972).

Black, Henry Cambell, *Black's Law Dictionary*(St. Paul: West, 1983).

Brant, I./James Madison, *The Nationalist* 전 5권(Indianapolis: Bobbs–Merril, 1941~1956).

Collier, *Chistopher/James Lincoln Collier, Decision in Philadelphia–The Constitutional Convention of 1787*(New York: Random House, 1986).

Corwin, Edward S.(엮음), *The Constitution of the U.S.A.*(Washington: Government Printing Office, 1956).

Gianella, "Religious Liberty, Non–establishment and Doctrinal development", *Harvard Law Review*, 1968.

Howe, Mark De Wolfe, *The Garden and the Wilderness–Rligion and Gobernment in Amercan Constitutional History*(Chicago: University of Chicago, 1965).

______, *Cases on Church and States in the United States*(Cambridge: Harvard University Press, 1952).

Katz, Wilber G., *Religion and American Constitutions*(Evanston: Northwestern University Press, 1964).

Kauper, Paul G., *Religion and Constitution*(Baton Rouge: Louisiana State University, 1954).

Konvitz, Milton, "Separation of Church and State: The First Freedom", *Law and Contemporary Problems*, 14권(1949).

Kurland, Philip, *Religion and Law*(Chicago: University of Chicago Press, 1963).

Laurence, Tribe, *American Constitutional Law*(Mineola: Foundation Press, 1978).

Lokart, Willam B./Yale Kamisar/Jesse H. Choper, *Constitution Law*(St. Paul: West Publishing Company, 1975).

Menendez, Albert J., "No Religious Test: Mr. Pinkney's Fogotten Freedom," *Church & State*, 40권 3호(1987. 3).

Morgan, Edmund S., *Roger Williams–The Church and the State*(New York: W. W. Norton, 1967).

O'Neil, J. M., *Religion and Education under the Constitution*(New York: Harper & Bros, 1949).

Pfeffer, Leo, "Church and State: Something less than Separation," *University of Chicago Law Review*, 19권(1951).

Stokes, Anson Phelps, *Church and States in the United States* 전 3권(New York: Harper & Brothers, 1950).

김철 숙명여자대학교 법과대학 교수 _chullkim715@hanmail.net

서울대학교 법과대학 박사과정을 수료하고, Univ. of Michigan Law School Graduate Study를 졸업했다. 대표저서는 「한국 법학의 반성」(한국학술정보, 2009), 「경제 위기 때의 법학」(한국학술정보, 2009), 「뒤르께임을 다시 생각한다」(동아시아, 2008, 공저), 「한국 법학의 철학적 기초: 역사적 경제적, 사회 · 문화적 접근」(한국학술정보, 2007), 「종교와 제도-문명과 역사적 법이론」(민영사, 1992, 공저), 「러시아 · 소비에트 법-비교법 문화론적 연구」(민음사, 1989), 「미소비교론」(어문각, 1992, 공저)가 있다. 현재 관심은 인문과학과 사회과학과의 통섭을 통한 해방 이후의 관행적 한국 법학을 쇄신하는 데 있다.

현대 공교육의 위기 극복을 위한
칼뱅의 교육사상 이해

한미라_호서대학교 기독교학부 교수

1. 서론 : 현대 공교육의 위기

한국 공교육이 위기에 놓였다는 주장은 비단 본 연구자의 관찰과 분석만은 아닐 것이다. 이렇게 보는 첫 번째 이유는 공교육의 기본 정신이 상실되고 있기 때문이다. 즉, 공교육 철학의 부재가 그 주된 원인이라고 말할 수 있을 것이다. '공교육'은 공적 성질을 지닌 교육으로서 국가주의 사상에 기초하고 있으며 개인의 성장·발달보다는 국가 및 사회의 존속 발전을 교육의 목적으로 삼고 있다(김신일, 1993: 149 - 150). 종교개혁은 고급지식(神지식)을 갖춘 성직자들만이 독점하여 읽었던 라틴어, 히브리어, 헬라어 성경을 모국어로 번역하여 일반 농민들까지도 자유롭게 읽게 하자는 것이 동기가 되어 시작되었다. 이러한 취지에서 시작된 종교개혁 사상이 유럽에서 시작된 공교육에 영향을 끼친 것은 당연한 결과일 것이다. 그러나 한국의 공교육은 "왜, 우리는 평등한 교육을 받아야 하는가?", "국가는 그들에게 무엇을 가르쳐야 하는가?"에 대한 분명한 철학의식을 심어주기보다는 다변화 사회의 중심에 선 학습자들의 제1의 관심인 취업과 대학, 그리고 생존에 필요한 기술습득에만 온갖 관심을 쏟고 있다. 피교육자를 확보해야 운영이 가능한 제도권의 교육 기관들은 어쩔 수 없이 이들의 현실적 필요에 반응할 수밖에 없는 것이며, 공교육의 본질과 철학은 뒷전일 수밖에 없을 것이다.

칼뱅 당시에도 제네바에는 이와 유사한 상황이 전개되고 있었다. 그는 제네바 시의 종교개혁을 통해, 교육의 진정한 목적은 신분 및 계급 상승이 아니라 하나님과 사회에 책임 있는 존재로서 살아가는 '영성적 인간'을 창조하는 것이라고 설파하였다. 실용주의의 현실론에 빠져 있는 현대인들이 칼뱅의 이러한 사상을 쉽게 수용하리라고 생각하지는 않는다. 물질만능주의와 지나친 효율성 추구로 인하여 교육의 원형을 잃어버린 한국의 공교육이 치유되기 위해서는 16세기 제네바에서 외쳤던 칼뱅의 교육사상을 겸손히 들어야 할 당위성이 있을 것이다.

둘째, 한국 공교육의 또 다른 위기는 인성교육의 부재이다. 사교육은 민간인이나 민간인 집단이 자발적으로 설립, 운영하는 사립학교에서 실시하는 교육이라는 뜻 외에 위의 공교육을 보습하는 기능을 가진 개인적인 차원에서의 교육을 통칭하기도 한다. 그런데 공교육의 보조적 기능을 해야 할 사교육이 오히려 공교육을 추월하여 학교보다 교과진도를 먼저 나가고, 예·복습을 시키며, 학교교육을 초토화 시키고 있다. 이제는 교과지도의 전문성에 관한 한 사교육의 위상이 공교육을 능가하는 현실에 이르렀다.

이로 인하여 교실에서는 교사들의 교권에 대한 도전이 비일비재하다. 교사에 대한 막말과 욕설, 폭행까지 서슴지 않는 무서운 제자들이 교실을 장악하여 교사는 왕따와 집단 괴롭힘, 성희롱을 막을 힘도 권위도 없어졌으며, 학생들이 교사의 말보다는 일진회 학생의 말에 더 순종하는 조폭문화가 교실을 점령하고 있다.

인성교육의 부재는 21세기 한국 사회 전반에 걸쳐 두드러지게 나타나고 있는 포스트모더니즘(Postmodernism)의 횡포와 도전에 대한 방어능력을 상실하게 하고 있다. 포스트모더니즘은 모든 진리의 '상대화'를 추구한다. 다시 말하면, 시대와 상황, 여건에 따라서 진리는 변할 수 있다는 '가변성'을 강조한다. 이런 까닭에, 그들은 미국과 유럽에서조차 그들을 지탱해왔던 기독교의 정신과 전통적으로 내려왔던 관습과 사상까지도 거침없이 메스를 가하여 그 기능을 축소시켰다. 그 대표적인 사상적 원류는 플레처(Joseph Flecher, 1967)의 '상황 윤리'이다. 유럽과 미국 내의 공교육에서 의심 없이 유지해오던 성경공부와 채플에 대한 필요성은 점차 약화되었고, 결과적으로 공교육 내에서 그 권위를 지켜오던 기독교 정신은 점차 쇠락의 길로 가게 되었다. 그러나 문제는 포스트모더니즘이 주장하는 진리의 상대화라는 개념과 맞서 논리를 전개하는 방어능력이 현대 공교육에는 없다는 것이다. 기독교 학교의 학습자들조차 학교에서 배우는 창조론과 인성론에 영향을 받기보다는 방송 매체에 등장하는 연예인들의 말 한마디에 더 큰 영향을 받고 있는 것이 현실이다. 즉, 교육 수행자인 교사의 가르침보다는 자신이 호감을 갖는 한 사람의 견해에 의하여 자신의 생각을 바꿀 수 있는 그런 세대가 이미 도래한 것이다.

　　세 번째 위기는 공교육이 학습자의 변화된 요구를 따라가지 못하고 있는 것이다. 교육의 주체인 학교와 교사로부터 일방적으로 지식을 공급받던 학습자들이 디지털 통신기술과 인터넷 세상의 도래로 인하여 이제는 개인적으로나 또는 사교육을 통해서도 전문적 지식과 정보를 신속하게 획득하는 프로슈머(prosumer)[1]가 되었다. 이와 같이 과거와는 달리 학생이 오히려 교육당국이 입안한 정책의 일관성 있는 진행을 방해하는 집단세력으로 존재하게 된 것도 현대 공교육의 위기에 한 축을 담당하게 되었다. 이 시대의 학습자들은 공교육을 신뢰하지 못하고 지식을 찾아 유랑하는 노마드(nomad)[2]들이다. 소수의 학부모들은 대안으로써 홈스쿨링(homeschooling)[3]이나 벤포스타(benposta)[4]와 같이 지 · 덕 · 체의 균형적 조화와 성장에 중점하는 특수 인성교육으로 그 방향을 전환시킴으로써 공교육의 입지가 더욱 더 좁아지고 있다. 평등 교육이냐 엘리트 교육이냐로 이분화된 현대 교육의 구조는 교육의 정체성마저 혼란스럽게 만들고 있다. 지난 2월 16일 교육과학기술부는 '전국 학업성취도(전국일제고사)' 평가에 관한 시안을 발표하였다. 이에 대한 시민단체들의 평가는 '공교육 강화에 필요한 조

---

1) '프로슈머(prosumer)': 'producer(생산자)' 또는 'professional(전문가)'과 'costumer(소비자)'가 결합되어 만들어진 신조어로서, 신제품 개발 등 기업의 생산 활동에 직 · 간접적으로 참여하는 소비자를 뜻한다.

2) 지식의 노마드: 라틴어로 '유목민'을 뜻한다. 맥루한(Herbert Marshall Mcluhan)은 "21세기의 사람들은 빠르게 움직이면서 전자제품을 이용하는 유목민이 될 것"을 예견했었다.

3) 홈스쿨링: 학교에 가는 대신에 집에서 부모에게 교육을 받는 재택 교육이다. 최근 공교육의 획일적인 교육에 반대하여 부모들이 아이의 적성과 특성에 맞는 교육을 직접 가르치는 홈스쿨링이 확산되고 있다.

4) 벤포스타(benposta)는 '위치가 좋다'는 뜻의 스페인어로 공식명칭은 '벤포스타 나시온 데 무자초시'로서 번역하면 '벤포스타 어린이 나라'라는 뜻이다. 벤포스타는 1956년 그리스도 정신이 투철한 실바 멘데스 신부(현 70)와 15명의 소년들이 만든 독특한 공동체이다.

치'라는 긍정론과 '사교육 열풍을 일으켜 오히려 공교육을 무너뜨릴 것'이라는 비관론 등으로 엇갈리고 있다(박성민/임형섭, 2009). 이 시대의 학습자들은 분명 공교육의 장점인 교육의 기회 균등과 국민으로서 누리는 무상 교육의 권리를 철저히 누리려고 하는 욕구를 모두 지니고 있다. 국민은 21세기인데 공교육의 교실은 19세기라면 공교육은 자연히 국민으로부터 외면당할 수밖에 없을 것이다. 공교육을 통해 평등과 수월, 그리고 실력과 인성을 두루 갖춘 국민을 양성하는 것이 얼마나 어려운 를 다시 한 번 국민 모두가 인식하여야 할 때인 것 같다.

　　'복음적 신정정치'를 통한 칼뱅의 개혁의 목적은 바로 하나님 나라의 백성들이 모두 다 평등한 시민으로서 단계별로 도덕교육을 받아 이상적인 도덕적 시민사회를 이룩하는 것, 그것이 곧 하나님 나라의 현재적 실현이라고 보았던 것이다(고용수, 1992: 209). 제네바에서는 교회가 시민 교육(공교육)을 전담하고 정부가 재정적 보조를 하는 공교육체제를 구축하였으며, 후에 스코틀랜드 등 많은 유럽의 국가들이 공교육에 대한 칼뱅의 교육사상을 도입하였으나, 근대에 들어서면서 시민교육을 둘러싼 국가와 교회의 주권 싸움은 결국 교회와 국가의 분리라는 사태를 맞이하게 되었다(Smith, 1979: 91-93). 칼뱅의 공교육에 대한 사상은 당시로서는 첨단이었다. 본 연구자는 칼뱅이 추구했던 제네바의 종교개혁에서 도덕적 혼돈 속에서 '인간됨'의 본질을 잃어가는 이 시대의 공교육의 위기에 대한 해법을 찾아보려고 하는 것이다.

2. 칼뱅의 제네바 종교개혁과 교육 사상

칼뱅은 실천적인 종교개혁자 루터(Martin Luther)와 심오한 영
성 회복을 위해 삶의 개혁을 외친 츠빙글리(Ulrich Zwingli)가 사라
진 1세기 후, 1509년 7월 10일 프랑스 피카디(Picardy)지방의 노용
(Noyon)에서 출생하였다(Bratt, 1964). 2세기 후에 발생될 영국의 산업
혁명과 프랑스 민주혁명과 더불어 근대사회의 가장 극적인 드라
마 같은 사건이었던 종교개혁은 종교영역을 넘어 사회, 정치, 경제,
문화의 모든 부분을 변혁시킨 위대한 '신적사건(divine event)'이었다.

1) 칼뱅의 종교개혁에 나타난 교육사상

칼뱅은 12세에 파리에 있는 마르슈대학(Collège de la Marche)에
입학하여 유명한 라틴어 선생 코디어(Mathurin Cordier)를 만나 개혁
사상과 학문을 이해하는 기초훈련을 받았다. 그 후 몽테규대학
(Collège de Montaigu)의 철학도로 입학을 하였으나 1525~1526년경 아
버지의 권유에 따라 오를레앙대학(University of Orléans)으로 가서 법을
공부하게 된다(Bratt, 1964). 그러나 여기서 그는 헬라어의 권위자 볼
마르(Melchior Wolmar)를 만나 헬라어의 필요성에 대해 절감하게 된다.
1529년 볼마르 교수와 부르주(Bourges)대학으로 옮겨, 이곳에서 이
탈리아의 유명한 인본주의 법률가 알시아티(Andrea Alciati)를 만나 종
교개혁의 필요성에 대해 교육받는다. 부친의 사망 이후, 1532년
오를레앙대학으로 다시 돌아온 칼뱅은 이 기간 동안 헬라어 교
수 데니스와 히브리어 교수 바타블의 도움을 받아 그의 첫 번째

책인 클레멘티아 주석(Seneca's De Clementia)을 출판하였다(Ganoczy, 2004). 칼뱅 당시 보수적이었던 소르본느대학과는 달리, 파리의 대학들은 루터파 자유사상, 파비안(Fa bians)이라고 불리는 개신교 동조 집단, 에라스무스(Desiderius Erasmus)의 인문주의(Humanism)사상 등이 깊이 침투되어 있었다. 칼뱅은 파리의 로얄대학(Collège Royal, 나중에 Collège de France)에서 종교개혁에 우호적이었던 콥(Guilaume Cop)과 만나고, 그의 친척이었던 올리베탄(Robert Olivetan)을 통해 히브리어로 구약을 이해하는 학문적 자극을 받게 된다.

위에 열거한 칼뱅의 교육의 과정을 보면, 그는 단순히 신학만을 연구한 평범한 목회자가 아님을 알 수 있다. 칼뱅의 인성에는 휴머니즘과 고대 히브리 사상, 그리고 라틴 문명, 그리스 문화에 대한 깊은 섭렵과 이해가 준비되어 있었다. 이런 것들은 칼뱅에게 하나님과 세상을 이해하고 해석하는 '자양분'이 되었다. 16세기의 탁월한 학자들로부터 다방면의 학문적 세계를 경험한 칼뱅은 그 지식과 학문적 토양을 제네바 시를 개혁하는 '거룩한 무기'로 사용하였다. 그래서 칼뱅의 개혁 방법에는 논리적으로 신앙의 지식을 교육하는 체계적 도구인 교리문답이라는 '카테키즘'(catechism)이 활발하게 사용되었다. 이러한 이유로 칼뱅의 제네바 목회를 '교육 목회'라고 부르기도 한다. 칼뱅이 개발한 대소요리문답서는 그가 얼마나 치밀한 신학자요, 저술가요, 또한 체계적인 교육자였는지를 잘 알 수 있게 해주는 명백한 증거이다(신현광, 1997: 315-321).

칼뱅의 제네바 종교개혁의 목적은 '하나님의 나라의 현재적 구현(materialization)'에 있었다. 칼뱅은 예수 그리스도의 산상수훈 말씀 가운데 발견되는 주기도문의 한 구절인 "나라에 임하옵시며 뜻이 하늘에서 이룬 것 같이 땅에서도 이루어지이다(마6:10)."에 주목했다. 그리고 이 말씀에서 강조된 하나님의 나라(왕국)가 실제로 이 땅에서 구현되는 것이 가능하다고 믿었다(Moore, 1984: 143). 하나님의 나라는 계시의 말씀인 성서 개혁과 성령의 감동으로 세워질 수 있다고 확신했다. 이런 까닭에 교회는 하나님의 말씀을 가르치는 '디다케(didache)'에 집중하는 '교육하는 교회'가 되어야 한다고 주장하였다. 칼뱅의 종교개혁은 종교만의 개혁이 아니라, 교육을 통한 종교와 사회문화의 개혁을 의도한 혁명적 행위였다(Parker, 1995).

칼뱅은 인간이 하나님을 바르게 아는 지식을 소유할 때, 비로소 그 자신이 죄인임을 인식하게 되며, 하나님을 분명히 알았을 때 그의 피조물인 인간이 창조주께 영광을 돌리는 거룩한 행위에 동참할 수 있다고 믿었다. 그는 또한 교육을 통해 경험된 하나님의 지식과 그 영광을 삶의 모든 영역에서 실천할 것을 기대하였다. 이런 이유로 칼뱅은 자신의 제1차 제네바 사역(1536~1538), 스트라스부르그(Strasbourg)에서의 피난민 교회 사역(1538~1541), 제2차 제네바 사역(1541~1564) 모두를 '교육 목회'에 집중하였던 것이다.

(1) 제1차 제네바 사역(1536~1538)

가톨릭 보수주의의 영향에서 벗어나 복음적 개혁주의로의 전환을 선언한 칼뱅은 여전히 로마 가톨릭과의 관계를 끊지는 않았다. 칼뱅은 회심 이후에도 가톨릭 진영에 머물면서 프랑스 내의 열렬한 개혁주의자와 손잡고, 가톨릭 내의 개혁을 시도하였다.

그러던 칼뱅이 로마 가톨릭으로부터의 완전한 분리를 선택할 수밖에 없었던 사건이 발생하였다. 1533년 11월 1일, 칼뱅의 정신적 스승이며, 동역자였던 콥이 당시 로얄대학의 교장(rectorship)으로 부임하면서 했던 취임설교가 바로 그것이다. 콥은 자신의 취임설교에서 루터와 에라스무스의 사상을 인용하며 개혁의 필요성을 강조했다. 이것은 곧 가톨릭 제도권에 대한 도전으로 인식되었고, 콥은 물론 그의 사상을 동조한 칼뱅까지 박해를 받게 되었다. 결국 파리 법원과 소르본느대학은 두 사람을 이단으로 정죄했고, 견딜 수 없었던 두 사람은 루터와 프로테스탄트주의자에게 호의적인 나바레의 여왕(the Queen of Navarre) 마가릿(Marguerite de Navarre)이 있는 앙구레메(Angouleme)로 피신하였다.

이후 1534년, 프랑스 왕 찰스 5세가 프랑스 내의 프로테스탄트 교회를 박해하자 칼뱅은 분노하였고, 박해받는 프랑스의 개신교도들을 변호하기 위하여 1536년에 바젤(Basel)에서 『기독교 강요』를 저술하였다. 신학에 대한 학문적 연구에 몰입하려던 칼뱅의 소극성을 자극하여 종교개혁의 장으로 끌어낸 자는 파렐(William Farel)이었다. 그는 칼뱅 안에 있는 신학적 능력과 법률적 자산을 활용해 제네바 시를 종교개혁의 모선(母船)으로 삼으려는 야망을 갖고 있었다. 칼뱅은 그의 동료들과 함께 제네바에서 개혁교회를 조직해 나가기 시작하였다. 1537년 1월 16일, 칼뱅이 중심이 되어서 작성된 '제네바 교회의 조직과 예배에 관한 조항(Articles Concerning the Organization of the Church and of Worship at Geneva)'이란 문서가 '60인 소위원회'에 제출되었다. 이 조항들은 후에 칼뱅이 조직한 교회의 헌법과 같은 권위를 갖게 되었다. 칼뱅의 제네바에서의

1차 개혁은 무엇보다도 교회의 유아들과 성인들에 대한 종교교육에 집중되었다.

칼뱅은 1537년 성서의 교리를 체계화시킨 작은 문답서인 '소요리 교리문답(Small Catechism)'을 작성하였다. '소요리 교리문답'은 '신앙고백서'로서의 권위를 갖게 되었고, 제네바 시의 모든 가정, 학교, 교회는 의무적으로 이 고백서를 가르쳐야만 했다(Calvin, 1954: 25－33).

또한 칼뱅은 제네바 시의 도덕적 수준의 격상을 위해 구약의 십계명을 중심으로 한 윤리개혁을 강화하였다. 도시 내의 도박과 술집에 대한 압박을 가했으며, 성적 범죄에 대한 강하고 엄한 처벌을 시행하였다. 순탄하게 보였던 칼뱅의 제1차 제네바 사역은 칼뱅에게 적대적이었던 정치집단 아티챠우즈(Artichauds)가 시를 통치하게 됨으로써 위기를 맞았다. 특히 제네바 시는 칼뱅과 파렐의 개혁교회가 중요시했던 성례(sacrament)를 모독함으로써 긴장을 유발시켰다. 결국 제네바 정부는 1538년 4월 13일 그들에게 제네바 시를 떠날 것을 명령했다. 칼뱅은 바젤로 떠났고 그곳에서 학문에 전념하게 되었다(Reid, 1995: 6).

(2) 스트라스부르그에서의 목회(1538~1541)

바젤에 머물러 있던 칼뱅을 스트라스부르그로 가도록 권면한 사람은 개혁자 부커(Martin Bucer)였다. 칼뱅은 1538년 9월 스트라스부르그의 피난민 교회에서 목회하기 위해 바젤을 떠나게 되었다. 이 도시는 초교파적 교육자 스튀름(John Sturm)에 의해 신앙양육공동체인 김나지움(gymnasium)이 창설되어, 개혁적인 복음주의 사상이 확립되어 있는 곳이었다. 이 김나지움은 후에 칼뱅이 세운 제네바 아카데미의 모델이 되었다. 칼뱅은 스트라스부르그의 김나지움에서 3년동안 신학교수가 되어 성경을 가르쳤으며『로마서 주석』과 "성만찬에 대한 소논문"을 집필하였고『기독교강요』의 증보판을 발행하였다. 이 시기, 칼뱅은 목사로서 스트라스부르그에 있는 500여 명의 피난민 교회를 목양하며, 예배 전례의 형식을 완성한다. 즉, 예배의 부름, 죄의 고백 기도, 죄 사면의 선포, 십계명 암송, 탄원, 감사, 헌신의 기도, 말씀의 선포, 사도신경의 암송, 축복기도로 이루어져 있다. 이러한 예배 요소는 후일 개혁교회의 예배 패턴이 되었다.

1540년 2월, 제네바 시는 1년 전에 축출당한 칼뱅을 다시 제네바로 부르기 위한 논의를 시작하였고, 1541년 9월 13일 그는 다시 제네바로 돌아오게 되었다(Calvin, 1954: 63).

(3) 제2차 제네바 사역(1541~1564)

제네바 시로부터 다시 부름을 받은 칼뱅은 이전보다 더 분명한 신념과 확신으로 개혁을 추진해 나갔다. 제네바 시로부터 다시 부름을 받은 칼뱅은 이전보다 더 분명한 신념과 확신으로 개혁을 추진해 나갔다. 1541년 11월 20일, 드디어 칼뱅은 초대 교회의 조직을 도입하여 제네바 교회 내에 네 가지 직분을 규정하였다. 첫째, '존경받는 집단'으로 불려지는 '목사'로서 그들은 설교와 성례 집전, 타락자의 징계, 목회 후보생 심사에 대한 의무와 책임을 부여했고, 둘째, '교사'로서 성경과 성경 외에 교양 과목(liberal arts)을 가르치게 했다. 그러나 그들에게는 목사에게 있는 치리권과 성례 집전권은 허락되지 않았다. 셋째, '장로'로서 그들은 교인의 행위를 감찰하며, 교회회의에 유포된 교리가 잘못된 점이 없는가를 유심히 살펴보고, 범죄한 교인을 견책하고, 교회를 치리하며, 교인 훈련을 담당하는 역할을 하였다. 넷째, '집사'로서 그들은 교회의 재원을 관리하고, 물질적으로 어려움을 겪고 있는 사람들을 도와주는 역할을 하였다(Ganoczy, 2004: 7-8). 그리고 칼뱅은 1559년 제네바 아카데미(Academy of Geneva)를 설립한 후, 그 초대 학장으로 그리스 학자이자 교사인 베자(Theodore de Beza)를 선임했다.[5] 1559년 3월 5일 아카데미가 문을 열었을 때 등록된 학생 수는 불과 162명이었으나 1565년에는 1,600명으로 증가하였다. 이 제네바 아카데미에서 칼뱅 사상으로 철저하게 훈련받은 지도자들을 유럽 대륙 각지와 영국 제도에 파견되었다. 23년에 걸친 제2차 제네바 사역을 한 칼뱅은 마침내 1564년 5월 27일에 하나님의 품으로 돌아갔다.

2) 칼뱅의 교육 방법론

교육방법에 관한 칼뱅의 사상은 다음과 같은 세 가지의 질문을 제기하면서 탐구할 수 있을 것이다. 첫째, 교육의 주체자는 누구인가?, 둘째, 교육내용을 전달하는 수행자(교사)의 역할은 누가 하는가?, 셋째, 어떤 내용을 교육의 텍스트로 삼았는가? 먼저,

---

5) 제네바 아카데미는 1559년 11월 11일에 시작되었다. 당시 초기 교수로는 칼뱅(1559~1564)을 포함 학장겸 교수인 베자(1559~1605), 셔발리에(Antoine Chevalier), 타굿(Jean Tagaut), 베로드(Francois Beraud), 비레(Pierre Viret) 등이 있다.

교육의 주된 행위는 가르치는 일이다.

가르침은 그것을 전수받으려는 사람에게 있어서 사고와 행동의 변화를 기대하는 전제 위에서 시행하는 것이 일반적이다. 그러나 사람에게 일어나는 모든 변화 및 감응은 하나님이 움직이시는 것으로 믿고 이해하는 것이 신학의 출발이다. 따라서 칼뱅에게 있어서도 교육의 주체에 대한 첫 번째 질문에 대한 답은 이와 같은 신학의 출발점에서 크게 벗어나지 않는다. 즉, 칼뱅의 하나님이해는 곧 교육의 주체자에 관한 논의와 그 맥을 같이 하고 있다는 말이다. 칼뱅에게 있어서 하나님은 창조와 섭리 그리고 심판을 주도하실 삼위일체 하나님이시며, 교회와 교사는 삼위일체 하나님이 주신 계시의 말씀 안에 담긴 교육사상을 전달하는 역할의 수행자로 이해하였다.

두 번째 질문에 대한 답은, 즉 교회와 교사는 하나님의 교육수행자로서 인간을 가르칠 사명을 가진 책임 있는 자로서 본 것이다. 또한 학생 - 인간은 교육 불가능한 존재에서 하나님의 교육의지에 의해, 다시 말하면, 구속사역에 의해 교육 가능한 존재로 바뀌었으며, 하나님의 형상을 담지(膽智)한 존재이며, 잘 배워야 하는 책임을 가진 학습(또는 교육)당사자로 보았다.

셋째, 칼뱅에게 있어서 성경은 교육의 가장 완전한 텍스트였다. 성경을 이해하기 위한 신앙 내용의 기본 가르침은 교리의 형태로 만들어 신앙의 초신자나 청소년의 세례와 입교를 위한 준비교육내용으로 삼았다. 칼뱅에게 있어서 교육방법은 교리교육과 요리문답을 위해서 사용했던 문답법이 대표적 교육방법이라 할 수 있을 것이다. 그는 교육기관인 교회를 통해 하나님의 이치의 내용인 교리를 가르침으로써 교육목적을 이루게 된다고 보았다. 그는 또한 우리 삶의 현장인 가정과 학교는 교회를 중심으로 상호협조하며 교리교육을 행할 것을 요구했다. 뿐만 아니라 칼뱅에 있어서 '교리교육의 구심점(求心點)'은 '성례전'에 있었다. 세례(견신례)를 통해 자연인은 교인으로서의 입문을 하게 되고 그로 말미암아 청소년 교육과 성인 교육이 서로 나뉘게 되며, 성찬을 통해 하나님의 교육에 계속적으로 참여하게 된다고 하였다. 칼뱅은 제네바 아카데미(Geneva Academy)를 통해 인문주의 교육과 성경 교육의 조화를 꾀하였으며, 목회자 양성과 사회지도자 양성을 통해 제네바의 신정정치(theocracy) 또는 성경정치(bibliocracy)가 세상 속에 보편화될 수 있도록 노력하였던 것이다(Singer, 1967: 5-6).

(1) 교육의 주체로서의 하나님

칼뱅의 교육 사상에 있어서 가장 주목되는 것은, 삼위일체 하나님을 교육의 주체자인 교사로 이해하고 있다는 것이다(Warfield, 1974). 이 사실은 성서의 기록으로도 충분히 확인된다. 학습자를 가르치는 교사로서의 교육행위를 설명하는 성서적 용어로는 크게 두 가지 단어가 사용되고 있다. 첫 번째 단어는 구약의 '라마드'(למד lamad, 신5:1, 잠30:3, 신4:5, 전12:9, 시25:5, 대상25:7, 아3:8)이다. 라마드의 뜻은 '훈육하다, 가르치다, 익숙케하다'이다. 또 다른 하나는 신약에서 주로 사용되는 '디다스코'(διδάσκω didasko, 마9:35, 마26:55, 마28:20, 행11:26, 고전14:19, 골3:16, 딤전6:2)로서 그 의미 역시 '이해시키다, 깨닫게 하다, 배우게 하다'라는 내용을 담고 있다. 교육행위를 의미하는 두 단어, 즉 '라마드'와 '디다스코'는 삼위일체 하나님의 구원 행위를 설명할 때도 사용된다.[6] 와이코프(D. Campbell Wyckoff)도 칼뱅과 마찬가지로 하나님 자신이 교사라는 기본 인식을 가지고 있었다. 그러므로 교사가 가장 먼저 알아야 할 것은 하나님(성령)이 인간을 교육하시는 원초적 교사임을 인정하는 것이다. 볼케(Robert R. Boehlke)는 이러한 과정을 통해 이루어지는 기독교 학습을 설명하는 학교 교사이론을 창조적 관여라고 표현하였다(Boehlke, 1962).

　　칼뱅의 교육 사상에 있어 삼위일체 하나님이 교육의 주체자인 교사인 것은 명백한 성서적 근거를 가지고 있다. 보다 구체적으로 칼뱅은 각 삼위일체 하나님의 교육 행위에 있어서 기능적 차이도 함께 제시하였다. 성부 하나님은 단순히 가르치는 교사로서의 역할을 넘어 '교육의 기획자(planner, 출4:15)'이며, 또한 '교육의 명령자'(신6:1 - 9, 쉐마 교육 명령)이시고, 또한 그 학습자에 대한 상벌(賞罰)을 결정하는 '교육의 평가자'(신28:1 - 19)로서 존재하신다. 그리고 '교사로서의 성자 하나님'은 교육의 내용을 지식의 전달로서만이 아닌 '삶(praxis)의 현장에서 직접 모범(prototype)을 보이시는 교사'로 설명하고 있다. 모범을 보이시는 교사로서의 성자 하나님의 절정은 마가의 다락방 강화 사건 중 일어난 세족식에서 발견된다(요13:12 - 15).

---

6)　• 성부 하나님: "주께서 나를 가르치셨으므로 내가 주의 규례들에서 떠나지 아니 하였나이다(시119:102)"; "내가 그들을 가르치되 끊임없이 가르쳤는데도 그들이 교훈을 듣지 아니하며 받지 아니하고(렘32:33)"
　　• 성자 하나님: "예수께서 온 갈릴리에 두루 다니사 그들의 회당에서 가르치시며(마4:23)"; "이에 예수께서 여러 가지를 비유로 가르치시니 그 가르치시는 중에 그들에게 이르시되(막4:2)"
　　• 성령 하나님: "보혜사 곧 아버지께서 내 이름으로 보내실 성령 그가 너희에게 모든 것을 가르치고 내가 너희에게 말한 모든 것을 생각나게 하리라(요14:26)."

(2) 교육의 수행자로서의 교회와 교사

교육의 주체자로서의 삼위일체 하나님은 학습 대상자를 가르치는 기능적 도구로서 교회와 준비된 교사들을 사용하신다. 다시 말해, 교회와 교사는 삼위일체 하나님이 목적하신 그 뜻을 실현시키는 교육의 수행자(actor, performer)이다. 바울은 주후 32년경 다마스커스에서 회심한 후 안식일 날 각 회당에서 규칙적으로 유대인들과 이방인들을 가르쳤다(행17:1 – 3, 행18:4, 행19:8 – 10). 또한 바울이 설립한 초기 교회 역시 성례식과 더불어 가르치는 행위를 주된 기능으로 삼았다(행2:42, 골1:7, 딤전3:2). 이러한 이유로 칼뱅이 제2차 제네바 사역에서 가장 주안점을 둔 개혁행위 중 하나가 교회 조직의 교육적 기능을 효율적으로 개선하는 것이었다(엡4:11,12).

칼뱅에게 있어서, 목사와 교사 그리고 교회는 '가르치는 성직 공동체'였다. 그는 사도 바울이 후계자 디모데에게 목회 신학을 전술한 디모데전서를 참고하여 목사나 감독의 기능 중 가장 중요한 것은 '가르치기를 잘하며(딤전3:2)'라고 하였고, 또한 가르치는 장로(교육 목사)를 특별히 더욱 존경할 것을 엄히 명령(딤전5:17)하였다.『기독교강요』에서 칼뱅은 교사의 역할에 대해 다음과 같이 말하고 있다. 즉, 교회는 하나님으로부터 다른 사람들보다 더 많은 빛을 받은 사람이 하나님의 말씀을 가르치도록 인도하고 도와주어야 하며, 교사 자신이 성경에 근거하여 하나의 신적인 소명을 역할로 인식하여야 한다고 말했다(Calvin, 1979: 139).

(3) 교육 내용으로서의 성서

칼뱅은 16세기의 시대정신으로서의 에라스무스의 인문주

의 사상을 인정했다. 또한 그리스와 로마의 고전의 유효성 또한 부정하지 않았다. 칼뱅의 종교개혁 이전의 학문 탐구 과정이 이것을 잘 반증해준다. 그러나 교육의 대상자인 학습자를 위한 교육 텍스트에 관한 칼뱅의 생각은 이것과는 확연히 달랐다. 칼뱅은 계시의 말씀인 성서를 교육내용으로 삼아야 한다고 강조하였다. 그는 하나님의 구원 계획과 거룩한 신성의 계시를 담은 성서야말로 기독교 교육의 절대적 원전으로서의 권위를 갖는다고 주장하였다.

칼뱅이 학습 대상자에게 가르칠 교육 내용을 성서라는 텍스트로 택한 것은 그의 '신학적 인간 이해'와 깊은 관련이 있다. 칼뱅은 인간의 변화와 개혁은 '영의 방법'인 하나님 말씀을 통한 양육과 변화로서만 가능하다고 굳게 믿었다. 즉, 성경 말씀은 전적 타락의 존재인 인간을 거듭나게 하는 가장 중요한 수단이며(벧전1:23), 거듭난 인격체를 예수 그리스도의 형상을 닮아가게 만들 수 있는 진리임을 의심하지 않았다(골3:10). 그러므로 칼뱅의 제1차 제네바 사역, 스트라스부르그의 피난민 목회, 제2차 제네바사역에서 발견되는 항상성은 바로 성경 교육을 위한 '교리 문답서'의 집필이었다. 교리 문답이라는 교육방법은 구약시대 히브리인들이 지켜왔던 구전 교육을 계승, 발전시킨 것으로서 신앙의 입문자와 직분자에게 의무적으로 가르쳐야 하는 신앙고백서였다.

(4) 교육의 강조점 : 실천과 통합의 장으로서의 예배와 성례전

칼뱅에게 있어 예배는 예전의 순서에 따라 움직이는 수동적 제사가 아니라 하나님의 임재에 직접 참여하여 영으로 신앙을 경험하며 감격하는 '구원의 실천현장'이었다. 그가 제2차 제네바 사역에서 가장 주안점을 둔 것은 '예배 규범의 확립'이었다. 칼뱅은 예배 규범 속에 반드시 교육의 내용을 담고 있는 십계명과 사도신경을 고백하게 하였으며, 필연적으로 삶의 성찰을 동반한 죄의 고백도 강조하였던 것이다. 또한 세례와 성찬의 성례도 매우 강조하였다. 당시 가톨릭 보수주의는 7성례(세례, 성찬, 견신례,고해, 사제서품, 결혼, 종부) 모두를 은혜와 교육의 방편으로 믿고 있었으나 칼뱅은 신약성서의 세례와 성찬만을 성례내용으로 규정하였다. 대표적인 사례로 제1차 제네바 사역에서 도덕폐기론자들이 제기한 '성례 무효화'에 심히 반발하고 이로 인하여 제네바를 떠날 수밖에 없었던 그 사건은 칼뱅이 갖고 있었던 성례에 대한 가치관을 엿보게 한다. 칼뱅은 성례를 그리스도를 만난 예배자가 그리스도의 십자가 사건의 감격을 삶 속에서 끊임없이 재현시키는 은혜와 교육의 수단, 즉 신앙의 실천과 통합의 장으로 이해하였다. 그래서 교회 안에서 범죄한 성도에게는 성례에 참여할 자격을 박탈하는 것으로 징계하기도 하였다. 16세기 제네바 개혁 교회에서 성례에 참여할 자격을 상실한다는 것은 커다란 수치요, 징벌이요, 부끄러움으로 이해되었기 때문이다.

칼뱅은 1538~1541년까지 스트라스부르그에서 프랑스인 교회를 목회하는 동안 개혁된 예배를 접하게 되었다. 1524년에 젊은 성직자 슈바르츠(Diebold Schwarz)가 루터의 신념을 반영하는 예배의 개혁과 함께 미사의 독일어 번역을 소개한 후에 부커와 카피토(Wolfgang F. Capito)는 설교, 성례, 교리문답, 그리고 집단생활에서의 상호교화의 프로그램과 함께 개혁적 예배를 스트라우스부르그 교회에 확립하는 데 성공하였다(Parker, 1954: 148). 칼뱅은 『기독교강요』에서 예배에 대한 자신의 개념을 분명히 밝히고 있다. 그가 『기독교강요』에서 사용한 예배에 관련된 단어로는 Worship(예배, 경배), Honor(예배, 행사), Praise(찬양, 앙모), Adoration(예배, 앙모), Service(봉사, 섬김), Ceremony(예배, 행사), Rites(예배, 의식) 등이 있다(Calvin, 1990: 262 - 263). 그는 또한 예배를 말할 때 전적으로 존경과 영광을 하나님께 돌리라고 말한다. 그에 의하면, 인간은 하나님과 동일하게 예배를 받을 수 없고 어떠한 형태의 영광도 받을 수 없다. 이에 대한 성경적 근거로서 고넬료가 베드로 앞에 엎드려 절한 것을 적극적으로 금하였던 사건에서 찾아 설명하였다.

(5) 칼뱅과 종교개혁자들의 교육관 비교

루터, 멜랑히톤(Philipp Melangchthon), 낙스(John Knox), 츠빙글리와 같은 칼뱅 이전의 개혁자들 역시 교육의 방향과 내용에 있어서는 칼뱅과 거의 같은 노선을 가고 있었다. 루터 역시 교육 목적을 '그리스도 안에서 하나님께 영광을 돌리는 것'으로 정의하고 개인으로 하여금 하나님을 사랑하고 경외하며, 이웃에 대하여 봉사하는 생활, 즉 하나님의 영광과 인간을 위한 사랑에 적합하도록 행할 것을 교육의 목표로 삼았다. 특히 교육의 장으로서의 주된 장소를 가정으로 삼고, 가정이 주축이 된 교육을 실시해야 함을 주장하였다. 그리고 교육을 실행시키는 방편으로서 교리 문답, 십계명, 사도신경, 주기도문 등을 강조했다(Painter, 1889; Kertzmann, 1940; Todd, 1965). 멜랑히톤도 성경 강해와 교리 문답 서술을 통하여 성경을 이해시키는 교육을 그 중심으로 삼았으며, 루터를 도와 루터의 사상을 체계화하는데 조력하였고, 숙명적 운명론을 강조하는 스콜라 철학(scholastic philosophy)을 강력히 반대하고, 오히려 인문주의적 개척사상을 주장하였다(Melanchthon, 2008).

스코틀랜드의 위대한 개혁자 낙스는 학교 교육의 중요성을 주장하였다. 각 교구마다 학교를 설립할 것과 모든 사람에게 교육의 평등권이 부여될 수 있도록 '의무 교육론'을 법제화 할 것을 설득하였다. 낙스 역시 가정교육의 중요성을 강조하며 가족들은 매일 성경을 해독하고 성구를 암송하는 일과를 의무적으로 지켜야 한다고 말했다. 또한 청소년 교육에 많은 비중을 두어, 그들로 하여금 하나님 앞에 책임적 존재로 바로 설 수 있게 하고, 국가와 사회에 필요한 존재로서 살아갈 수 있도록 교회가 관심을 기울여야 한다고 말하였다. 그리고 실천교육을 위한 다른 수단으로서 '빈민구제'를 주장하였는데, 가난한 사람을 돌보기 위하여 교육 재단과 같은 구호재단 설립을 강조하였고, 그것은 곧 하나님의 사랑을 삶으로 보여주는 가장 분명한 전도 행위라고 말하였다(Reid, 1963; Dickinson, 1949).

극단적 개혁자 츠빙글리는 세상의 유혹에 쉽게 노출되어 있는 젊은이들에 대한 관심에 교육을 집중하였다. 특히 부패한 가톨릭 수도원의 재산을 몰수하여 각 마을마다 학교를 세우려는 운동을 전개하기도 했다. 츠빙글리 역시 교육의 내용은 성서의 가르침과 훈육이라고 믿었다. 그러나 칼뱅이 위대한 것은, 위에 언급한 모든 개혁자들의 개혁내용을 통합하여 자기의 교육방법으로 확립시켰다는 것이며, 제네바 시라는 허락된 공간 내에서 그의 개혁 사상을 직접 실험했던 결단력 있는 교육 실천가였다는 점이다(D'Aubigne, 2000; Stephens, 1994).

3. 결론 : 칼뱅의 개혁사상이 주는 메시지

한국 공교육이 당면한 위기에 대하여 칼뱅의 개혁사상이 주는 메시지를 찾아 종합하면 다음과 같다.

첫째, 교사 교육 시스템의 전면 개혁이 필요하다. 칼뱅은 제네바 시의 개혁을 주도할 때, 제네바(고등)아카데미를 개설하여 그 사회를 이끌어갈 교육 수행자(교사)들의 영적, 학문적 수준을 최고의 경지까지 끌어올렸다. 그 결과 스위스에 거주하는 귀족 자녀들과 권력자들은 제네바 아카데미에 입학하는 것을 무엇보다도 염원하였고, 이는 곧 공교육의 질적 수준을 유지하는 척도인 교사 교육을 위한 제네바 아카데미의 위상을 확인할 수 있는 분명한 근거가 되었다. 오늘날, 공교육이 사교육에게 빼앗겨버린 학습자에 대한 교육권한을 회복하기 위해서는, 칼뱅이 세운 제네바 아카데미의 지도자들이 학문적 능력을 격상시켜 그 사회에서의 존재감(교권)을 확립한 것처럼, 무엇보다도 공교육을 담당하는 교사들의 교육적, 정신적 역량을 격상시키는 제도적 장치가 마련되거나 재정비되어야 할 것이다. 현재의 사범교육과 교육대학에서의 교사 교육시스템에는 분명 무언가 부족한 것이 있는 것이라고 봐야 할 것이다. 사범대와 교대의 교육과정의 평가에서부터, 교원의 임용시험과 자격 기준, 그리고 승진 및 장학의 문제에 이르기까지 정부의 기능에 한계가 있다면 전문기관에라도 맡겨 한국의 교사 교육시스템 전반에 걸쳐 과감한 개혁이 필요하다. 교사가 얼마나 교육의 질을 결정하는데 있어서 중요한지는 아무리 강조해도 지나치지 않는다. 이것을 간파한 칼뱅의 주도면밀한 개혁의 의지를 엿 볼 수 있는 것이 바로 제네바 아카데미의 설립 이유인 것이다.

공교육이 붕괴된 가장 큰 직접적 원인은 사교육의 영향력 확대에 있다.[7] 공교육에서의 교사의 학습 지도력은 사교육에서의 학원 강사보다 효율적이지 못하다는 것은 공공연히 알려진 사실이다. 그러나 정확히 말하면 학교 교사와 학원 강사는 그 역할이 다르다. 학원 강사는 대입을 능률적으로 지도하는 선생이요, 학교 교사는 교육부의 교육과정에 따른 내신 과목을 지도하는 교사다. 이 둘의 관계는 학습자의 관점에서 보면 서로 상치되는 것보다 상호 협력해야 효율적이다. 그러나 법적으로는 이 둘의 협력이 허용되지 않는 관계이다. 또한 이러한 한국 교육의 현실을 이제는 학생도 학부모도 너무도 자연스럽게 받아들이고 있다. 이와 같은 관행이 너무 오래 지속되다 보니 학원과 학교의 관계는 공생의 관계가 되었는데도 정부에서는 이것을 의도적으로 부인하거나 분리시켜 생각하고자 하는 것이 오늘의 사교육을 더욱 융성하게 만든 것이라고 본다. 경계가 있으되 상호 생산적인 역할을 규정하는 것이 오늘의 한국의 공교육과 사교육을 모두 다 건설적

---

7) 통계청 2008년 기준 초, 중, 고등학생 사교육비 전체규모는 20조 9,000억 원에 달한다. 2007년 (20조 400억 원)에 비해 8,700억(4.3%)이 증가했다. 학생 1인당 월평균 사교육비 지출도 2007년 22만 2,000원에서 2008년 23만 3,000원으로 5%증가하였다. 사교육 참여율이 2007년 77%에서 2008년 75.1%로 1.9% 감소한 것으로 조사되었다고는 하나 50% 이상의 사교육 참여율은 여전히 공교육이 제공하는 교육의 질과 프로그램이 신뢰를 주지 못하고 있음을 드러내는 수치라고 할 수 있을 것이다(통계청, http://www.kosis.kr).

으로 살리는 길이 되리라고 본다.

　공교육의 교사들의 질이 월등히 향상된다고 해서 과연 사교육은 없어질까? 대답은 회의적이다. 왜냐하면 이것은 이제 정부의 문제도 학교의 문제도 아닌 국민의 문제이기 때문이다. 그렇기 때문에 교사의 질을 향상시키는 교사교육의 개혁이 필요한만큼, 사교육과 공교육의 공존의 문제를 지혜롭게 풀어가는 범국민적 방안이 모색되어야 하는 것이다. 사교육을 위해 형성된 시장의 규모와 종사하는 인력과 업체와 또 그러한 문화를 살아가는 국민들의 민생의 문제가 얽혀져 있는 한 이 문제는 단순하게 풀어질 것 같지는 않다. 사교육과 무관하게 공교육의 교사의 질은 G - 20의 국가 수준과 유사하게 끌어올려야 한다는 것이 본 연구자의 개인적인 견해이다. 어떤 교사에게 자녀를 맡기는가에 따라 국가의 브랜드가 달라지기 때문이다.

　둘째, 공교육 교육과정의 업그레이드가 필요하다. 칼뱅이 제네바 아카데미의 교육과정(초등: schola privata, 6 - 16세, 고등: schola publica)을 구성하면서, 그 당시 다른 교육 기관에서는 감히 시도할 수 없었던, 성경의 원전강해, 로마·그리스의 고전 강의, 인문학 과목들과 교양에 관한 과목을 배정하는 과감한 교육과정 개혁을 감행 하였다(박경수, 2005: 45-79). 제네바 아카데미의 수준 높은 커리큘럼은 유럽 각 도시에서 유학생들이 몰려오도록 하는 자극이 되었고 그 영향은 오랫동안 지속되었다. 오늘날 공교육이 인성 교육과 교양 교육에서 실패하고 있는 것을 보면서 칼뱅의 제네바 아카데미가 지향했던 높은 수준의 교양과 지성과 영성을 이론적으로만이 아니라 실천적으로 연마하려 했던 그의 탁월한 교육적 선견지명과 노력을 본받을 필요가 있다는 생각을 해본다. 한국의 공교육은 말로만 지(知)·정(情)/덕(德)·의(義)/체(體)의 조화로운 인격을 도야한다고 하지 말고 교육 현장에서 적극적으로 실천해야 할 때이다. 현재 운영 중인 7차 교육과정 개정에 의하면 중·고등학교 교육과정에는 재량활동 과목으로서 교양을 가르치도록 되어 있으나 절대 수업시간이 부족한 것 같고 따라서 수업의 질 또한 주어진 시간 내에 기대하긴 어렵다고 본다. 지난 4월 교육과학기술부에서는, 초등학교의 수업시간표를 학교장 자율아래 구성하는 안을 발표하였다(안석배, 2009).[8] 늦은 감이 있으나 다행히도 이러한 교육부의 교육개혁은 모든 공교육을 담당하는 제도권 학교들로 하여금 교육 프로그램의 재정립의 필요성을 재인식하게 하는 기회를 주었다. 공교육이 사교육에 비하여 가지고 있는 기능적 장점은 피교육자를 위한 교육 프로그램의 다양성을 추구하고 주도할 권리가 국가에게 있다는 점이다.

공교육이 실시하는 교수-학습 과정은 모두 법령으로 정해진 것이다. 따라서 다양하고 폭넓은 교양과 최신의 글로벌 지식을 교육하기 위한 요건은 사실상 공교육이 사교육보다 훨씬 유리한 위치에 있는 것이다. 국가가 제대로 의도한다면 공교육에서의 인성 교육, 문화 교육, 체육 교육과 같은 입시 이외의 다른 교육 콘텐츠를 제공할 수 있는 여지는 충분히 있다는 말이다. 이것을 교육권을 가진 자(학습자를 대신하는 학부모, 교사, 정부)들은

---

8) 2009년 4월 30일, 교육과학기술부는 수업시간을 부분 자율화하고, 학교장에게 일부 인사권을 부여하며, 교사 문호를 개방하는 내용의 '학교 자율화 추진방안'을 발표, 공청회를 거쳐 2010년 1학기부터 시행하겠다고 밝혔다.

적극적으로 활용하여야 할 것이다. 경직된 교육과정 개발과 소극적 개선의 자세를 버리고 보다 다양하고 개방적 안목으로 차세대 한국인이 지녀야 할 교양과 지식의 양과 질을 현명하게 선별하여 조직하여야 할 때이다. 결국 다음 세대 한국의 국가 브랜드는 어떤 내용을 가르쳐서 글로벌 교양인으로 만들 것인가에 달려 있다 해도 지나친 말은 아닐 것이다.

영국의 철학자며 신학자인 화이트헤드(A. N. Whitehead)의 말처럼 어린 시절에는 예술 교과(음악과 미술 등)를 많이 접하게 하여 감수성과 심미성을 개발해 주는 것이 절대적으로 필요하다. 오늘날의 한국의 한류스타들이 그저 얻어진 것이라고 보면 안 될 것이다. 입시로 말미암아 존재감을 잃어가는 미술, 음악, 체육 등, 취미활동을 가르치는 교과목의 부활도 적극적으로 고려해봐야 할 때이다. 한류가 국가의 이익에 공헌하고 국가의 이미지에 지대한 영향을 미치는 21세기는 아직까지는 주지주의 교과의 영향을 받았던 20세기와는 무엇이 달라도 달라야 한다. 나로호를 개발하는 최첨단 우주 과학적 지식도 가르쳐야 하지만, 월드 베스트 상품을 개발한 삼성의 디지털기술의 신화를 전승하는 디지털정보기술과 글로벌 인구를 우리의 감성 문화에 빠져 들게 하는 한류의 심미주의적 인성도 교육 콘텐츠에서 빠질 수는 없을 것이다. 분명한 것은 이러한 교육 콘텐츠는 분명 사교육에서 주도할 수 있는 것이 아니라는 것이다. 냉철한 지성과 논리를 연마하면서도 유연한 인성의 소유자, 아름다움을 발견할 줄 알고 즐길 줄 아는 고품격의 디지털 글로벌인을 길러내는 것이 차세대를 교육하는 우리들의 몫이다.

끝으로, 16세기 스위스 제네바를 중심으로 발흥된 칼뱅에 의한 교육개혁은 오늘날 유럽의 모든 문화를 지배하는 아이콘이 되었다. 그러나 1960년도 이후로 등장한 포스트모더니즘, 알타이저(Thomas Altiser)의 '죽음의 신학', 판넨베르그(Wolfhard Pannenberg)의 '진화론적 생태신학'과 같은 사상의 조류는 지금까지 근대 사회를 이끌어 왔던 칼뱅주의의 퇴장(退場)을 강요하였다. 그리고 그들이 얼마간의 성과를 거둔 것도 사실이다. 그들의 요구대로 미국의 미션 스쿨들은 어느 때부터인가 성경공부와 채플을 폐지하거나 약화시켰다. 일부 보수 대학을 제외하고는 미국 내의 모든 대학에서 창조론은 더 이상 진리의 내용으로서 교수하지 않고 있다.

칼뱅주의는 칼뱅의 추종자들이 그의 교리 중 일부를 발전시킨 것을 가리키기도 하며 칼뱅과 그의 추종자들의 저서에서 유래하여 개혁교회와 장로교회의 뚜렷한 특징이 된 교리와 신앙생활을 가리키기도 한다. 칼뱅은 성경의 폭넓은 가르침을 일관성 있게 배열했지만, 절대적인 논리적 정확성을 가지고 체계화하거나 결론을 내리지는 않았다고 한다. 그러나 칼뱅의 추종자들은 부분적으로 트렌트(Trent) 공의회가 신학적 규정을 정하는 데 성공한 것에 자극을 받고, 또한 반종교개혁의 공격에 대한 대응으로 어떤 면에서는 극단적 결론을 내렸는데, 이는 오히려 균형 있는 칼뱅의 신학을 왜곡시키는 결과를 초래했다는 평가가 있다. 칼뱅주의가 사라진 현대의 시 · 공간에는, 도덕적 상대주의와 방종, 그리고 인간의 잠재력을 극대화시키는 T.M. 사상, 그리고 인간 신체의 기(氣)를 에너지의 근원으로 삼아 영원한 세계를 추구하려는 요가 등이 진리의 메신저처럼 사람들을 오도하고 있다.

칼뱅 탄생 500주년을 기념하여 일부 뜻있는 지식인들이 구시대의 극단적 신학사상이라고 버려둔 칼뱅주의의 위대함을 재발견하고 있다는 사실은 절망 가운데 한 줄기의 빛이 되어 오늘날의 디지털 시대를 비추는 것 같다. 칼뱅주의는 단순한 신학사상이 아니다. 칼뱅주의는 성경 속에 계시된 '하나님 앞에서의 사람다움'과 '사회적 구성원으로서의 책임원리'를 신학과 교육이라는 방법으로 통합하여, 궁극적으로 신지행(信知行) 일치를 실천하라는 혁신적인 교육 사상이라고 정의하고 싶다. 16세기에 세워진 칼뱅의 위대한 교육유산인 제네바 아카데미가 오늘날의 글로벌 학교전형이 되었던 것처럼 칼뱅의 교육 개혁은 제네바 시민들만을 위함이 아니라 전 인류를 위한 것임을 생각할 때, 현대 한국의 공교육의 위기 극복을 위한 대안을 칼뱅으로부터 찾고자 했던 본 연구자의 탐구가 공허한 이상을 좇는 것이 아닌 현장을 개선하는 한 방편이 되길 기대해본다.

참고문헌

고용수, "종교개혁기의 교육: 칼뱅," 고용수 외 8인(엮음), 「기독교교육사」(서울: 교육목회, 1992).

권태경, "칼뱅의 제네바 아카데미에 대한 연구," 「역사신학논총」, 제9집(2005).

김신일, 「교육사회학」(서울: 교육과학사, 1993).

박경수, "개혁교회의 요람, 제네바 아카데미(1559)에서 배우는 신학교육의 이론과 실제," 「교수 · 학습에 관한 보고서, 4호(2008), www.pcts.ac.kr/pctl/(장로회 신학대학원 교수 · 학습개발원).

박성민/임형섭, "학업성취도 공개'시민 찬반 엇갈려," 「연합뉴스」, 2009년 2월 16일자.

신현광, 「교육목회와 교회성장」(서울: 민영사, 1997).

안석배, "정부가 수업시간표 짜주던 시대 막 내린다," 「조선일보」, 2009년 5월 1일자.

오형국, "제네바 종교개혁에서의 교회와 학교: 제네바 아카데미를 중심으로," 「기독교교육정보」, 11집(2005).

워필드, B., "칼뱅의 신지식 교리에 대하여," 한국칼뱅주의연구원(엮음), 「칼뱅의 종교개혁사상」(서울: 기독교문화사, 1986).

통계청, 사회통계국 사회복지통계과, http://www.kosis.kr(국가통계포털).

황성철, 「칼뱅의 교육목회」(서울: 이레, 2002).

Boehlke, Robert R., *Theories of Learning in Christian Education*(Philadelphia: Westminster, 1962).

Bratt, John H., *The Rise and Development of Calvinism: a Concise History*(Grand Rapids, MI: Eerdmans, 1964).

Reid, J. K. S., *Calvin: Theological Treatises*(London: SCM Press, 1954).

Calvin, John(김종흡 외 3인 공역), 『기독교강요』(서울: 생명의 말씀사, 1990). 원제는 Calvin John, *Institutes of the Christian Religion*(Philadelphia: Westminster Press, 1960).

______, "The Order of the College of Geneva," *The Westminster Theological Journal*, 18권(W. S. Reid 옮김)(1955. 11).

______, *Institutes of the Christian Religion*(Louisville: Westminster John Knox Press, 1559).

Dickinson, W. C.(엮음), *John Knox's History of the Reformation in Scotland*(Edinburgh: Thomas Nelson and Sons Press, 1949).

Flecher, Joseph, *Moral Responsibility: Situation Ethics at Work*(London: SCM Press, 1967).

Henderson, Robert W., *The Teaching Office in the Reformed Tradition*(Philadelphia: The Westminster Press, 1962).

Jones, Serene, *Calvin and the Rhetoric of Piety*(Louisville: Westminster/ John Knox Press, 1995).

Maag, Karin, *Seminary or University?: The Genevan Academy and Reformed Higher Education*, 1560–1620(Brookfield, Vermont: Scolar Press, 1995).

Melanchthon, Philip, *Melanchthon: Orations on Philosophy and Education*(New York: Cambridge University Press, 2008).

Moore, T. M., "Some Observations Concerning the Educational Philosophy of John Calvin," *Westminster Theological Journal*, 46권(1984).

Naphy, William, *Calvin and the Consolidation of the Genevan Reformation*(Manchester: Manchester University Press, 1994).

Niesel, Wilhelm, *The Theology of Calvin*(Harold Knight 옮김)(Grand Rapid, Michigan: Baker Book House, 1980).

Parker, T. H. L., *The Portrait of John Calvin*(London: SCM Press, 1954).

Reid, W. Stanford, "Calvin and the Founding of the Academy of Geneva," *The Westminster Theological Journal*, 18권(1955).

______, "Knox's Attitude to the English Reformation," *Theological Journal*, 20권(1963년).

Singer, C. Gregg., *John Calvin: His Root and Fruits*(Grand-Rapids: Baker Book House, 1967).

Smith, Samuel, *Ideas of the Great Educators*(New York: Barnes & Noble Books, 1979).

Stephens, W. P., *Zwingli: An Introduction to His Thought*(Oxford: Oxford University Press, 1994).

Troeltsch, Ernst, *The Social Teaching of Christian Churches*(Olive Wyon 옮김), 2권(1931).

Warfield, Benjamin B., *Calvin and Augustine*(Philadelphia: Presbyterian and Reformed, 1974).

______, *Counterfeit Miracles*(London: The Banner of Truth Trust, 1996).

한미라 호서대학교 기독교학부 교수 _mrhan@hoseo.edu
미국 하버드대학교 신학대학원에서 신학 석사와 뉴욕주립대학교에서 교육학으로 철학 박사학위를 취득하였고, 현재 호서대학교 기독교학부 교수 및 하버드대학교 신학대학원(Divinity School)에 교환교수로 있다. 지은 책으로 「개신교 교회교육」(대한기독교서회, 2005), 「여자가 성서를 읽을 때」(대한기독교서회, 2002), 「기독교교육개론」(대한기독교서회, 2006), Exploring Christian Education(하교출판사, 2007) 등이 있으며, 옮긴 책으로는 「나눔의 교육과 목회」(기독교대한감리교회, 1997)가 있다. 현재 하버드대학교 콕스 교수와 더불어 세계 교회 동향에 관해 연구하고 있다. 또한 한국 기독교대학 신학대학원 협의회 회장과 한국 기독교교육정보학회 이사로서 일하면서 비교단 신학대학원 출신자들, 특히 여성들의 목사 안수와 목회자의 계속 교육, 그리고 한국 기독교교육학의 선진화를 위해 헌신하고 있다.

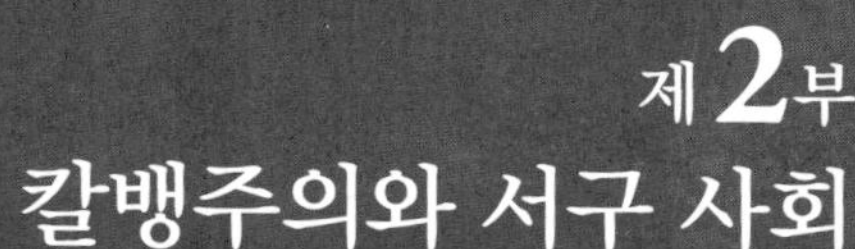

제**2**부
칼뱅주의와 서구 사회

칼뱅, 베버, 파슨스, 그리고 미국 자본주의의 위기
칼뱅과 유럽 질서의 변화
칼뱅에게 있어서 여성지도력과 아디아포라

칼뱅, 베버, 파슨스, 그리고 미국 자본주의의 위기

김광기 _경북대학교 일반사회교육과 교수

1. 들어가는 말

    2008년 하반기에 발생한 리먼 브라더스 파산 사태의 촉발로 현재 미국은 단순히 금융 부분의 위기를 넘어 그동안 대내외에 위세를 떨쳤던 미국 자본주의체제 자체가 흔들거리는 심각한 지경에 이르게 되었다. 물론, 그 위기가 불거져 나온 지 1년여가 흘러간 지금, 경기침체가 위험한 국면은 넘지 않았느냐는 전문가들의 조심스런 진단도 아주 없는 것은 아니지만(블룸버그 통신, 2009. 8. 19; 중앙일보, 2009. 8. 12), 미국의 대표적 방송 중 하나인 CNN이 지난 9월에 실시한 여론조사는 현재 미국인이 느끼는 경제위기에 대한 체감지수가 상당히 꽁꽁 얼어붙어 있음을 여실히 보여주고 있다.[1]

---

[1] CNN의 2009년 9월 4일 보도에 의하면 해당 방송이 실시한 여론조사에서 미국인의 87%가 미국이 여전히 심각한 경기침체 상태에 놓여 있다고 답했다. 이는 이보다 수개월 전에 실시한 여론조사와도 커다란 차이를 보이지 않고 있다. 대표적으로 ABC와 워싱턴 포스트지가 올 4월에 실시한 여론조사에서 설문에 응한 미국인 응답자의 93%가 오바마 정부의 경제회복 노력에도 불구하고 향후 경제 사정이 더 악화될 것이라고 '부정적'으로 대답하였다(The Washington Post, 이하 WP, 2009. 4. 2).

본 연구의 목적은 심지어 체제 자체의 붕괴까지 운운[2]될 정도로 위험한 처지에 놓인 미국 자본주의 체제의 위기가 과연 무엇 때문에 초래되었는가를 개진해 보는 것이다. 물론, 광범위한 의미에서 이러한 논의가 필자의 것이 처음은 아니다. 미국 경제체제의 위기가 본격적으로 촉발되기 전부터도, 그리고 물론 그 후로도 미국의 쇠퇴와 몰락[3]에 대한 논의와 주장들은 심심치 않게 제기되었다. 그러나 그것들은 주로 정치, 경제, 혹은 문화 등의 각 차원에서 미국 사회를 진단하고 비판한 것들이었지,[4] 필자가 이 장에서 주목하고 있는 미국인의 관념 그리고 태도의 변화를 미국 자본주의경제체제의 위기와 연결시켜 작금의 미국의 위기를 설명한 연구는 아직 개진된 적이 없다.

좀 더 구체적으로 말해서, 본 연구는 미국 자본주의경제체제의 위기를 초래한 원인을 단지 순수한 경제 영역에서가 아닌 미국 사회문화 전반에 팽배해 있는 관념과 가치관의 변화, 그리고 일반 시민들의 태도 변화에서 찾아보고자 한다. 이점에서 본 연구는 일찍이 베버가 그의 유명한 저서 『개신교 윤리와 자본주

---

2) 미국의 경제위기가 곧 진정될 것으로 보기는커녕, 이 금융위기를 기회로 미국 자본주의 경제체제는 종말을 고하게 되므로 오히려 지금은 미국의 붕괴 이후를 걱정해야 한다는 매우 급진적인 논의들도 쏟아져 나오고 있는 상황이다. 그 대표적인 예로는 바트라(2009), 마쓰후지(2008), 하마다(2009)를 볼 것.

3) Kotlikoff(2006). 대표적인 방송보도로는 BBC방송(2008. 10. 2)이 있다.

4) 경제적 차원의 미국비평으로는 크루구먼(2003; 2008; 2009), 바트라(2009), 마쓰후지(2008), 하마다(2009), 모리스(2008), 홍성국(2005; 2008) 등이 있다. 정치적 차원의 미국비평으로는 촘스키(2001; 2007; 2008; 2009)와 프레스토위츠(2004), 후쿠야마(2006), 울프(2008) 등을 볼 것. 이외에 정치경제학적 시각에서 미국을 비평하며 미국의 쇠퇴를 논의한 대표적인 학자들로는 월러스틴(2004), 굽찬(2005), 코헨(2008), 캘리니코스(2004), 백승우(2005) 등을 볼 것. 또한 정신과 문화의 타락과 국가 정체성의 혼란이라는 측면에서 미국의 쇠퇴를 설명하는 연구들로는 버만(2002)과 헌팅턴(2004)을 볼 것.

의 정신』에서 제시했던 시각 및 방법과 매우 유사하다고 볼 수 있다(Weber, 1930: 45). 특히, 최근에 불어 닥친 미국의 경제위기와 관련한 논의들을 훑어 보면, 대부분의 논의가 미국의 경제위기의 원인을 이른바 '서브프라임 모기지 론(비우량주택담보대출)'으로 인한 주택시장 거품에서 찾는 것을 발견할 수 있다.[5] 물론 나중에 필자도 이에 대한 언급을 할 정도로 이것은 미국 경제위기를 설명하는 데 매우 중대한 사안 중 하나임에는 분명하지만, 필자의 생각은 이를 다룬 기존의 논자들과는 커다란 편차를 가지고 있다. 즉, 필자는 미국 경제위기의 원인을 규명함에 있어 이른바 '서브프라임 모기지'라는 단순한 경제적 요인이나 경제 영역에 그 발걸음을 멈추는 것에 만족하지 않는다. 필자는 사회학자로서 "경제 영역을 넘어 그런 상황에 이르게 한 그 기저에 과연 무엇이 있는가?"에 관심을 집중하고 있다. 이에 대한 나름의 의견을 제시하는 것이 이번 장의 목적이다.

2. 미국의 경제위기

1) 현 황

본격적인 논의에 들어가기 전에, 미국 경제위기가 어느 정도까지 진전되었는지에 대한 대략적인 부연이 필요하다. 앞서 언

---

5) 대표적인 논의를 찾아보면, 마쓰후지(2008), 모리스(2008), 바트라(2009), 하마다(2009), 크루그먼(2009) 등이 있다.

급한 바 있듯, 미국의 경제 위기가 바닥을 찍었을 수도 있다는 매우 낙관적인 보도(조선일보, 2009. 8. 24)가 나오기도 하지만, 그러한 낙관론이 무색해질 정도로 현재의 미국 경제는 심각한 국면에 놓여 있다.

우선, 미국 연방정부의 열악한 상황을 먼저 살펴보자. 그 첫째 예로 미국 연방정부의 2009년 회계연도(2008. 10. 1 ~ 2009. 9. 30)의 예상 재정적자는 1조 8,400억 불로 이는 국민총생산(GDP)의 12.9%에 해당하는 커다란 액수이다(연합뉴스, 2009. 5. 10). 이런 전망이 나오기 무섭게 올해 6월 말 현재 당해회계연도 재정적자가 이미 1조 860억 불을 넘어섰다고 미국 재무부가 공식 발표했다(조선일보, 2009. 7. 15). 이로써 미국 연방정부의 국가 부채는 2009년 7월 13일 현재 11조 5,000억 불로 계상됐다. 이것은 미국 국민 1인당 물어야 할 빚으로 환산하면 그 부채 규모가 어느 정도인지 이해하기 쉽다. 한마디로 미국의 부채를 달리 계산하면 국민 한 명당 3만 7,000불씩을 빚진 꼴이 된다. 또한 지난해 미국 연방정부는 이렇게 많은 부채에 대한 원금상환은 엄두도 내지 못하고 단지 이자로만 4,520억 불의 비용을 지불했으며, 미국 총부채는 GDP의 80%를 넘어서게 되었다. 워싱턴포스트지에 따르면 이러한 미국 연방정부 부채 중 2조 불이 바로 올 회계연도에 급증한 것으로 알려졌는데, 이것으로 작년에 불어 닥친 금융위기가 미국의 기둥뿌리를 얼마나 심각하게 뒤흔들고 있는지를 우리는 쉽사리 가늠할 수가 있다. 실제로 이를 반영이라도 하듯, 파이낸셜 타임스(Financial Times, 2009. 5. 13)는 미국의 국채 부도가능성을 우려해 미국의 현재 국가신용등급 AAA가 유지되기 어려울 수도 있다고 지적한 바 있다.

　이 외에도 미국 연방정부의 경제적 곤란과 위기를 피부로 직접 체감할 수 있는 또 다른 예로는 미국 우정국(US Postal Service)을 거론할 수 있다. 연방정부 관할에 있는 이 우정국이 어쩌면 올 연말 문을 닫을지도 모른다는 관측이 나오고 있는 실정이다(Economist, 2009. 5. 2). 실제로 미 우정국은 전년 대비 우편물의 급격한 감소로 이미 올 5월 현재 28억 불의 손실을 입었고, 이런 추세라면 2010년에는 90억 불의 적자가 예상된다는 것이다. 올 연말이면 재정이 바닥이나 파산위기에 몰려 있어 현재 연방정부 공무원인 우정국직원을 2만 5,000명 해고한 상태(연합뉴스, 2009. 5. 19)이고, 신규 충원은 엄두도 못 내고 있는 형편이다. 이러한 우정국의 위기 국면은 전자우편 등의 사용으로 인해 일반적인 정규 우편물이 줄어든 탓도 있지만, 경제위기 여파로 선물을 주고받는 등의 소포 우송이 급감한 데 주로 기인한 것으로 전문가들은 분석하고 있다.

　이러한 재정위기 상황에 주정부도 비켜날 수 없다. 미국의 각 주는 재정확보의 미비로 대부분의 주에서 현재 도로보수와 부실 교량조차 손볼 여력이 없는 상태로 알려져 있다. 그 대표적인 사례가 바로 캘리포니아 주이다. 하나의 국가로 치면 세계 7위의 국력을 자랑해 온 캘리포니아 주는 파산 직전 상황까지 내몰릴 대로 내몰려 급기야는 작년 12월 22일 주지사가 재정비상상태를 선포하기에 이르렀으며, 이를 모면하고 급박한 주재정운용을 하기 위해 올 7월 1일 임시로 주어음(IOU: 단기차용증서)을 발행하였다. 그러나 불행하게도 대형 은행들은(이를 테면, 뱅크 오브 아메리카, 웰스파고, 시티그룹 등) 캘리포니아 주의 심각한 재정위험도를 감안해 주가 발행한 IOU를 받을 수 없다고 천명하였다(연합뉴스, 2009. 7. 10).

　　캘리포니아 주가 이렇게 된 데는 세수급감이 주원인으로 거론되는데, 실제로 2009년 주 예산적자가 당초 예상보다 154억 불 더 많은 574억 불에 이른 것으로 알려졌다(The Wall Street Journal, 이하 WSJ, 2009. 5. 15). 캘리포니아 주정부는 부족한 재정을 메우기 위해 연방정부로부터 융자를 받고,[6] 어음을 발행하고, 추가적으로 56억 불의 지출을 삭감하는 계획안을 내놓았는데, 여기엔 교사들의 해고(약 5,400명은 이미 결정), 교도소, 박람회장, 콘서트홀 매각 등이 포함되어 있다(WSJ, 2009. 5. 15). 실제로 샌프란시스코 인근의 한 도시에서는 주정부로부터 오는 재정지원의 턱없는 부족으로 전기세를 내지 못해 전기가 끊긴 채 수업을 하는 학교도 있는 것으로 보도되기도 했다(San Jose Mercury News, 2009. 1. 26). 또한 예산문제와 수감자 과밀 문제로 어려움을 겪어 온 교도소는 재정운영의 타개를 위해 급기야 재소자들의 조기 석방을 결행하기도 하였다(Los Angeles Times, 2009. 7. 9). 그리고 공무원들에게 주는 보수삭감을 위해 주 4일 근무를 강행하는 극약처방을 내리기도 하였다(San Francisco Chronicle, 2009. 7. 27). 그런데 이러한 현상은 단지 캘리포니아 주에서만 보이는 현상이 아니고 미국 전역에서 목도될 수 있는 보편적 현상으로 자리매김하고 있다.[7]

---

6)　그러나 이러한 캘리포니아 주의 희망은 연방정부에 의해 무산되었다. 왜냐하면 연방정부가 그러한 제안을 일언지하에 거부했기 때문이다(New York Times, 이하 NYT, 2009. 6. 17).

7)　매우 심각한 재정압박으로 신음하고 있는 주로는 작년 10월 현재 캘리포니아 주를 비롯하여 매사추세츠 주, 뉴저지 주, 네바다 주 등 10개 주에 달한다고 미국의 유력지 중 하나가 보도하고 있다(The Christian Science Monitor, 2008. 10. 15). 그리고 이러한 상황은 2009년 9월 현재 미국 전역으로 확대되었다. 그 예로, 하와이 주는 향후 2년간 한 달에 사흘씩 공무원에게 강제 휴가를 보내기로 하였다. 이를 통해 14%의 임금삭감효과를 기대하고 있다. 아이다호 주에는 공립학교 지원금을 대폭 삭감하였고, 캘리포니아 주는 주립공원 200개를 폐쇄하기로 결정하였다. 일리노

이제 시선을 좀 더 아래로 내려 미국 기업들의 사정을 개괄해 보자. 먼저, 경제위기의 진원지인 월가를 보자. 한 마디로 월가는 풍비박산이 났다고 하더라도 과언이 아닐 정도로 숨 가쁜 1년을 보냈다. 1923년에 설립되어 그간 미국의 5위 투자은행으로 위세등등했던 베어스턴스는 작년 3월 파산위기를 맞아 결국 JP모건 체이스 은행에 인수되었다. 그리고 작년 금융위기의 방아쇠를 당긴 것으로 기억되고 있는 리먼 브라더스(1850년 설립)는 작년 9월 15일 파산보호신청을 함으로써 미국 4위 투자은행의 간판을 내리고 하루 아침에 역사의 기억 속으로 사라지게 되었다. 메릴린치(1914년 설립, 미국 3위 투자은행)도 작년 9월 14일 뱅크 오브 아메리카(이후 BOA)에 강제 인수되었다. 그럼으로써 이제 명목상 살아남은 투자은행은 모건 스탠리(1935년 설립, 미국 2위 투자은행)와 골드만 삭스(1869년 설립, 미국 1위 투자은행) 단 두 곳뿐이다. 또한 굴지의 보험회사인 AIG도 작년 9월 16일 미국 정부에 단기자금을 긴급 요청하였다. 하지만 지난해 4분기에 미국 기업 역사상 최대 규모인 617억 불의 적자를 기록하였다(AFP 통신, 2009. 3. 2). AIG의 지난해 총 적자는 993억 불이고, 미국 연방정부로부터 총 1,800억 불(작년 1,500억 불, 올해 300억 불)의 구제금융을 받아 사실상 미국 정부가 그 지분을 80% 이상 소유한 국영기업이 되고 말았다. 설상가상으로 미국의 일부 대형 은행들이 사실상 지급불능상태(insolvent)에 놓여 있다는 지적도 나오고 있는 형국이다(NYT, 2009. 2. 13). 일부 대형 은행들의 대출손실

이 주에서는 저소득층에게 지급되던 장례보조금 1,500불을 지급하지 않기로 결정하였다(NYT, 2009. 6. 22). 아울러 NYT는 전체적으로 미국 50개 주의 올 회계연도 예산부족액을 1,210억 불로 추산하였다.

과 자산가치 하락으로 인한 손실규모는 총 3조 6,000억 불로 추정된다. 대형 은행뿐만 아니라 지방의 소형 은행들도 거의 제 기능을 하지 못하는 이른바 '좀비 은행'화되고 있는 것으로 드러나고 있다.[8]

이 외에 그동안 미국 실물경제의 주역으로 자처하던 자동차회사들도 예외 없이 파산의 위기를 겪었다. 미국의 3대 자동차회사 중 포드를 제외한 GM과 클라이슬러는 각각 파산보호신청에 들어가 GM의 경우 법정관리를 통해 올 7월 10일 새로운 법인 '뉴GM'으로 탈바꿈했고, 클라이슬러는 피아트 사에 주요자산을 매각하는 것이 대법원에 의해 최종 승인되었다(연합뉴스, 2009. 6. 10). 이로써 미국의 간판 기업이었던 자동차 생산 사업은 그 기반이 사라지게 됨으로써 미국의 자존심은 심한 타격을 입게 되었다. 그런데 이 모든 것은 미국 경제위기에서 기인한 연쇄현상임을 인식하는 것이 중요하다. 치솟는 유가는 유가대로 미국 국민에겐 부담이 되지만 그보다는 대량해고의 폭풍 속에서 불확실한 장래로 불안에 떠는 일반국민이 새 자동차 구입을 꺼려하고 있기 때문이다. 실제로 미국의 실업률은 거의 10%에 육박하고 있다(조선일보, 2009. 7. 3). 미 노동부는 올 8월 실업률을 9.7%로 집계하고 이는 26년만에 최고의 수치라고 발표하였다(조선일보, 2009. 9. 7). 그러나 이 수치는 단순 통계치에 불과하며, 파트타임 일을 하는 근로자를 광의

---

8) 이러한 좀비 은행이 갈수록 증가해 약 300여 개에 육박한 것으로 CNN Money(2009. 5. 26)는 보도했다. 한편 로이터통신(2009. 8. 24)도 최근 로슈데일 증권 보고서를 인용해 향후 150~200개의 미국 은행이 더 문을 닫을 것으로 전망했다. 그 예로 2009년 9월 4일 미국 금융당국은 아이오와 주의 밴투스 은행 등 다섯 곳의 은행 폐쇄를 결정하였는데, 올해 들어 그날까지 문을 닫은 은행은 총 89개에 달한다(연합뉴스, 2009. 9. 5).

의 실업에 포함시킨다면 실업률 통계는 거의 20%에 이른다는 보도도 나온 바 있다(NYT, 2009. 7. 14). 이는 미국 경제활동 인구의 다섯 명 중 한 명이 사실상 실업상태라는 것을 의미한다.[9]

이렇게 다니던 직장에서 해고되고 새로운 직장도 얻지 못하고 노는 사람들 중 만약 은행에서 대출을 받아 집을 소유하고 있는 이가 있다면 그 처지는 거의 상상 이상이다. 미국 주택시장의 지속적인 침체로 집값이 하락하면서 전체 미국 주택 중 약 30%가 모기지 대출금이 집값보다 많은 이른바 '깡통주택'이다(WSJ, 2009. 5. 6). 또한 주택담보대출을 제때 갚지 못해 주택을 압류당한 건수가 올 상반기에만 150만 건에 달하며, 이는 사상 최대치의 기록이다(블룸버그 통신, 2009. 7. 16). 이것을 다른 식으로 표현하면 미국의 84가구 중 1가구가 주택을 압류당했다는 수치이다. 미국 국민은 과거 어느 때도 경험해 보지 못한 막다른 골목에 처해 있고, 사실상 심각한 생존의 위험에 직면해 있다.[10]

2) 위기의 진앙지

대부분의 논객들이 이러한 위기를 몰고 온 주범으로 미국 주택가격의 거품을 지목한다. 미국의 주택가격지수 변화를 보

---

9) NYT의 통계에 의하면, 오리건 주의 경우 실업률은 23.5%, 미시간 주와 로드아일랜드 주는 21.5%, 캘리포니아 주는 20.3%이다.

10) 작년 본격적인 위기에 돌입한 지 얼마 안 되어서 미국의 개인 파산신청자가 급증했다. 즉, 작년 11월 집계된 10월 한 달간의 파산신청자는 9월에 비해 8%가 증가해 10만 명을 돌파했다. 10월 한 달간 하루 평균 4,936명의 미국인이 파산을 신청하였다. 이는 2007년 같은 기간에 비해 34%가 늘어난 것이다(NYT, 2008. 11. 16). 이러한 상황 속에서 미국의 5세 미만의 아동 17%가(즉, 6명 중 1명꼴로 총 2,045만여 명 중 약 354만 명의 어린이가) 현재 기아위기에 놓여 있다(AP 통신, 2009. 5. 8).

면, 실질 주택가격은 1980년 이후 10년간은 거의 아무런 변화를 보이지 않았다. 그 이후 서서히 증가세를 보이다가 1998년부터 2005년 사이 거의 60%나 급등했다. 이 같은 기록은 미국 역사상 전무후무하다(Baker, 2005; 바트라, 2009: 41). 미국 연방준비제도이사회(FRB, 이하 연준위)의 저금리정책에 기반해 팽창된 유동성은 부동산으로 흘러들었고 그것은 결국 미국 역사상 전례가 없었던 주택거품을 조성했다. 그런데 여기서 문제의 뇌관은 은행으로부터 주택자금을 빌리는 데 자격요건이 갖추어지지 않은 이들조차 대출을 받아 주택을 구입할 수 있었다는 데 있다. 이것이 바로 위에서 언급한 바 있는 '서브프라임 모기지론'이다. 이 비우량주택담보대출은 대출을 제공하는 은행 입장에서는 위험부담을 명백히 떠안는 것과 다름이 없지만, 그럼에도 은행들이 앞다투어 마구잡이로 서브프라임 모기지론을 제공할 수 있었던 것은 그런 위험 부담을 상쇄시킬 수 있다고 믿었던 다양한 '파생금융상품' 때문이다. 월가식의 복잡한 금융공학에 의해 탄생한 이 파생금융상품의 명목금융자산 총액은 전 세계 GDP의 열 배가 넘을 정도로 부풀려졌다(모리스, 2008: 16).

그런데 문제는 파생금융상품에 의해 원래의 자산에서 부풀려지고 또한 그 위험이 분산된다고 여겨졌던 이 금융공학의 효과는 단지 주택가격이 상승할 때까지만 지속된다는 데 있다. 즉, 만일 주택가격이 상승세에서 하락세로 돌아서면 그것은 곧 거품의 붕괴를 의미하고, 그것은 또한 모든 금융회사의 연쇄적 파산을 뜻한다. 그리고 그것은 곧 일파만파로 번져 결국 개인들이 집과 일자리를 잃어버리는 것을 의미한다. 바로 이 때문에 투자의 귀재라고 불리는 워런 버핏조차 "파생금융상품(이 경우 특히, 신용부도 스와프 CDS를 말함)은 금융판 대량살상무기다."라고 묘사했으며(하마다, 2009: 99), 대부분의 논객들이 작금의 미국 경제위기의 근본 원인으로 '서브프라임 모기지론'을 지목하는 것이다.

3. 위기와 그 원인

1) 이론적 배경

그러나 이번 장에서는 앞서 언급한 바 있듯이, 현재 미국 경제의 위기를 초래한 원인을 '서브프라임 모기지론'이라는 경제 영역의 한 요소로 귀착시키는 데 만족하지 않고 그보다 더 깊은 근본적인 원인을 규명해 보려고 한다. 한 마디로 말해서, 경제영역에서 불거진 문제를 경제영역 외적인 곳에서 찾아보려 하는 것이다. 그것은 바로 미국인들의 관념과 태도의 영역에서의 특별한 징후를 발견해서 그것을 경제영역의 문제와 연결시켜 보려는 것이다. 그리고 이러한 미국인들의 관념과 태도의 영역은 불가피하게 미국인들의 종교적 신념과도 밀접한 관련성을 지니고 있다.

그런데 본격적으로 이 연구에서 추구하는 설명을 구체화하기 전에 이 연구와 관련된 선행연구를 먼저 살펴볼 필요가 있다. 이런 필요성에는 다음과 같은 두 가지 이유가 존재한다. 그 하나는, 이후 검토해 볼 관련 사상과 이론들이 본 연구가 지향해야 할 일종의 전범(典範)과도 같은 것이기 때문이다. 간략히 말해서,

그것들은 필자가 취하고 있는 입장, 즉 자본주의체제라는 경제영
역의 문제를 인간들의 관념과 신념 등의 사상과 관련지어 인과적
으로 설명한 이론들이라 여기서 간략히 소개할 필요가 있다. 그
리고 나머지 또 하나의 이유는, 그것들이 본 연구의 단순한 전범
으로서만 작용하지 않고 나아가 이번 장에서 개진할 현재의 미국
경제위기와 자본주의체제 자체의 위기를 설명하는 데 필수적인
전단계로 자리매김될 수 있기 때문이다. 단도직입적으로 그것들
은 경제위기 이전의 번영을 설명하는 데 손색이 없는 이론이므로,
번영이 아닌 위기를 설명하는 데도 충분히 설득력을 지닌다. 이
에 대한 상세한 논의는 추후에 하기로 한다.

그러면, 이제 이들 선행이론들의 대표 주자인 두 명의 사회
학자, 베버와 파슨스의 관련 사상을 살펴보기로 하자.

(1) 베버, 그리고 칼뱅

주지하는 바와 같이, 베버는 '선택적 친화력(elective affinity,
Weber, 1948ㄱ: 285)'과 '의도하지 않은 결과(Weber, 1948ㄴ: 328 – 332; Gerth/
Mills, 1948: 54)'라는 유명한 개념을 통해 근대 자본주의 경제체제가
16~17세기 서유럽과 미국에서 최초로 태동할 때, 특정 생활양식
이 이 자본주의 체제와 병행해서 등장했을 뿐만 아니라 자본주의
체제의 발생에 매우 지대한 영향을 미쳤다고 주장한다(Weber, 1930:
52). 그리고 이 특유한 하나의 세속적인 생활양식과 그것을 둘러
싼 윤리적 동기구조를 베버는 '자본주의 정신'이라는 이념형으로
구체화했다. 또한, 베버는 이러한 자본주의경제체제의 배후에 있
는 세속적 윤리 뒤에 도사린 또 다른 동기유발 구조를 지적하였다.

이것이 바로 특수한 종교적 가치관과 세계관으로 이른바 '현세금욕주의(inner-wordly asceticism, inner-weltliche Askese, Weber, 1963: 166)', 혹은 '금욕적 개신교주의(ascetic Protestantism, Weber, 1930: 155)'이다. 그런데 이것은 개신교의 윤리강령을 한 마디로 압축한 것으로 베버가 고안한 또 하나의 이념형이라 할 수 있다.

베버는 '현세금욕주의'를 설명하면서 개신교 역사상 가장 중요한 두 명의 등장인물을 거론하였다. 그 두 사람은 바로 종교개혁을 이끈 루터와 칼뱅이다. 우선 베버가 묘사한 '현세금욕주의'를 한마디로 요약하면 다음과 같다. 개신교도들의 최대의 관심사는 내세의 구원이었다(윗글: 157). 따라서 내세의 구원을 위해서는 현세의 무엇도, 비록 그것이 극도의 쾌락을 준다고 할지라도 과감하게 포기해야만 하는 것으로 간주하였다(Weber, 1963: 166).[11] 베버의 직접적인 언급을 보자.

> 구원의 실제적 추구에 집중하는 것은 '세속'으로부터의 공식적 탈피를 의미한다. 즉, 가족의 사회적·심리적 유대로 부터의 탈피, 세속적 재화의 소유로부터의 탈피, 그리고 정치적, 경제적, 예술적, 그리고 모든 성적인 행위로부터의 탈피를 의미하는데, 이것은 한 마디로 모든 인간적 이해관심으로부터의 철회를 의미한다. 이런 태도를 견지한 자들은 그런 일에 참여하는 사람들을 곧 이 세상을 받아들이는 것으로 간주했고, 이는 곧 하나님으로부터 멀리 벗어나는 것을 의미했다. 이것이 바로 '세속-거부적 금욕주의'이다(윗글: 166)."

---

11) 이러한 현세의 모든 것을 포기하는 태도를 베버는 '세속을 거부하는 금욕주의'(world-rejecting asceticism, weltablehnende Askese)라고 불렀다(Weber, 1969: 166).

그런데 베버에 의하면 이러한 '현세금욕주의'는 루터와 칼
뱅이 설파한 교리에서 극명하게 드러난다. 먼저, 루터는 '소명'의
개념을 통해, 현세의 몇몇 사악한 일을 제외하고는 모든 일이 성
직이라는 관념을 확산시키고, 자신에게 주어진 달란트를 충실히
수행하라는 행동강령을 발전시켰다(Weber, 1930: 162). 그리고 칼뱅
은 그의 '운명예정설(윗글: 106)'을 통해 베버가 말하는 이른바 '현세
금욕주의'에 동참하는 것으로 베버에게 비쳤다. 칼뱅은 다음과 같
이 기독교를 요약하고 있다.

> 오직 주님께서 그의 영원한 선택에 의하여 하늘나라의 자녀들
> 과 상속자들로 예정하신 이들 – 따라서 우리는 피택자들이란
> 하나님의 자비를 수용한 자들임을 인정하며 – 우리는 선택과
> 유기라고 하는 경쟁으로부터 하나님의 영광을 높일 이유만을
> 취하자 – 우리의 구원을 확인하기 위하여 하늘 보좌에까지 뚫
> 고 들어가 하나님이 영원 전에 우리를 위하여 무엇을 결정하셨
> 나를 캐내지 말자(기독교강요 요약, 1537: 13장, 칼뱅, 1986: 46 – 47)."

즉, 칼뱅의 이 교리를 한 마디로 요약하면 다음과 같다. "우
리의 내세의 구원 여부는 이미 예정되어 있다. 그러나 그 결정은
피조물인 인간의 소관이 아니고 단지 절대자 하나님에게 달렸다.
따라서 이미 결정된 선택과 구원의 여부를 캐내려 하지 말고 묵
묵히 자신에게 주어진 달란트를 오직 하나님의 영광을 위하여 충
성되게 수행하자."는 취지의 교리를 설파한 것이다. 하지만 이러
한 교리에도 불구하고 일반신도들의 입장에선 자신들이 과연 창
조자의 선택을 받았는가의 여부를 궁금해하는 것은 인지상정이

었다. 그때 이들 개신교도들은 베버가 지적한 성서의 한 구절에서 암시를 얻어 자신들이 취할 입장으로 삼는다. 그것은 바로 "네가 자기 일에 근면한 사람을 보느냐? 그는 왕들 앞에 설 것이요, 비천한 사람들 앞에 서지 아니하리라(잠언, 22장 29절; Weber, 1930: 53),"라는 구약성서 잠언의 한 구절이다. 즉, 루터의 교리이든 칼뱅의 것이든, 피조물인 인간에게 있어 오직 궁극적인 인생의 목표는 구원의 쟁취이지만 그것의 추구에는 현세에서 온 정력을 쏟아 일하고 충실히 살아나가야 한다는 점이 포함되어 있다. 다시 말해서 개신교도들은 자신들이 일상생활을 영위함에 있어 행동지침으로 루터와 칼뱅이 제기한 기독교 교리를 채택해서 현세에서의 아무리 하찮은 일이라도 그것이 합법적인 일이라면 하나님께서 자신들에게 부여한 사명과 소명이라고 생각하고 혼신의 힘을 쏟아 일했던 것이다. 단 그 과정에서 강조되는 것은 쾌락의 추구, 사치나 허영 그리고 게으름의 철저한 유기였고, 대신 근면, 성실, 정직, 절약 등이 반드시 지켜야 할 미덕으로 치켜세워졌다. 즉, 검박과 내핍 생활이 개신교도들의 주요 행동 강령이었던 것이다. 왜냐하면 개신교도들(특히, 청교도들)에게 세속에서의 쾌락의 추구는 곧 죄악이었고 그런 죄악을 저지르는 것은 곧 사망(여기서는 내세에서의 구원 받지 못함을 의미함)에 이르는 첩경으로 곧 구원에서 탈락됨을 의미했기 때문이다(윗글: 175).

그런데, 여기서 우리가 눈여겨보아야 할 것은 바로 이러한 개신교도들의 검박과 내핍 생활, 즉 현세금욕적 태도가 전혀 '의도하지 않은 결과'를 낳게 되었다는 것을 베버가 날카롭게 간파했다는 것이다. 그것은 바로 자본주의의 발흥과 발전이었다. 즉,

개신교가 자본주의경제체제의 발흥과 전개를 전혀 안중에 두지 않았음에도 불구하고 이러한 결과가 양산된 것에 베버가 주목한 것이다. 그가 볼 때, 그렇게 된 이유는 바로 이러한 개신교의 종교적 가치관과 태도 윤리가 전적으로 우연히 자본주의의 정신과 절묘하게 맞아떨어진 것에 기인한다. 이런 절묘한 양자의 조화와 결합을 베버는 '선택적 친화력'이라는 개념으로 설명하고 있다(Weber, 1948ㄱ: 284 – 285).

그러면 양자는 어떻게 서로 맞아떨어지는 친화력을 갖게 되었을까? 먼저, 개신교에서는 이제 더 이상 현세의 쾌락을 추구하지는 않지만, 자신의 달란트를 현세에서 충실히 수행함으로 많은 세속적 결실을 맺는 것에 대해 죄악시하지 않게 되었다. 오히려, 현세의 금욕생활을 통해 얻어지는 현세에서의 세속적인 성공이 하나님의 영광을 드러내는 한 수단이 될 수 있다고 믿게 되었고, 그것은 비록 직접적이지는 않지만, 이미 운명적으로 결정되어져 있는 구원의 예정을 미루어 짐작할 수 있는 것쯤으로 여겨지게 되었다. 하여튼 이런 과정에서 중요시되었던 것은 정직, 신뢰, 검약, 저축, 고된 노역, 절제, 허례허식의 추방, 낭비 등의 혐오였다. 그리고 자본주의는 기본적으로 '이윤의 추구'를 통한 자본의 축적을 그 목적으로 한다. 이윤의 추구를 위해 개개인의 노동을 통한 자립을 조장하고 권장한다. 이러한 권장을 위해 자본주의 또한 정직, 신뢰, 검약, 저축 등을 각론으로 정하고 있다. 바로 이러한, 자본주의의 에토스와 개신교의 종교적 윤리강령은 시쳇말로 서로 코드가 맞아떨어졌다. 이를 베버는 서로가 서로에게 끌리는 '선택적으로 친화력'을 갖는 것이라고 설명했던 것이다.

베버가 그의 종교사회학, 특히 그의 『개신교윤리와 자본주의 정신』에서 전개했던 이러한 테제를 그가 미국 방문에서 확인하고 기뻐했다는 그의 부인 마리안느 베버의 회고(M. Weber, 1975: 281)를 보면, 『개신교윤리와 자본주의 정신』이 발간되던 1900년대 초까지만 하더라도 베버가 그의 주장을 확신할 수 있을 정도로 미국 사회에는 종교적 색채가 강했던 것만큼은 부인할 수 없을 것이다.

(2) 파슨스

그러나 작금의 상황은 베버의 이러한 주장이 목도될 수 없을 정도로 미국 사회가 변한 것이 현실이다. 그리고 현재의 이러한 미국 사회의 변화는 베버가 미국을 직접 방문해 목도한 1900년대 초의 미국은 물론이거니와, 파슨스가 목도한 1920년대 대공황기의 우울한 터널을 빠져나와 어느 정도 세계 강대국으로서의 면모를 대내외에 과시했던 시기의 미국과도 엄청난 거리가 있다. 쉽게 이야기해서, 미국에서 1900년대 초가 여전히 개신교적 가치가 왕성하게 활동 중에 있는, 즉 종교적 가치가 우세했던 상황이었다면, 20세기 중반을 거쳐 하반기에 이르는 동안의 미국은 종교적 활동이 매우 약화된 그런 상황으로 특징지을 수 있다. 그럼에도 불구하고 파슨스는 당대의 미국 사회를 우울하게 혹은 비관적으로 보지 않았다. 왜냐하면 건국 초기의 강력한 종교성은 미국 사회에서 서서히 상실되고 있음에도 어느 정도 미약하나마 종교성에서 연유된 세속적 가치관이 여전히 미국 사회에서 그 명맥을 유지하고 있는 것으로 간주했기 때문이다.

어쨌든 파슨스는 이러한 과정에서 불거져 나온 주요한 사회적 변화들로는 과학, 해방주의, 민주주의, 인본주의의 융성을 들었다(Parsons, 1969: 93). 그리고 이때 중요하게 눈여겨보아야 할 과정상의 결과들로 파슨스는 개인의 해방과 자율의 확장, 그리고 사적 권리의 보장과 체계화를 들었다(윗글: 87). 이러한 과정에서 파슨스가 간파한 매우 중요한 미국인만의 독특한 가치관이 있는데, 그것은 바로 '세속적인 도구적 실천주의(worldly instrumental activism)'이다(Parsons, 1991: 52). 그런데 이 독특한 가치관을 이해하기 위해서는 우선 미국이 탄생할 때부터 미국인의 관념과 태도 속에 깊숙이 배태되어 있던 특별한 가치관인 '도구적 실천주의(instrumental activism, Parsons, 1964: 196)'부터 먼저 짚고 넘어가는 것이 필요하다.

'도구적 실천주의'라는 가치관은 여타 다른 나라에서는 찾아볼 수 없었던 독특한 종교관에 깊이 뿌리 박혀 있다. 이 종교관은 개신교에 근거하고 있으며, 이것은 이 세상의 모든 것들을 하나님과 떼어 놓고 생각할 수 없다는 청교도주의에 신념을 반영한다. 즉, 파슨스에 의하면 전통적인 미국적 가치관은 사회란 그것 자체가 '목적'이 될 수 없으며, 그것은 단지 '하나님의 의지의 도구(the instrument of God's Will)'일 뿐이라는 시각을 내포하고 있다. 그리고 이것은 단지 사회에만 국한되지 않고 사람도 이러한 잣대에는 예외가 될 수 없다. 즉, 한 개인도 그 자체로는 결코 목적이 될 수 없으며 단지 '하나님의 나라를 이 땅에 건설'하는 데 이바지하여야하는 하나의 '도구'일 뿐이라는 가치관이 미국인의 뇌리에 깊숙이 자리 잡고 있었다는 것이다(윗글: 196). 그런데 사회가 변화해 가면서 종교성은 점점 쇠퇴해 가는 이른바 세속화가 진행하게 되는데, 종교성(여기서는 개신교의 청교도주의)이 미국인들의 삶 속에서 그 존재감을 상실해 가면서도 끈질기게 그 명맥을 유지한 것이 파슨스에 의하면 바로 '세속적인 도구적 실천주의'인 것이다. 즉, 강력한 종교성에 근거한 '도구적 실천주의'가 그 고향격인 종교 영역을 넘어서 사회의 각 영역에까지 확산되어 기능하고 있다는 것이다.[12] 그리고 파슨스는 설혹 건국 초기 선조들의 가치관이 미국 자본주의체제의 발생과 전개에 미친 결정적 역할만큼은 아니지만, 당대의 미국인들의 가치관은 여전히 미국의 자본주의를 그럭저럭 지탱하는 데 나름의 영향을 미친 것으로 간주한 듯하다.

그런데 필자의 판단으로는 작금의 미국 사회는 정확히 언제부터인지 모르지만, 베버가 본 것이나, 파슨스가 목도한 이러한 현상들이 교란되고 와해되어 가는 것처럼 보인다. 이점에서 필자는 현재의 미국 자본주의체제의 붕괴를 이러한 가치관의 교란과 와해현상과 맞물려 설명하고자 하는 것이다.

2) 청교도 윤리의 와해와 미국 자본주의 위기

단도직입적으로 말해, 이제 미국인에게 성실, 근면, 검약, 그리고 정직이란 더 이상 소중히 간직해야 할 행동강령이 아닌 듯하다. 다시 말해, 그들의 가치관에서 이러한 덕목들은 삭제된 것으로 판단된다. 그런데 그러한 덕목들이 사실은 애초에는 개신교라는 종교영역에서 연유하였고 종교성이 서서히 상실되어 가

---

12) 이를 파슨스는 '기능적 확산(Parsons, 1977: 186)'이라고 불렀고, 그러한 과정을 통해 다른 영역까지 침범한 가치관을 '일반화된 가치(윗글: 53)'라고 명명했다.

는 마당에서조차 파슨스가 지적하듯 일반국민의 생활 속에 일종의 세속적인 덕목으로 자리 잡은 동안 미국의 자본주의체제는 비교적 건실하게 진행되었다는 사실에 우리의 눈을 고정시킬 필요가 있다. 확실히 미국의 건국 초기부터 최근에 경제위기가 불거져 나오기 훨씬 전까지는 이런 덕목들이 종교성을 바탕에 두고 우러나왔든 아니면 그 영역 외에서 나왔든지 간에 상관없이 소중한 것들로 미국 사회에서 수용되었다. 이를 증명하는 것이 바로 '아메리칸 드림'[13]의 이념이고 형상화이다.

'아메리칸 드림'은 그것이 미국 건국 초기의 강력한 종교성에 근거한 것이든 아니면 후에 그 종교성의 껍질을 벗어 버린 후 완전히 세속화된 모습을 띠었든 상관없이, 미국인들에겐 일종의 희망을 부여했고 일상생활에서 특정의 태도들을 견지할 것을 장려하였다. 따라서 이러한 상황에서 '무엇인가' — 그것이 사적인 성취이든 혹은 사회 전체의 성취든 어느 것이든 가릴 것 없이 —를 이끌어 낸 것은 매우 당연한 일일 것이다. 그러나 "누구든지 열심히 노력하는 사람은 미국에선 성공할 수 있다."라고 풀어 쓸 수 있는 이 '아메리칸 드림'이 가장 최근에 변질되고 왜곡된 형태를 띠게 되었다는 데 필자는 주목하고 있다. 그리고 이러한 '아메리칸 드림'의 왜곡과 변질은 필자가 보기에 일반국민들의 사고와 가치관에서 종교성이 극단적으로 쇠퇴하고 또한 사회 전반에 오직 물질주의와 배금사상만이 만연하는 데서 기인한 것으로 보인

---

13) '아메리칸 드림(American Dream)'에 대한 논의로는 Bellah 들(1985), Citrin 들(1994), Gifford/Ingersoll(1991), Hochschild(1995), Hochschild/Scott(1998), Karabell(2001), Norton 들(2007), Sawhill/McMurrer(1997), Susman(1999), 이현송(2007) 등을 참조할 것.

다.[14] 그리고 전자의 문제인 종교성의 극단적인 쇠퇴란 단순히 종교인구의 감소만을 의미하지 않고, 파슨스가 말하는 종교인구가 현저히 감소하는 세속화 과정 속에서도 여전히 일말의 불씨를 태우고 있는 일반화된 가치 ― 애초에 종교성에서 배태된 ― 들의 소멸 현상을 뜻한다.

이런 상황에서는 개신교도들이 금과옥조로 여기던 성실(근면), 검약, 정직이라는 덕목과 하나님의 도구로서의 사명감이 사라지는 것은 물론, 여전히 비개신교도들에게도 좋게 받아들여지던 성실하고 절약하고 정직하면 성공할 수 있다는 관념조차 사라지게 된다. 그렇게 되면 결과는 불 보듯 뻔하다. 즉, 성실과 근면보다는 나태와 게으름, 검약보다는 소비하고 사치하는 것이 권장되고, 정직보다는 거짓이 만연하는 그런 사회가 될 것이다. 그런데 필자의 눈엔 최근의 미국 사회가 바로 이런 관념과 가치관이 도처에 만연된 그런 사회로 비추어진다. 그리고 바로 그 점 때문에 최근에 불거진 미국 경제위기와 체제의 위기를 이러한 가치관의 변화와 접목시켜 논의를 진행하고 있는 것이다.

먼저, 성실과 근면보다는 나태가 판치는 미국 사회의 모습은 가장 최근에 월가에서 벌어진 일련의 사건들을 보면 쉽게 그 진상을 파악하게 된다. 작년 월가의 금융위기가 벌어지기 과거

---

14) 미국에서의 팽배하는 '물질주의'에 대해서는 Inglehart(1989; 1997), Yankelovich(1998; Callahan, 2004: 109에서 재인용), D'Souza(2001) 등을 참조할 것. 특히, 잉글하트는 1960년대 이후 변화 일로에 있는 미국의 가치관을 '전후물질주의'라고 명명하였다. 또한 미국의 '배금주의' 가치관의 보편화에 대해선 Callahan(2004: 107, 126)을 볼 것. 캘러한은 미국의 이러한 물질주의와 배금주의의 팽배는 무한의 경쟁에서 이긴 승자에게 거의 모든 것이 주어지는 이른바 '승자독식주의'가 판칠 때 덩달아 기승을 부리게 된다고 주장한다(Callahan, 2004: 89). 그리고 '승자독식주의'에 대한 자세한 논의를 보려면 Frank/Cook(1996: 37)을 참조할 것.

2~3년간 월가는 정상적인 월급이 아닌 천문학적인 보너스로 움직여졌다고 언론이 앞다투어 보도했다(NYT, 2008. 12. 18). 예를 들어 메릴린치의 경우 연봉 18만 불을 받던 한 30대의 투자상담가는 500만 불(약 64억 원)의 보너스를 수령해서 하루아침에 돈방석위에 앉았다. 또한 이 회사의 채권부서에서 일하는 펀드매니저들 중 100여 명 이상이 100만 불이라는 보너스를 받은 것으로 밝혀졌다. 골드만 삭스도 직원 50명에게 보너스로 2,000만 불 이상을 지급한 것으로 드러났다. 물론, 보너스를 수령한 이들의 연봉도 일반인들의 그것과 비교가 되지 않을 정도로 높은 것이지만, 정규 연봉을 제외한 보너스만으로도 이들은 자신들의 인생을 바꾸는 일확천금을 손에 쥔 것이다. 이런 일확천금을 노리고 그들은 금융공학이라는 핑계로 순전히 사기인 파생금융상품이란 것을 고안해냈고, 그것으로 인해 애초의 자산보다 몇십, 몇백, 몇천 배의 자산이 있는 것처럼 부풀려졌다. 그리고 여기에 종사하는 이들은 그 부풀려진 자산의 최대 공로자로 인정받아 엄청난 부를 거머쥘 수 있었다. 이런 마당에 하루하루 근면 성실히 일해 자수성가한다는 '아메리칸 드림'이 훼손될 것은 뻔한 이치이다.

이런 와중에 정직이란 덕목이 살아남기를 원한다면 그것은 지나친 욕심일 것이다. 지도층과 지식인들은 자신들의 월등히 높은 지능을 이용해 엄청나게 큰 파이를 사기로 도둑질한다. 그러면서도 죄책감은 전혀 느끼지 못했다. 오히려 그것을 못하는 이가 바보로, 그리고 인생의 낙오자로 취급받는다. 파생금융상품이란 금융사기가 바로 그들이 행한 적나라한 발자취이다. 이러한 점은 시세차익이라는 불로소득을 노리고 부동산매매에 뛰어든 일반국민도 매한가지이다. 도덕적 해이가 대다수의 미국인들에게 만연했던 것이다(Callahan, 2004). 또한 그렇게 쉽게 번 돈은 쉽게 소비하기 마련이다. 검약보다는 '소비', 그리고 도를 넘는 허영과 사치가 미국인들의 생활 깊숙이 배어 있다(Callahan, 2004: 117; Quart, 2003; Schor, 1998; Frank, 1999; 하마다, 2009: 81).

필자가 보기에 이러한 미국인들의 급격한 가치와 태도 변화의 결정판이 바로 주택거품이라는 현상이다. 따라서 주택거품이 현재 논의되고 있듯이 단지 경제영역의 논리로만 해석되고, 그것이 현재의 미국 경제위기 또는 체제 자체의 위기를 설명하는 주원인으로 간주되어서는 안 된다는 것이 필자의 시각이다. 과거 10여 년 동안 미국은 사상 유래 없는 부동산 붐이 일었다. FRB의 저금리정책으로 대출이 그 어느 때보다 용이했으며, 자격요건이 갖추어지지 않은 사람들도 너도나도 일종의 노다지로 여겨진 주택시장에 뛰어들었고, 위험부담을 덜어 준다는 파생금융상품을 고안해 낸 금융기관은 각종 수수료와 이자를 챙겨 이 와중에 이득을 탐했다. 주택거품이 커지면 커질수록 이에 금융가의 사람들부터 일반국민에 이르기까지 주머니가 두둑해졌다. 단, 주택가격이 상승할 때, 바로 거기까지만 말이다. 그 이후는 바로 현재 미국에서 보이는 경제적 위기상황의 도래이며, 미국 자본주의체제의 붕괴를 운운하는 단계까지 진행하게 된 것이다.

4. 나가는 말

　　결국, 근면, 성실, 검약, 정직을 외면한 탐욕스런 이윤추구
는 결과적으로 자본주의의 위기를 불러왔다. 그런데 이것 또한 베
버가 언급한 '의도하지 않은 결과'라는 아이디어가 훌륭히 적용될
수 있다고 본다. 왜냐하면, 국민 개개인은 극단적인 이윤을 추구
하였다. 말하자면 자본주의의 진수를 충실히 수행한 하나의 대리
인이었다는 것이다. 그런 의미에서 국민 개개인은 자본주의의 발
달을 의도적으로 꾀한 것이라고 여길 수 있다. 그런데 문제는 예
상 외의 결과가 양산되었다는 데 있다. 즉, 의도적으로 꾀한 자본
주의의 발전이 결국 자본주의의 소멸을 가져올 정도의 위기상황
을 초래했다는 것이다. 이것은 베버가 『개신교윤리와 자본주의 정
신』에서 개진했던 테제와 역설적으로 대비된다. 즉, 자본주의의
발전을 전혀 꾀하지 않고 그저 자신들의 일을 종교성에 입각해 묵
묵히 그리고 열심히 추진해 나갔던 청교도들에 의해 의도하지 않
게 자본주의가 발전하게 되었다는 그, 전혀 '의도하지 않은 결과'
와 현재의 미국의 상황이 역설적으로 대비된다는 것이다.

　　그리고 이러한 모든 설명에서 '아메리칸 드림'에 주는 한
가지 중요한 교훈은 바로 이것이다. 그것은 관념과 태도 없이 단
지 희망만 높이 치켜세운 것은 결국 희망조차도 사라지게 한다는
사실이다.

참고문헌

김광기, "탈코트 파슨스와 근대성: 그의 명시적 근대성 개념의 해부,"「한국사회학」, 41집 1호 (2007).

고든, 존 스틸(안진환/왕수민 옮김),「부의 제국」(서울: 황금가지, 2007).

마쓰후지, 타미스케(김정환 옮김),「미국경제의 종말이 시작됐다」(서울: 원앤원북스, 2008).

모리스, 찰스 R.(송경모 옮김),「미국은 왜 신용불량 국가가 되었을까?」(고양: 예지, 2008).

바트라, 라비(송택순/김원옥 옮김),「뉴 골든 에이지: 미 비즈니스제국의 몰락, 그 다음 세상」(서울: 웅진씽크빅, 2009).

버만, 모리스(심현식 옮김),「미국 문화의 몰락: 기업의 문화 지배와 교양 문화의 종말」(서울: 황금가지, 2002).

베버, 막스(전성우 옮김), "서론,"「종교사회학 선집」(파주: 나남, 2008).

———(전성우 옮김), "중간고찰: 종교적 현세거부의 단계와 방향에 대한 이론,"「종교사회학 선집」(파주: 나남, 2008).

백승욱,「미국의 세기는 끝났는가?: 세계체계 분석으로 본 미국 헤게모니의 역사」(서울: 그린비, 2005).

울프, 나오미(김민웅 옮김),「미국의 종말: 혼돈의 시대, 민주주의의 복원은 가능한가」(서울: 프레시안 북, 2008).

월러스틴, 이매뉴얼(강주헌 옮김),「미국 패권의 몰락: 혼돈의 세계와 미국」(파주: 창비, 2004).

이현송, "'미국인의 꿈' 이념의 사회적 의미,"「사회이론」, 31호(2007).

임희원,「청교도: 삶, 운동, 사상」(서울: 아가페문화사, 1999).

정만득,「미국의 청교도 사회: 정착 초기의 역사」(서울: 비동, 2001).

촘스키, 노암(장영준 옮김),「불량국가: 미국의 세계 지배와 힘의 논리」(서울: 두레, 2001).

———(김기근 옮김),「실패한 국가, 미국을 말하다」(서울: 황금나침반, 2007).

———(강주헌 옮김),「촘스키, 우리가 모르는 미국 그리고 세계」(서울: 시대의 창, 2008).

———(장영준 옮김),「촘스키, 변화의 길목에서 미국을 말하다」(서울: 시대의 창, 2009).

칼뱅, 존(이형기 옮김),「기독교강요약」(고양: 크리스챤 다이제스트, 1986).

캘러헌, 데이비드(강미경 옮김),「치팅컬처: 거짓과 편법을 부추기는 문화」(서울: 서돌, 2008).

캘리니코스, 알렉스(김용욱 옮김),「미국의 세계 제패 전략」(서울: 책갈피, 2004).

코헨, 워런(김기근 옮김),「추락하는 제국: 냉전 이후의 미국 외교」(부산: 산지니, 2008).

쿱찬, 찰스 A.(황지현 옮김),「미국시대의 종말」(서울: 김영사, 2005).

크루그먼, 폴(송철복 옮김),「대폭로」(서울: 세종연구원, 2003).

———(예상환 들 옮김),「미래를 말하다」(서울: 웅진씽크빅, 2008).

———(안진환 옮김),「불황의 경제학」(서울: 세종서적, 2009).

프레스토위츠, 클라이드(김성균 옮김),「깡패국가」(서울: 한겨레신문사, 2004).

하마다, 가즈유키(김정환 옮김),「대공황 이후의 세계: 다극화인가, 미국의 부활인가」(서울: 미들하우스, 2009).

헌팅턴, 새뮤얼(형선호 옮김),「새뮤얼 헌팅턴의 미국」(서울: 김영사, 2004).

홍성국,「세계 경제의 그림자, 미국」(서울: 해냄, 2005).

______, 「글로벌 위기 이후」(파주: 이콘, 2008).

후쿠야마, 프랜시스(유강은 옮김), 「기로에 선 미국」(서울: 랜덤하우스코리아, 2006).

______(구승회 옮김), 「트러스트: 사회도덕과 번영의 창조」(서울: 한국경제신문사, 1996).

Baker, Dean, "The Housing Bubble Fact Sheet," www.cepr.net, 2005년 7월.

Bellah, R./R. Madsen/W. M. Sullivan/A. Swidler/S. M. Tipton, *Habits of Heart: Individualism and Commitment in American Life*,(Berkeley: University of California Press, 1985).

Callahan, David, *The Cheating Culture: Why More American Are Doing Wrong to Get Ahead?*(New York: Harvest Books, 2004).

Citrin, J./E. B. Haas/ C. Muste/B. Reingold, "Is American Nationalism changing?: Implications for Foreign Policy," *International Studies Quarterly*, 38권 1호(1994).

Frank, Robert, *Luxury Fever: Why Money Fails to Satisfy in an Age of Excess*(New York: The Free Press, 1999).

Frank, Robert, H./ Cook, Philip, J., *The Winner–Take–All Society: Why the Few at the Top Get So Much More Than the Rest of Us*(New York: Penguin Books, 1996).

Gerth, H. H.,/C. W. Mills, From Max Weber, H. H. Gerth/C. W. Mills(엮고 옮김),(London: Routledge & Kegan Paul, 1948).

Gifford, N./T. Ingersoll, *The American Dream and the Gospel of Wealth in Nineteenth–Century American Society: A Unit of Study for Grades 9–12*(Los Angeles: National Center for History in the Schools, 1991).

Hochschild, Jennifer L., *Facing Up to the American Dream: Race, Class, and the Soul of the Nation*(Princeton: Princeton University Press, 1995).

______, /B. Scott, "The Polls–trends: Governance and Reform of Public Education in the United States," *Public Opinion Quarterly*, 62권 1호(1998).

Inglehart, Ronarld, *Culture Shift in Advanced Industrial Society*(Princeton: Princeton University Press, 1989).

______, *Modernization and Postmodernization: Cultural, Economic, and Political Change in 43 Societies*(Princeton: Princeton University Press, 1997).

Karabell, Zachary, *A Visionary Nation: Four Centuries of American Dreams and What Lies Ahead*(New York: Harper Collins, 2001).

Kotlikoff, Laurence, J., "Is the United States Bankrupt?," *Federal Reserve Bank of St. Louis Review*, 88권 4호(2006. 7/8).

Norton, Mary/D. Katzman/D. Blight/H. Chudacoff, *A People and A Nation*(New York: Houghton Mifflin, 2007).

Parsons, Talcott, *Social Structure and Personality*(New York: Free Press, 1964).

______, *Politics and Social Structure*(New York: Free Press, 1969).

______, *Social Systems and The Evolution of Action Theory*(New York: Free Press, 1977).

______, "A Tentative Outline of American Value," *Talcott Parsons: Theorist of Modernity*(R. Robertson/S. Turner 엮음)(London: Sage, 1991).

Quart, Alissa, *Branded: The Buying and Selling of Teenagers*(New York: Perseus, 2003).

Rudnick, Lois P/J. E. Smith/R. L. Rubin, *American Identity*(Oxford: Blackwell, 2006).

Sawhill, Isabel/D. P. McMurrer, "American Dreams and Discontents: Beyond the Level Playing Field," US Society and Values, *USIA Electronic Journals*(1997).

Schor, Juliet, *The Overspent American: Upscaling, Downshifting, and the New Consumer*(New York: Basic Books, 1998).

Susman, Warren, "History and the American Intellectual: Uses of a Usable Past," Lucy Maddox(엮음), *Locating American Studies*(Balitmore: Johns Hopkins University Press, 1999).

Weber, Max, *The Protestant Ethic and the Spirit of Capitalism*(Talcott Parsons 옮김)(London: George Allen & Unwin, 1930).

______, "*The Social Psychology of the World Religions,*" From Max Weber(H. H. Gerth/C. W. Mills 엮고 옮김)(London: Routledge & Kegan Paul, 1948ㄱ).

______, "*Religious Rejections of the World and Their Directions,*" From Max Weber(H. H. Gerth/C. W. Mills 엮고 옮김)(London: Routledge & Kegan Paul, 1948ㄴ).

______, "Asceticism, Mysticism, and Salvation Religion," *The Sociology of Religion*(Ephraim Fischoff 옮김)(Boston: Beacon Press, 1963).

Weber, Marianne, *Max Weber: A Biography,*(New York: John Wiley, 1975).

Yankelovich, Daniel, "*The Shifting Direction of America's Cultural Values*"(Address to DYG's Annual SCAN Conference, New York City/1998. 5. 29).

김광기 경북대학교 일반사회교육과 교수 _ingan1113@hanmail.net
미국 보스턴대학교에서 사회학 박사학위를 받았으며, 현재 경북대학교 일반사회교육과 교수로 있다. 주요 저서로는 *Order and Agency in Modernity:Talcott Parsons, Erving Goffman, and Harold Garfinkel*(State University of New York Press, 2002), 「사회는 무엇으로 사는가?: 뒤르켐 & 베버」(김영사, 2007), 「뒤르케임을 다시 생각한다」(동아시아, 2008, 공저), 「대한민국은 도덕적인가」(동아시아, 2009, 공저) 등이 있다.

칼뱅과 유럽 질서의 변화[*]

김성진_덕성여자대학교 정치외교학전공 조교수

1. 머리말

이 글은 칼뱅의 등장이 유럽 질서의 변화에 어떠한 의미를 가지는지 살펴보기 위한 것이다. 대체로 국제관계의 많은 논의들은 1648년 10월 '30년전쟁'을 종결지었던 베스트팔리아 조약(Peace of Westphalia)을 근대적 주권국가와 이들을 주요 행위자로 하는 근대적 국제관계가 형성되는 시점으로 받아들이고 있다.[1] 그러나 크라스너(Krasner, 1999)와 같은 이는 '베스트팔렌 주권'은 허상에 불과하며, 이러한 주권을 누리고 있는 국가는 일부에 불과하다고 주장하고 있다. 이러한 다소 상반된 견해는 체제나 제도의 변화를 평가하는 주요 영역 — 예를 들어 규범과 구조 — 의 차이

---

[*]　본 연구는 덕성여자대학교 2008년 교내연구비 지원에 의해 수행되었음.

[1]　중세에서 근대로의 체제변화와 관련하여 많은 학자들은 1648년 베스트팔리아 조약을 기점으로 이해하고자 하고 있으며, 현실주의적인 시각에서의 설명(Morgenthau, 1985; Gilpin, 1981)에서부터 구성주의적 시각(Hall, 1999; Burch, 1998; Spruyt, 1994)에 이르기까지 다양하게 진행되고 있다. 이와 함께 근대 국제질서의 특징을 베스트팔리아 체제에서 찾는 것은 적절하지 않다는 주장도 제기되고 있다(Teschke, 2002).

나 이들의 상호관계에 대한 인식의 차이에서 비롯된 것으로 보인다.

　　근대 이후 국제질서의 핵심으로 여겨지는 주권의 변화에 대한 기존의 논의들은 세계화의 영향에 따른 '포스트 베스트팔리아 체제(post-Westphalian system)'에 초점을 맞추고 있다.[2] 또한 베스트팔렌 체제 혹은 베스트팔렌 체제의 형성과정에 대한 연구는 많지 않으며, 내용도 정치사에 치우쳐 있다(박상섭, 2004). 특히 베스트팔렌 체제와 관련된 기존의 연구는 대부분 칼뱅에 주목하고 있지 않다.

　　칼뱅의 저술에 대해서는 주로 신학과 인문학적인 접근이 이루어지고 있으며, 베버(Weber, 1978)와 같이 서구 자본주의 발전과 프로테스탄트 윤리의 친화력을 규명하려는 노력이 진행되었다. 이와는 대조적으로 칼뱅의 정치사상에 대한 논의는 위의 논의처럼 풍부하지 않다. 이는 부분적으로는 칼뱅의 활동이 주로 종교개혁의 영역에 머물러 있었기 때문인 듯하다. 칼뱅의 정치사상에 대한 논의는 주로 그의 『기독교강요』(Institutes of the Christian Religion)에 기초하여 진행되고 있으며, 칼뱅의 '이중정부론,' 칼뱅의 저술에 나타난 바람직한 정부의 형태에 관련된 논란, 그리고 근대 대의 민주주의에 대한 영향에 대한 논란으로 요약될 수 있다(박경수, 2009: 228-237; 이양호, 1997: 238-253). 칼뱅의 정부에 대한 입장은 시민정부나 영적인 정부 모두 종교적 절대자에 귀속되고 있다는 점에서

---

2) 이러한 논의들은 국제정치 수준에서는 세계화 과정에서 국가 주권의 강화 혹은 약화에 대한 논쟁과 세계적 문제 해결에서의 국가 주권의 유용성 논쟁으로 요약될 수 있다(최진우, 2004; Kreijen, 2002; Liften, 1997).

제정일치의 형태를 보여주고 있다. 칼뱅은 통치자에 대한 저항에 대해서도 녹스(John Knox)에 비해 온건한 입장을 보여 주고 있어 칼뱅 정치사상의 근대성에 대해 이견이 나타나고 있다. 이와 함께 칼뱅 혹은 칼뱅주의의 근대 의회민주주의에 대한 기여 역시 논란이 되고 있다.[3] 칼뱅의 근대 민주주의 발전에 대한 기여와 관련하여 회의적인 입장은 칼뱅주의가 종교개혁 과정에서 근대 민주주의 과정에 기여한 것은 사실이지만 여전히 칼뱅과 칼뱅주의자들 사이, 그리고 칼뱅 및 칼뱅주의와 자유민주주의 사이에는 간극이 있다는 점에 기초하고 있다.

무엇보다 칼뱅의 사상을 이해하기 위해서는 칼뱅의 인문학에 대한 관심과 함께 시대적 환경에 대한 이해가 선행될 필요가 있다. 또한 칼뱅, 혹은 칼뱅주의의 근대 유럽질서 형성 과정에 대한 기여에 대해서도 칼뱅주의가 미국의 수립과 미국의 정부 형태에 영향을 주었다는 점(Bancroft, 1879)과 함께 이러한 움직임 자체가 국가의 주권 경쟁을 야기했다고 하는 점에 주목할 필요가 있다. 이에 대해 필포트(Philpott, 2000)는 근대국가의 전형인 주권국가를 추구하는 국가, 즉 유럽의 세속 질서가 분권화되는 시점에서 신성로마제국의 주권을 타파하고 주권국가로 성장하고자 하는 국가가 신교국가일 필요는 없고 다만 '종교개혁의 위기'를 필요로 할 뿐이라고 강조하고 있다.

이 글에서는 체제변화에 대한 이론적 논의를 간략히 살펴

---

3) 밴크로프트(George Bancroft, 1879)는 칼뱅이 미국의 의회민주주의, 특히 정부체제에 영향을 주었다고 기술하고 있으며, 맥닐(John T. McNeill, 1949: 162)은 칼뱅을 공화주의자라고까지 평가하고 있다.

보고, 칼뱅이 활동했던 상황, 칼뱅의 국가와 교회 조직에 대한 입장의 관계, 그리고 구성주의적 시각에 기초하여 종교개혁 과정에서 진행된 규범의 변화가 유럽 체제의 변화에 미친 영향을 살펴보고자 한다.

2. 체제 변화에 대한 이론적 논의

사회변화 혹은 체제 변화와 관련하여 구조주의는 구조를, (신)제도주의는 구조와 행위자를, 그리고 현실주의는 행위자와 행위자의 합리성을 강조하고 있다. 이에 비해 구성주의는 행위자의 인식과 상호작용에 기초한 '사회적 구성'을 강조하고 있다. 구조주의적 분석에 기초하면 유럽체제의 변화는 생산관계라는 하부구조의 변화를 반영한 것이라고 설명될 것이다. 제도주의적 관점에서 본다면 체제나 제도의 변화는 정치, 경제, 사회, 문화, 역사적 구조의 지속성, 제도 내외부로부터의 충격, 그리고 제도의 지속성과 충격의 결과로 나타난 분기점에서 진행된 행위자의 전략적 선택의 상호작용으로 설명될 수 있다. 이에 비해 구성주의적 시각에서 보면, 유럽이라는 체제의 변화는 체제의 바탕이 되는 행위자들의 인식과 규범의 상호작용, 이러한 상호작용이 진행되는 환경, 그리고 인식과 규범의 상호작용에 따른 인식과 규범, 그리고 제도의 변화를 의미한다.

특히 구성주의적인 관점에서 보면 체제 변화에는 물질적인 동기와 함께 규범의 변화가 중요한 역할을 하게 된다. 규범은 윤리적 규칙을 설명하는 규범, 당연한 것으로 받아들여지는 규범, 그리고 공리적인 목적을 판단하는 근거를 제공하는 규범 등이 있으며,[4] 이러한 규범의 영향은 특정 규범의 내적 일관성, 정치적 행위자로 하여금 특정 규범을 옹호하도록 하는 유인책, 그리고 보다 광범위한 환경으로부터의 환류에 따라 다르게 나타난다(Spruyt, 2000: 66-67).

규범의 변화는 정치, 경제, 사회적 조건이 다른 '중심부'와 '주변부'에서 다르게 받아들여질 수 있다. 규범에 대한 인식 혹은 입장의 차이는 중심부와 주변부 사이의 갈등을 일으키고, 이러한 갈등을 통해 중심부와 주변부의 관계가 재설정된다. 체제의 변화는 중심부와 주변부의 상호작용의 결과로 얻어지는 것만은 아니며 중심부나 주변부 어느 일방에서 수용된 규범들 사이의 갈등에 의해서도 초래될 수 있다.[5]

이러한 논의에 따르면 봉건적인 규범에 대한 도전으로서의 종교개혁은 서로 다른 환경에 있는 다양한 행위자 혹은 체제에 다른 충격을 줄 것임은 쉽게 생각해볼 수 있다. 무엇보다 종교개혁은 각기 서로 다른 수준과 각기 다른 영역에서의 갈등이 같이 나타나고 있다. 이 시기 국가와 종교의 분리는 비교적 명확하지 않을 수 있지만 그럼에도 불구하고 종교개혁 시기의 갈등은 가톨

---

4) 윤리적 규칙으로서의 규범은 내재된 것으로 외부의 물질적 동인과 무관하게 선호와 행위에 영향을 주며, 당연시되는 규범은 일련의 사회적 원칙으로 동일 사회집단 구성원 사이의 역할과 이에 따른 행위를 통해 예측 가능성을 높여 준다. 공리적 판단에 근거를 제공하는 규범은 기능적인 역할을 담당하며, 이 경우 외생적 선호에 대응한 반복적인 행위에 의해 형성된다(Spruyt, 2000: 67-70).

5) 예를 들어 식민지 모국 내의 민주화는 식민지 모국과 식민지 사이의 비민주적 관계에 대한 문제 제기로 이어지기도 한다.

릭에 대한 국가의 도전과 이러한 갈등의 하위수준에서 가톨릭 내부에서는 종교적 도전이, 그리고 국가 내부에서도 지방의 도전이 야기되고 있다. 각기 다른 수준에서 나타나는 이러한 갈등은 본질적으로 집권적인 질서에 대한 도전이다. 그러나 이와 함께 각각의 행위자, 즉 중앙 수준에서의 국가, 그리고 하위수준에서의 세속 질서의 '지방'과 교회의 도전세력은 집권적 질서에 대한 도전과 함께 자신의 영역 내에서는 '통합성'을 유지하기 위해 어느 정도 중앙집권적 체제를 유지해야 하는 필요를 안고 있다. 이러한 집권과 분권에 대한 상이한 태도는 그 정도에 따라 규범의 충돌로 이어질 수 있다.

이와 함께 하위수준에 이는 행위자들은 공동의 목적 — 예를 들어 가톨릭에 대한 저항 — 을 위해 이합집산을 하게 되고 이 과정에서 서로의 논리가 교류되는 양상이 나타나기도 한다. 특히 종교개혁을 진행하는 사회적 집단 — 시민, 지식인, 그리고 부르주아 — 은 그 구성이 '중첩'된다. 이들은 종교적 질서와 세속의 질서가 자신의 내부에서 충돌할 경우 종교개혁의 에너지를 세속 질서의 변화에 대한 요구로 전환시킬 수 있는 위치를 차지하게 되었다. 이러한 입장은 의회의 형성과 발전 과정을 조세부과문제 등의 표면상 문제 중심이 아닌 보다 규범적인 문제로 설명할 필요가 있음을 보여 주고 있다.

3. 칼뱅주의의 배경으로서의 제네바

중세의 질서에 대한 도전은 두 수준, 즉 국가와 교회의 관계와 국가와 교회 각각의 수준에서 나타났다. 국가와 교회 사이의 갈등은 아비뇽 유수(1309~1377)와 같은 사건에서도 이미 부각되고 있으며, 아비뇽의 교황청은 1417년까지 존속되었다. 신성로마제국이 자리한 이탈리아의 경우도 이미 13세기 초에 이르러 선거로 구성된 도시의 자치정부들이 신성로마제국과 갈등하고 있었으며(이화용, 2001: 72), 이러한 도전은 16세기 자연과학기술의 발전과 함께 교회에 대한 도전의 기반을 제공하였다. 이와 함께 16세기 초반에 진행된 마르틴 루터의 종교개혁과 16세기 중반 스코틀랜드의 종교개혁은 중세교회의 부패와 로마의 권위에 대한 도전으로 발전하였다. 이러한 도전은 도시 부르주아의 이해는 물론 신성로마제국에 맞서는 국가들의 이해와도 합치되는 것이었다.[6]

종교계의 변화는 이미 15세기 초반부터 발견되고 있다. 1414년 콘스탄스 공의회는 교회 내의 모든 주요 사안에 대한 결정권이 교황이 아닌 공의회의 대의기구에 위임됨을 천명하였다. 그러나 이 시기에는 여전히 교회 내의 위계질서가 인정되었다. 이어 1431년에 개최된 바젤 공의회에서는 집합체로서의 신자를 교회 권위의 원천으로 확인하고, 교황은 공의회의 행정가임을 보다 분명히 하였다(이화용, 2002: 34-35).

국가의 비호와 교회 내 교황을 정점으로 하는 권위에 대한 도전은 16세기 비판적 신학자들을 중심으로 하는 종교개혁으로 발전하였다. 종교개혁, 특히 복음주의화 단계(1520~1540)의 종교개

---

6) 프랑스의 발로아(Valoirs) 왕조는 북부 이탈리아의 지배권을 두고 신성로마제국과 갈등하고 프랑스와 1세는 교황 레오 10세와 볼로냐 조약을 체결(1516)하여 프랑스 교회를 국왕에 복속시켰다.

혁[7]은 상대적으로 국가의 권한이 강력했던 프랑스에서는 대대적인 탄압에 직면하게 되었고, 독일에서는 공국과 연계되어 신성로마제국에 대한 항거로 나타나게 되었다. 특히 독일 내 가톨릭과 루터파의 전쟁을 종결짓는 1555년의 아우크스부르크 조약(Peace of Augsburg)은 가톨릭과 루터파 사이의 갈등 해결에 몇 가지 원칙을 제시하였다. 첫째, 이 조약은 225개 독일 공국의 제후에게 각자 종교를 선택하고, 선택한 종교를 자신의 신민들에게 강요할 수 있는 권리를 부여하였다(cuius regio, eius religio 원칙). 둘째, 가톨릭 주교령(prince - bishoprics) 거주 루터교인은 자신들의 신앙을 지속할 수 있게 되었다. 셋째, 루터파는 1552년 파소 조약(Treaty of Passau) 이후 가톨릭 교회로부터 빼앗은 영지를 계속 유지하며, 넷째, 루터파로 개종한 가톨릭 주교영주(prince - bishop)는 자신의 영지를 포기할 것을 요구하였다(reservatum ecclesiasticum 원칙). 이 조약으로 독일에서는 영주가 종교를 선택하고 이를 신민에 강요할 수 있는 권리와 기존 가톨릭 주교영주 하의 루터파 거주민들이 자신의 신앙을 지속할 수 있는 권리가 인정되었다. 그러나 아우크스부르크 회의는 루터파와 가톨릭만을 조약 당사자로 인정하고 있어 이 시기 확산되고 있던 칼뱅주의자 등 소수 교파와의 갈등 가능성을 남겨 두었다.

아우크스부르크 조약에도 불구하고 가톨릭 주교령의 개종자는 여전히 영지를 포기하지 않거나, 합스부르크나 다른 신성로마제국의 가톨릭 통치자, 그리고 스페인은 구교의 확산을 모색하

---

7) 신기호는 프랑스 종교개혁을 두 단계, 즉 시작 단계인 복음주의화 단계(1520~1540)와 전환 단계인 칼뱅주의화 단계(1540~1560)로 구분하고 있다(신기호, 2002).

였다. 특히 콜론 전쟁(Cologne War, 1583~1588)으로 스페인은 바바리아(Bavaria)에 가톨릭 영주를 임명하였으며, 가톨릭 영주는 아우크스부르크 조약에 따라 신민에게 가톨릭을 강요하기 시작하였다. 이와 함께 16세기부터 17세기 초반에는 루터파의 칼뱅주의로의 전환이 이루어져 팔라티네이트(Palatinate, 1560), 나소(Nassau, 1578), 헤세 – 카셀(Hesse - Kassel, 1603), 그리고 브란덴부르크(Brandenburg, 1617) 지역의 영주들이 칼뱅주의로 개종하였다. 이에 따라 전반적으로 유럽은 가톨릭, 루터파, 그리고 칼뱅파로 삼분되었으며,[8] 이들 사이의 갈등이 심화되었다. 이후 종교 갈등은 1617년 페르디난트가 보헤미아 왕위를 계승하면서 1609년 신성로마제국 황제인 루돌프 2세가 부여한 신앙의 자유를 무시하고 신교를 박해하자 귀족들이 반란을 일으키면서 '30년전쟁'으로 발전되었다. '30년전쟁'은 보헤미아 – 팔츠 전쟁(1618~1523), 덴마크 전쟁(1625~1629), 스웨덴 전쟁(1630~1635), 그리고 프랑스 – 스웨덴 전쟁(1635~1648)의 네 단계로 나누어져 진행되었으며, 1648년 베스트팔리아 조약으로 종결되었다.

　　이러한 전반적인 유럽의 정치적 · 사회적 배경 속에서 제네바는 특별한 시대적인 상황을 반영하고 있었다. 제네바는 12세기 비엔나 대주교의 부감독의 지위를 가지는 제네바 주교영주령이었으나, 제네바 백작의 보호에서 벗어나고자 하였다. 이러한 노력은 1387년 파브리(Adhémar Fabry) 주교에 의해 특권(town charter)이 부여되면서 부분적인 자치를 획득하는 성과를 거두게 되었다. 그러

---

8)　가톨릭인 라인 강 지역과 다뉴브 강 남부지역, 루터파는 북부, 그리고 칼뱅주의자들은 독일의 중서부, 스위스, 그리고 네덜란드를 장악하게 되었다.

나 이러한 노력은 제네바 백작 가문의 혈통이 단절되고, 1416년 신성로마제국으로부터 공작 지위를 부여받은 사보이 가문이 제네바를 통제하고자 하면서 위기에 봉착하였다.[9] 사보이 왕가의 압력에 대해 제네바는 이미 스위스 연방을 형성하고 있던 베른과 프리부르그와의 동맹을 통해 대항하고자 하였다.[10] 그러나 이 동맹은 종교적 갈등이 스위스 내전(1529~1531)으로까지 발전하면서 가톨릭이 강한 프리부르그가 조약을 파기함으로써 한계를 드러냈다. 스위스 내전 직후인 1532년 제네바는 1532년 가톨릭 주교를 추방하였으며, 1536년 자신들을 프로테스탄트라고 선언하고 시공화국을 선포하였다.

이 시기 칼뱅은 1536년 그의 저작 『기독교강요』 초판을 발간하고 종교적 이유에서 프랑스를 떠나 신성로마제국의 스트라스부르크 자유 도시로 향하던 중 파렐(Willam Farel)의 요청에 의해 제네바에서의 종교개혁에 참여하게 되었다. 칼뱅의 제네바 활동은 편의상 중간의 망명기(1538~1541)를 기점으로 전반부와 후반부로 크게 나눌 수 있다. 칼뱅은 1537년 1월 제네바 교회의 조직과 예배에 대한 글을 시의회에 제출하고, 이 문서가 시의회에서 승인되면서 개혁을 시작하였다. 그러나 이후 베른 시가 스위스 개혁교회의 통일성 유지를 제안하고, 이에 따라 조정안이 논의되기 시작하였다. 이 과정에서 두 개혁자와 제네바 시의회 사이에 갈등이

---

9) 스위스의 공동체에서 출발한 사보이 가문은 스위스 내에서의 영토 확대를 도모하고 있었고, 이 시기 보드 깡똥(Vaud Canton)과 기타 지역에 대한 영토권을 주장하고 있었다. 제네바는 사보이 가문의 이들 영토에 대한 접근에 교두보가 되는 지역이었다.

10) 이 당시 스위스연방은 '구연방'(Old Confederation)으로 1291년 산악지대의 주요 교통로에서의 평화를 위해 세 개의 농촌공동체로 형성되었던 연방에 뤼센(Lucerne), 취리히(Zürich), 그리고 베른 시(Bern city)가 참여한 형태이다. 이 연방은 16세기 초반까지 지속되었다.

나타났으며, 결국 두 사람은 추방되었다(Parker, 2006; Cottret, 2000).[11]

칼뱅의 제네바의 복귀는 제네바의 정치, 종교적 자율성에 대한 위협이 가해지면서 이루어지게 되었다. 1539년 카펜트라스(Carpentras)의 주교 사돌레토(Jacopo Sadoleto) 추기경은 제네바에 서신을 보내 가톨릭으로 재개종할 것을 요구하였다. 제네바는 프로테스탄트 열정의 감소와 사돌레토 추기경의 개종 요구에 대응할 방안을 찾게 되었다.[12] 제네바는 먼저 비레(Pierre Viret)에게 응대를 요구하였으나 거부당하였으며, 결국 칼뱅에게 이에 대한 대응을 의뢰하게 되었다.[13] 이에 따라 칼뱅은 1541년 9월 그의 망명지 스트라스부르그가 칼뱅을 6개월 '임대'해 주는 형식으로 제네바로 귀환하였다.

이러한 과정을 볼 때 칼뱅과 제네바의 관계는 상호의존적이면서도 종교적 신념과 정치적 이해 사이의 갈등이 내재되어 있다고 할 수 있다.[14] 특히 제네바와의 관계는 칼뱅의 정치사상에도 영향을 주었을 것이며, 칼뱅의 주장에서 야기되는 상반된 평가는 이러한 전반적인 시대적 맥락을 고려하여 해석할 필요도 있을 것이다.

---

11) 이들의 추방은 이 시기가 프랑스가 제네바에 접근하던 시기로 이들이 프랑스인이기 때문에 제네바에 대한 충성심이 의심받았다는 점과 이들이 베른 주도의 종교개혁에 반대하였던 점이 고려되었다. 이러한 과정은 칼뱅과 제네바 시, 즉 종교와 현실 정치 사이에 갈등이 존재했었음을 보여준다. 베른 시는 이들을 받아줄 것을 제네바에 요청하였으나 제네바는 이를 거부하고, 이들은 바젤(Basel)에 망명하였다.

12) 카펜트라스는 프랑스에 위치하고 있으며, 아비뇽 유수시 교황의 저택이 있었던 곳이기도 하다.

13) 칼뱅과 사돌레토 추기경과의 논쟁에 대해서는 올린(John Olin, 2000; 1996)의 저술 참조.

14) 이러한 차이는 종교법원의 설치과정에서도 나타나고 있다. 1541년 11월에 발표된 교회칙령은 목사의 역할과 함께 종교법원의 설치를 규정하였다. 이 칙령을 통해 종교법원은 비록 세속 문제에 대한 관할권은 없었으나, 사형까지를 포함하는 판결권을 인정받았다. 그러나 정부의 반발로 1543년 3월 종교법원의 판결권은 정부로 이관되었다(Cottret, 2000: 165-166; Parker, 2006: 108-111).

4. 칼뱅의 국가관

칼뱅의 정치사상은 주로 그의 『기독교강요』를 통해 나타나고 있다.[15] 칼뱅은 그의 저술을 통해 국가와 국가의 역할에 대한 인식, 교회의 조직에서 나타나는 대의적 형태와 공화정에 대한 평가, 그리고 저항권에 대한 인식을 보여주고 있으며, 특히 그의 인식은 그의 해박한 인문학적인 사상과 고전에 대한 이해를 반영하고 있다.

먼저 칼뱅은 국가를 교회와 함께 나란히 규정하는 '이중정부론'을 수용하고 있다. 이중정부 형태에 대한 언급은 이미 세네카에서부터 제기되고 있으며,[16] 칼뱅의 세네카의 저술에 대한 작업은 교회와 국가의 관계를 논리적으로 설명하는 데 영향을 주었을 것이다.[17] 칼뱅에 따르면 두 정부는 영적 영역과 시민생활의 통치로 나뉘고 이 둘은 불가분의 관계에 있으며, 이 두 제도는 서로 상충되지 않는다는 입장을 취하고 있다.

> 국가통치의 목적은 우리가 사람들과 함께 사는 동안 하나님께
> 대한 외적인 예배를 존중하고 보호하며, 건전한 교리와 교회의
> 지위를 수호하고, 우리를 사회생활에 적응시키며, 우리의 행위

---

15) 칼뱅의 『기독교강요』는 국가와 교회의 관계와 정부의 역할과 권한(Institutes, 제4권 제20장 제 1－3, 11－13절), 통치자의 지위와 권한(4－7, 9－10, 22－32절), 바람직한 정부의 형태(8절), 그리고 율법과 법률(14－21절) 등의 내용을 포함하고 있다.

16) 세네카는 인간은 '두 개의 공화국'(two commonwealth), 즉 시민국가와 모든 이성적 존재로 이루어지는 공화국에 속해 있다고 기술하고 있다(이양호, 1997: 240).

17) 예를 들어 칼뱅은 1532년 그의 첫 저술로 『세네카의 관용론 주석』(Commentary on Seneca's De Clementia)을 출판하였다는 점은 칼뱅의 세네카에 대한 이해를 보여준다.

를 사회 정의와 일치하도록 인도하며, 우리가 서로 화해하게
하며, 전반적인 평화와 평온을 증진하는 것이다. …(중략)… 우
리의 논적들은 하나님 교회는 완전해야 하며 교회의 통치만 있
으면 다른 법률을 대신하기 충분할 것이라고 주장한다. 그러나
그들은 인간 사회에서 결코 찾아볼 수 없을 정도의 완전성에
대해서 미련한 공상을 한다(『기독교강요』, 1986: 596; 제4권 제20장
2절).

칼뱅은 국가가 법의 수호자의 역할을 하고 , 외적으로부터
영토를 방어하기 위한 '합법적 전쟁'을 수행할 수 있을 뿐만 아니
라 보다 적극적으로 그리스도인들이 공개적으로 종교생활을 할
수 있도록 하여 사회에 인간성을 보존되도록 하는 역할을 수행해
야 하는 도구로 인식하고 있다(『기독교강요』, 제4권 제20장 3절).[18] 또한 칼
뱅은 바람직한 정부의 형태에 대해서는 철학자들이 논의하는 정
부의 세 형태(즉 군주정, 귀족정, 민주정)에 대해서만 생각할 경우 귀족정
이나 귀족정과 민주정의 혼합형태를 제시하고 있다. 그리고 그 이
유로 개인이 가지는 결함과 실패의 위험 때문에 "여러 사람이 정
권을 운영하는 것이 더욱 안전하고 보다 견딜 만하다."는 입장을
표명하고 있다(『기독교강요』, 제4권 제20장 8절).[19]

---

18) 칼뱅은 이외에도 정부는 개인의 소유보호, 가난한 자의 보호와 학교 건립 등의 역할을 추가로
    언급하고 있다(이양호, 1997: 241).

19) 이에 대해서는 칼뱅이 군주제를 배격한 것은 아니며 이후 군주제를 더 선호하게 되었다는 주장
    과 이후 민주제를 더 선호하는 방향으로 발전하였다는 주장이 대립된다. 이에 대해 이양호는 『기
    독교강요』의 초판에서는 귀족정을, 그리고 제네바에서 7년을 지낸 후에는 귀족정과 민주정이
    혼합된 형태를, 그리고 1559년판 『기독교강요』에서는 "더 많은 사람들이 정부를 관장하는 것이
    더 완전하고 더 좋은 것"이라고 강조했음을 지적하고 있다(윗글: 244).

칼뱅의 정치사상 가운데 논쟁이 되는 내용의 하나는 통치자의 지위와 그에 대한 저항과 관련된 부분이다. 칼뱅은 집권자에 대한 저항을 금지하는 듯한 내용을 제시하고 있다. 기본적으로 칼뱅에게 있어 집권자의 강제력 행사는 경건하며, 집권자의 지위는 하나님의 사자와 대표로서의 존중을 받아야 하고(『기독교강요』, 제4권 20장 22절), 불완전한 통치자라고 하더라도 통치자는 누구나 오직 주에게서 권위를 받은 것이라고 언급하고 있다(『기독교강요』, 제4권 제20장 25절). 이러한 언급은 칼뱅이 주권재민의 근대 민주주의와는 거리를 두고 있다는 평가로 이어지고 있을 뿐만 아니라, '적극적이고 능동적인 저항권'은 "칼뱅의 유산이 아닌 칼뱅 이후 칼뱅주의의 소산"이라고 평가되기도 한다(박경수, 2009: 236). 그러나 칼뱅의 경우 악한 왕에게도 복종하라고 하고 있으면서도 동시에 통치자의 의무를 열거하고 있으며, 고대의 스파르타의 왕들에 대한 감독관(ephor), 로마의 집정관들에 대한 호민관(tribune), 아테네의 원로원에 대한 지방장관(demarch)과 같이 통치자의 전횡을 억제하기 위한 관리의 역할을 강조하였다.

칼뱅의 정치사상에서 논쟁이 되는 주요 문제 가운데 귀족정에서 민주정으로 점차 선호가 바뀌고 있는지의 여부와 저항권의 해석에 대한 문제에 대한 칼뱅의 태도는 그의 신학의 중요한 특징인 '중용'을 보여 주는 것이며, "로마 가톨릭과 재세례파 사이에서 양극단을 피하고 균형을 유지하면서 중도의 길을 가고자 했던 것"으로 평가되고 있다(박경수, 2009: 216-217; Battles 1996: 140).[20] 그

---

20) 내용의 해석에는 이견이 없지만 칼뱅의 교회와 국가와의 관계 역시 교회와 국가를 혼합한 가톨릭과 교회를 앞세운 재세례파의 양 극단 사이에서 양자를 구별되지만 대립되지 않는 관계로 정

러나 칼뱅의 '중용'은 단지 가톨릭과 재세례파의 관계에서 뿐만 아니라 자신과 제네바 시라는 현실 정치에서의 관계에서도 찾아 볼 수 있다. 예를 들어 칼뱅의 귀족정과 민주정에 대한 입장은 군주제의 위험성에 대한 경고와 다수 참여의 안정성이라는 일반론에 기초하고 있다. 특히 이미 25명의 소의회, 60인 의회, 200인 의회, 그리고 모든 시민으로 구성된 총회로 정치가 진행되는 제네바 시에 거주하면서 굳이 귀족정의 입장을 표명하여 제네바 시와 대립하거나 민주정을 표명하여 재세례파의 급진적인 성향과 혼동되는 가능성을 높일 필요는 없었을 것으로 보인다.[21] 또한 저항권에 대해서도 통치자에 대한 무분별한 저항과 종교전쟁으로 이어지는 혼란스러운 상황에서 이를 옹호하기보다는 통치자의 역할과 의무를 재조명하고, 이들을 견제하는 전문적인 관료의 역할을 촉구함으로써 보다 안정된 변화를 모색하였던 것으로 보인다.[22]

립한 것도 칼뱅 신학의 '중용'을 보여준다(박경수, 2009: 218).

21) 물론 이러한 입장은 캘빈주의자들 혹은 다른 지역의 종교개혁 과정에서 나타나는 다양한 해석으로 마찰을 빚기도 하였다. 예를 들어 녹스는 막데부르그(Magdeburg) 선언(루터파)을 통해 하나님의 법을 범하는 통치자에 대해 무장항거 의무가 있다고 언급하고, 국민에 대한 약속을 어기는 통치자들은 모두 물러나야 한다고 주장하였다. 녹스는 1558년 출간된 그의 『괴물 같은 여성 통치에 대한 일격』(The First Blast of the Trumpet against the Monstrous Regiment of Women)에서 표명한 비타협적 저항론을 막데부르그 선언을 통해 재확인하였다. 그러나 이 소책자 출간된 시기는 영국 엘리자베스 1세(Elizabeth I)의 즉위 시점이며, 이 때문에 여왕과 제네바는 멀어지게 되었다. 칼뱅은 세실(William Cecil)에게 보낸 그의 서한(1559. 겨울)에서 그 책자를 비난하고 이를 사전에 알지 못했다고 부인하였다(김종흡 외, 1986: 632). 이러한 사례는 칼뱅이 제네바와의 관계에서 루터파와의 차이를 새삼 강조해야 할 필요에서 비롯된 것으로 보인다. 칼뱅이 언급하는 국가의 역할 가운데 종교적 역할은 『기독교강요』의 1559년 판에서야 비로소 삽입되었으며(박경수, 2009: 220), 이는 칼뱅이 국가와의 관계에 대해 비교적 조심스럽게 접근하고 있음을 보여주고 있다. 칼뱅과 루터파의 세속적 권위에 대한 인식의 차이와 관련해서는 Höpfl, 1991 참조.

22) 그러나 칼뱅의 통치자에 대한 저항권에 대한 입장은 여전히 이중적이다. 즉, 여전히 하나님의 뜻에 어긋나는 통치자에 대해서는 순교하거나 망명하라고 권하고, 다른 한 편으로는 하나님의 뜻을 저버린 왕에게는 더 이상 복종할 필요가 없다는 설교를 하기도 한다(박경수, 2009: 236).

5. 규범의 충돌과 유럽질서의 변화

종교개혁은 보다 큰 과정에서 본다면 봉건시의 질서가 르네상스를 거쳐 새로운 질서로 변화되는 과정에서 나타난 다양한 현상 가운데 하나이다. 이 시기에 진행된 종교개혁이 교황과 교권에 대한 재해석과 수평적인 교회 질서를 제시한 것이라면, 국가의 영역에서는 교회에서 분리되어 절대왕정을 추구하려는 시도와 국왕의 권위에 대한 새로운 해석을 통해 보다 분권적인 정치질서를 형성하려는 시도가 나타났다. 이러한 시도들은 대체로 유사한 신분의 계층, 즉 소부르주아들의 지지를 기반으로 진행되었으며, 대안으로 제시되는 조직 구성과 이에 대한 논리 사이에 비슷한 점이 발견된다. 특히 이러한 시도의 결과 이전과 다른 성격의 행위자가 나타나고 있다는 점에서 행위자의 기능적 변화가 아니라 '분화'가 이루어지고 있다고 할 수 있으며, 이는 베버가 말하는 '체제 변화'라고 할 수 있을 것이다.

먼저 칼뱅주의는 교황의 권위를 부인하고 보다 지역교회와 이들의 수평적 연결이 바탕이 된 교회 질서를 제시하고 있다. 이는 장로들로 구성된 당회(consistoire)는 목사의 임면부터 다른 공동체와의 왕래, 그리고 하위법원을 운영하는 등 포괄적인 권한을 가지고 있었다. 교회는 각각 목사와 장로 한 명을 지역교회를 감독하는 노회(colloques)에 파송하고, 노회는 지방총회(synoes provinciaux)

특히 하나님의 의도가 있는 '폭정'과 통치자가 하나님의 뜻을 저버린 경우가 불명확하고, 통치자를 견제할 관리가 태만할 경우는 어찌해야 하는지 등에 대해서는 여전히 재해석의 여지가 있어 보인다.

에 목사 한 명과 두 명의 장로를 파견하여 공동체를 대표하며, 다시 지방총회는 두 명의 장로와 두 명의 목사를 전국총회(synode national)에 파송하여 교회 – 노회 – 지방총회 – 전국총회의 연결망을 형성하였다(신기호, 2002: 149 – 154). 이러한 구조는 특히 장로의 다수가 법률 계통 종사자와 상인들, 즉 소부르주아 계층이었다는 점을 고려하면 정치적 영역에서 진행된 시민계층이 기반이 되는 의회의 구성과 비슷한 모습을 가진 셈이다.

이 시기 정치적 영역에서도 중앙집권적인 권위를 재해석하려는 노력들이 나타났다. 영국의 경우 이미 1216년 대헌장(Magna Carta)을 통해 정교분리를 선언하고 있으며, 마르실리우스(Marsilius of Padua, 1275~1342)는 1324년 신성로마제국 루이 4세와 교황 루이 12세 사이의 갈등에서 교황의 권위를 부인하고 「평화의 수호자」(Defensor pacis)를 통해 정치공동체의 평화를 모색하고 있다. 마르실리우스는 국가의 제반 부분들이 조화를 이룰 때 평화를 달성할 수 있으며, 법에 의한 통치를 강조하고 있다. 다만 마르실리우스는 인민(populus)이나 전체시민(universitas civium), 혹인 시민유력자(valentior pars)를 입법자로 제시하고 있으며, 주권이란 소수가 아닌 전체 시민에 부여된 것으로 규정하고 있다(이화용, 2001: 62 – 63).[23] 이러한 주장은 홉스(Thomas Hobbes, 1588~1679)의 『리바이어던』(Leviathan, 1651)과 로크(John Locke, 1632~1704)의 『시민정부론』(Two Treatises of Government,

---

23) 그럼에도 불구하고 마르실리우스는 정치공동체 내에서 문제를 야기하는 가장 큰 요인을 시민체와 제국의 관계가 아니라 정치공동체에 존재하는 둘 이상의 지배체제를 지적하였다. 그는 평화의 파괴가 교권과 속권에 주권적 권위를 주장하는 교황에 의해 저질러지고 있다고 보았으며(이화용, 2001: 72), 이러한 주장 때문에 마르실리우스의 저술에 대해서는 왕권을 강화하기 위한 것이라는 주장부터 인민주권론을 제시한 것이라는 주장에 이르기까지 엇갈린 평가가 내려지고 있다(이화용, 2001; 박은구, 1994).

1689) 등의 저술들로 이어졌다. 이 시기 속권에서는 프랑스의 루이 8세(Louis XIII, 1601~1643)와 루이 14세(Louis XVI, 1638~1715), 그리고 덴마크의 프레드릭 3세(Frederick III, 1609~1670) 등이 절대왕정을 추구하는 시기이며, 국가 권위의 원천을 시민에게서 찾고자 했던 이들 저작은 정치 개혁에 해당된다고 할 수 있을 것이다.

　　문제는 이러한 두 흐름을 어떻게 연결하고 해석하는가에 있다. 칼뱅주의는 변화하는 유럽의 정치적 상황에서 어떤 의미를 가지는가? 1648년 30년전쟁을 종결하는 베스트팔리아 조약은 독일 공국들과 신성로마제국 소속의 연방국가들에게 주권을 인정하였으며, 아우크스부르크 조약에서 배제되었던 칼뱅주의자들에게도 루터파와 같은 권한을 부여하였다. 특히 베스트팔리아 조약 이후 영주들은 영지 내에서 개종 노력을 포기하거나 자제함으로써 정치와 종교, 국가와 교회의 분리를 촉진하였다. 이는 더 이상 종교 영역의 문제가 국가나 영토와의 연관성 속에서 발전하기 위해 도전하지 않아도 됨을 의미한다.[24] 이러한 점에서 칼뱅과 칼뱅주의자들의 종교개혁은 종교보다 정부에 초점을 맞추는 정치사상의 중요성을 부각시키는 계기가 되었다. 이는 단순히 절대왕정의 출현과 조세문제 등 정치적·사회적인 요인에 의해서 뿐만 아니라 종교적 불관용이 정치적·사회적 억압으로 나타나는 문

---

24)　물론 이러한 현상은 합의된 내용이 제대로 반영된 경우이며, 현실에서는 종교적 불관용이 정치적·사회적 억압의 형태로 유지되기도 하였다. 이 경우 형식적으로는 종교적 불관용이 아니기 때문에 종교적으로 해결하기 어려우며, 결국은 정치적 억압에 대항할 필요가 발생하게 되었다. 물론 시민에 대한 정치적·사회적 억압이 단순히 '종교적 불관용'에만 기초하고 있다는 것은 아니다. 그러나 다양한 이유에서 발생하는 정치적 억박에 대해 기독교 국가에 거주하는 기독교인이면서 시민인 부르주아들은 이제 정치적으로 시민의 권리를 보호할 필요를 안게 되었다. 이는 세속 정부에 대한 정치적 해결을 요구하는 것이었다.

제의 해결을 위해서도 필요한 것이었다.

　　이와 관련하여 시민과 정부의 관계에 초점을 맞추었던 루소는 그의 『사회계약론』 말미에서 종교문제를 언급하면서 정치적 권리의 참된 원리를 세우는 일은 종교로 해결하기 어렵다고 지적하고 있다(Rousseau, 1964: 제8장). 또한 루소는 홉스만이 교회와 세속의 통치문제를 인식하고 모든 것을 정치적 통일로 복귀시킬 것을 주장했음을 지적하면서, 정치적 통일이 없는 한 어떤 국가나 정부도 결코 바르게 조직되는 일이 없을 것이라고 주장하고 있다(윗글: 463). 루소는 특히 종교적 불관용과 사회적 불관용은 원래 동일하며, 종교적 불관용이 인정되면 시민생활에 문제가 나타나게 됨을 강조하고 있다(윗글: 469). 루소의 이러한 인식은 통치자가 특정 종교에 기초한 불관용적인 태도를 가질 경우 이러한 불관용이 정치적·사회적 불관용의 형태로도 나타날 수 있고 결국은 종교적 문제가 정부와 통치자에 대한 문제로 귀결됨을 보여 주고 있다.

　　루소는 유독 제네바의 성직자들에 대해서 긍정적인 평가를 하고 있으며, 제네바를 통해 종교와 세속의 통치가 정치적 통일로 복귀될 수 있는 가능성을 보고 있는 듯하다.

> 정치사회의 위정자들이 그 사회의 영광과 행복을 사랑하는 것은 조금도 이상한 일이 아닙니다. 그러나 자기들을 보다 신성하고 보다 송구한 조국의 위정자, 아니 오히려 지배자로 보고 있는 사람들이 자기들을 양육하고 있는 지상의 조국에 대한 어떤 애정을 나타내는 일은 아주 이상한 일입니다. 우리를 위해 진기한 예외를 설치하고, 법률에 허용된 신성한 교의의 그 열렬한 수탁자들, 그 존경해야 할 영혼의 목자들을 우리의 가장

뛰어난 시민의 대열에 포함되도록 하는 일은 무어라 해도 몹시
즐거운 일입니다. 신학자와 문학자 동료들 사이에 있는 이 같
은 완전한 화합의 유익한 실례를 보여 주는 일은 아마 제네바
시민만이 할 수 있는 일일 것입니다(루소, 2007: 175).

루소의 제네바에 대한 이러한 인식은 칼뱅이 제네바에서 영적 정부와 세속정부의 조화를 보았던 것과 유사하다. 이를 보면 루소는 칼뱅주의자들에 의해 다양한 개혁이 추진되거나 절대왕정이 강화되는 질서 속에서 오히려 칼뱅이 기여했던 제네바의 질서를 통해 해결책을 찾고자 했던 것으로 보인다. 다만 칼뱅이 교회에 초점을 맞추어 정부와 교회가 조화를 이루고 있는 체제를 제시하고자 했다면 루소는 정부에 초점을 맞추어 사회적 조화를 추구한다는 점에서 차이가 있다.

칼뱅이나 칼뱅주의자의 영향을 명확히 구분하기는 쉽지 않지만 이들의 유럽질서 변화에 대한 역할은 규범의 변화라는 측면에서도 논의될 수 있다. 이는 칼뱅주의나 칼뱅주의자들의 사상 자체의 논리적 구조의 기여라기보다는 기존 질서에 대한 도전과 이에 대한 대응과정에서 나타나는 규범의 충돌이 집권적 절대왕정을 유지하는 규범에 대한 회의를 확산시키는 결과를 초래하고 있다는 것이다. 즉, 국가가 대외적으로 수평관계의 규범을 요구하면서 국내적으로는 절대왕정이라는 수직적 규범을 적용하고자 함으로써 규범의 내적 일관성 훼손하는 결과를 낳았으며, 결국 국내의 수직적 규범에 대한 도전을 초래하게 되었다는 것이다.

칼뱅의 종교개혁 시기에는 이미 1431년에 개최된 바젤 공의회 등을 통해 가톨릭 국가의 경우 교황의 권위를 부인하여 자

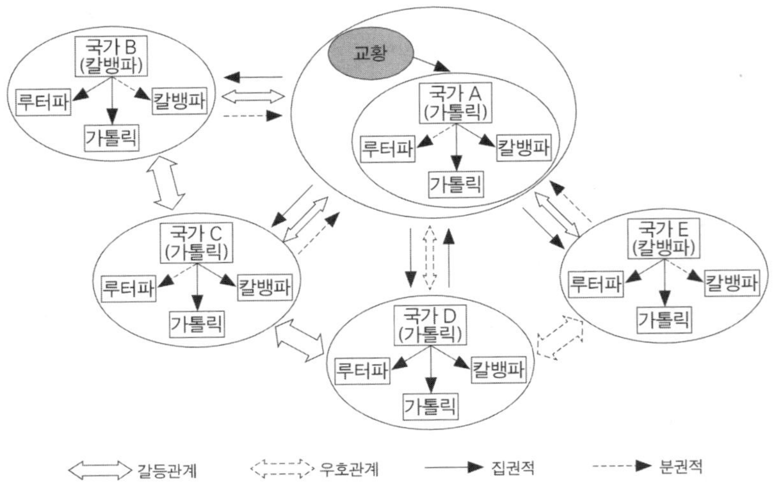

<그림 1> 종교개혁과 규범의 충돌

신들의 권한을 강화하고자 하였으며, 이러한 시도는 신성로마제국의 집권적 요구와는 갈등하는 것이었다. 그러나 가톨릭 국가들도 국내적으로는 가톨릭은 물론 다른 종파에 대해서도 집권적인 규범을 강요하고자 하였다. 특히 1555년의 아우크스부르크 조약은 독일 공국의 제후에게 각각의 종교를 선택하고 이를 신민에 강요할 수 있게 하였으나, 가톨릭 주교령에 거주하는 루터파에 대한 신앙을 인정하였다. 이 두 가지 양상은 <그림 1>과 같이 대외 분권적 요구와 국내적으로는 집권을 추구하는 대내외 규범의 충돌을 야기하고 있다. 이러한 규범의 충돌은 가톨릭 국가는 물론 칼뱅주의를 수용한 영주의 공국이나 도시에서도 나타날 수 있는 현상이다.

국내 차원에서도 규범의 충돌이 야기될 수 있다. 가톨릭 공국의 경우에도 루터파에 대해서는 신앙의 자유를 인정할 수 있지만 기타에 대해서는 영주의 신앙을 강요할 수 있었다(그림에서 국가 C의 경우). 이러한 규범의 상충과 함께 영토적 야심과 같은 물질적 동기에서 비롯되는 정책적 갈등도 발견되고 있다. 교황과 가톨릭 국가의 대립, 가톨릭 국가 사이의 갈등, 그리고 가톨릭 국가와 비가톨릭 국가 사이의 제휴가 이루어져 종교문제 자체가 규범의 문제가 아닌 물질적 동기를 합리화하는 수단으로 전락하는 양상을 보여 주었다(국가 D와 E의 관계).[25]

이러한 가톨릭 국가들 사이의 충돌과 규범의 충돌은 기독교권이 단일 정치체제라는 인식과 기독교인들이 별개의 정치단위로 나뉘어져 있다는 인식 사이의 타협을 요구하였다(박상섭, 2004: 108-109). 이러한 인식의 변화는 '시민'의 정치, 종교문제가 결국 정치적 해결을 요구한다는 인식 변화와 함께 유럽 질서 변화의 근간을 형성하게 되었다.

6. 맺음말

종교개혁의 기간 중에 가톨릭과 교황의 권위는 교회 내에서만 도전을 받은 것이 아니라 국가로부터도 도전을 받게 되었다.

---

25) 예를 들어 프랑스는 가톨릭의 전통을 유지하였지만 국가는 교황의 권위로부터 독립하여 교회를 장악하였을 뿐만 아니라 주권국가에 기초한 유럽공동체 형성을 위해 신성로마제국의 권위에 도전하는 국가들을 지원하였다. 그러나 프랑스는 국내에서는 신교에 대한 박해 등으로 교황과의 관계에서 적용하였던 절대적 권위를 부정하는 논리에 상충되는 규범을 적용하였다. 프랑스는 '30년전쟁'을 통해 서유럽의 강자로 부상하게 되었으며, 비교적 성공적으로 절대왕정을 유지하였다. 그러나 이러한 상충된 규범의 적용은 주권자로서의 시민과 국가권위의 근원으로서의 사회계약을 강조하는 루소의 저술로 이어져 절대왕정에 대한 도전으로 발전하였다.

가톨릭과 교황 중심의 질서는 이미 14세기경부터 도전에 직면해 있었으며, 교황의 권위에 대해서는 국가나 교회 내에서 회의가 증대되었다. 그러나 교권에 대한 도전 논리가 반드시 행위자의 분화로 나타나는 것은 아니다. 특히 칼뱅주의와 자본주의의 친화성이 있고, 이를 수용한 계층, 즉 소부르주아들이 정치적인 시민권을 요구하는 주체가 되고 있음에도 불구하고, 이들의 주장이 정치적 시민권과 시민정부의 확산에 충분조건으로 곧바로 연결된다고 보기는 어렵다.

예를 들어 칼뱅주의의 등장 이전에 이미 정치적인 시민권과 시민정부에 대한 논의가 발견되고 있다. 이들 논의가 칼뱅주의와 접하면서 더 용이하게 특정 계층에 보다 활발히 파고들었을 수도 있다. 그러나 이러한 논의는 자유주의의 확산이 칼뱅주의가 주도적이지 않은 곳에서 발생하는 경우를 설명하는 데 한계가 있다. 이는 오히려 칼뱅주의라는 특정한 정향이 가지는 의미와 함께 절대왕정의 강화 과정에서 국가가 적용하고자 했던 국내 규범이 국가의 교권에 대한 도전과정에서 수용되었던 규범과 충돌하면서 국가권위에 대한 도전 논리의 강화와 확산을 초래한 결과일 수 있다. 특히 국왕의 권위에 대한 반발과 시민적 권리의 요구에 근간이 되는 논리는 국가가 교회와의 관계에서 '물질적 이해'(materialist accounts)를 위해 이미 인정했던 논리이다. 이러한 논리적 충돌은 규범의 내적 일관성의 약화를 초래할 뿐만 아니라, '당연하게 받아들여졌던 규범'을 파괴함으로써 칼뱅주의가 상대적으로 약한 국가에서도 자유주의적 논리가 확산되는 것을 용이하게 해주었다.

국가중심의 유럽질서는 베스트팔리아 조약에서 출발하여 영토단위의 주권이 인정되고 여기에 국가가 민족 개념을 동원하여 배타적인 최고의 권위를 획득하는 19세기까지 상당한 시차를 두고 발전하였다. 이 때문에 근대 국제질서의 성립을 베스트팔리아 체제에서 찾기를 주저하는 연구자들도 있다. 그러나 기본적인 규범의 변화와 행위자의 분화는 이미 '30년전쟁' 이후 나타나고 있다. 베스트팔리아 조약 이후 교회의 지리적 구분이 약화되었으며, 이는 정통성에 대한 종교의 영향의 약화, 국가와 국가의 정통성 형성방식, 영토 내 배타적 권위를 갖는 주권의 해석과 형성 과정에 변화가 생긴 것을 의미한다.

베스트팔리아 조약은 무엇보다 신성로마제국의 영향에 있는 공국들에서 종교의 자유를 인정하게 하였으며, 영주들 역시 신민들의 개종할 수 있는 권한을 자제함으로써 종교적 안정을 모색하게 되었다. 이는 결과적으로는 종교의 영토성(territoriality)을 약화시킴으로써 종교와 영토를 분리하였다. 그 결과 특정한 범위의 영토에 대한 최고의 배타적 권위를 얻기 위한 경쟁에서 종교가 탈락하는 결과를 낳았으며, 이후 유럽의 질서는 종교가 아닌 민족의 발견을 통해 국가의 주권을 형성하는 변화를 맞이하게 되었다.

근대 국제질서를 국가 중심의 관계로 보는 것은 이후 영토적 경계 내 최고의 권위가 되기 위한 여러 행위자(국가, 교회, 비정부주의 혹은 무정부주의, 생산단위 중심의 공동체 등)들의 경쟁에서 국가가 권위의 정점을 차지하게 되고, 주권을 국가의 권위로 인식하기 때문인 것으로 보인다. 그러나 영토에 기반을 둔 주권체 사이의 관계에 변화가 나타나고 있다는 점에 초점을 맞춘다면 베스트팔리아 조약

은 이러한 현상이 나타날 수 있는 규범에 대한 합의를 포함하고
있다는 점에서 근대 질서의 분기점이며, 칼뱅주의는 이러한 분기
점을 촉발하는 사상적 · 사회적 기반을 제공하였다고 할 것이다.

참고문헌

루소, J. J.(장석환 역), 「사회계약론」(서울: 홍신문화사, 2007).

박경수, 「교회의 신학자 칼뱅」(서울: 대한기독교서회, 2009).

박상섭, "근대 주권 개념의 발전과정," 「세계정치」, 제25권 1호(2004).

박은구, "Marsilius of Padua의 인민주권론: 정부론을 중심으로 II," 「서양사론」, 제44호 (1994).

신기호, "16세기 전반 프랑스 위그노의 종교개혁과 그 사상," 「신앙과 학문」, 제7권 1호(2002).

이양호, 「칼뱅: 생애와 사상」(천안: 한국신학연구소, 1997).

이화용, "중세에서 근대로?: 마르실리우스(Marsilius of Padua) 인민주권론에 관한 하나의 역사적 이해," 「정치사상연구」, 제5집(2001. 가을).

최진우, "세계화의 도전과 주권국가: 유럽의 경험을 중심으로," 「유럽연구」, 제19집(2004).

칼뱅, 존, 『기독교강요』(김종흡 외 옮김)(서울: 생명의말씀사, 1990).

Bancroft, George, *History of the United States of America: From the Discovery of the Continent*(New York: D. Appleton, 1879).

Battles, Ford Lewis, "Calculus Fidei: Some Ruminations on the Structure of the Theology of John Calvin," *Interpretating John Clavin*(Grand Rapids: Baker Book, 1996).

Cottret, Bernard, *Calvin: A Biography*(Cambridge: William B. Eerdmans, 2000).

Gilpin, Robert, *War and Change in World Politics*(Cambridge: Cambridge University Press, 1981).

Hall, Rodney Bruce, *National Collective Identity: Social Constructs and International System*(New York: Columbia University Press, 1999).

Höpfl, Harro, *Luther and Calvin on Secular Authority*(Cambridge: Cambridge University Press, 1991).

Krasner, Stephen D., *Sovereignty: Organized Hypocrisy*(Princeton, N.J.: Princeton University Press, 1999).

Kreijen, Gerald(엮음), *State, Sovereignty, and International Governance*(Oxford: Oxford University Press, 2002).

Litfin, Karen T., "Sovereignty in World Ecopolitics," *Mershon International Studies Review*, 41권 2호(1997).

McNeill, John T., "*The Democratic Element in Calvin's Thought*," *Church History*, 15권 (1949).

Morgenthau, Hans, and Kenneth W. Thompson, *Politics among Nations: The Struggle for Power and Peace*(여섯째판)(New York: Alfred Knopf, 1985).

Olin, John C.(ed.), *A Reformation debate: Sadoleto's letter to the Genevans and Calvin's Reply*(New York: Harper & Row, 1966).

Olin, John, *A Reformation Debate: John Calvin & Jacopo Sadoleto*(New York: Fordham University Press, 2000).

Parker, T. H. L., *John Calvin: A Biography*(Oxford: Lion Hudson plc., 2006).

Philpott, Daniel, "The the Religious Roots of Modern International Relations," *World*

Politics, 52권(2000. 1).

Rousseau, Jean-Jacques, *Oeuvres complètes*, III(Paris: Gallimard, 1964).

Spruyt, Hendrick, "The End of Empire and the Extension of the Westphalian System: The Normative Basis of the Modern State Order," *International Studies Review*, 2권 2호(2000. 여름).

Spruyt, Hendrick, *The Sovereign State and its Competitors*: *An Analysis of Systems Change*(Princeton: Princeton University Press, 1994).

Teschke, Benno, "Theorizing the Western System of States: International Relations from Absolutism to Capitalism," *European Journal of International Relations*, 8권 1호(2002).

Tilly, Charles, *Coercion, Capital, and European States*: *AD 990–1992*(Oxford: Blackwell, 1992).

Weber, Max, *The Protestant Ethnic and the Spirit of Capitalism*(London: George Allen & Unwin, 1978.

김성진 덕성여자대학교 정치외교학전공 조교수 _skimgla@duksung.ac.kr

영국 글라스고대학교에서 러시아 정치로 박사학위를 받았으며, 현재 덕성여자대학교 정치외교학전공 조교수로 재직 중이다. 주요 저서로는 「현대러시아 국가체제와 세계전략」(한울아카데미, 2005, 공저), 「화해 · 협력과 평화번영, 그리고 통일」(한울아카데미, 2005, 공저), 그리고 「유라시아 지역의 국가, 정체성」(한울아카데미, 근간, 공저)가 있으며, 러시아 연방관계, 주권, 그리고 이주문제 등에 관심을 기울이고 있다.

칼뱅에게 있어서 여성지도력과 아디아포라

이필은 _나사렛대학교 기독교학부 교수

하나님께서는 스스로 정하신 것을 따르지 않는 모두 것이 나쁘다고 하셨다. 특별히 사치와 관련하여 말씀하셨다. 하나님께서는 우리에게 절제와 절약을 요구하시며, 그렇기 때문에 우리는 육체의 욕정이 우리를 자유롭게 다스리도록 방치해서는 안 되며, 도리어 항상 검소하고 절제된 옷을 입어야만 할 것이다. 수많은 옷을 소유할 수 있는 부자들이 화려한 옷을 입는다고 해서 다른 사람으로부터 존경을 받을 것이라고 기대해서는 안 될 것이다. 이것은 하나님께서 우리에게 자유롭게 주신 것을 사용한다기보다는 남용하는 것임을 알아야한다. "모든 것이 합법적이다"이라고 해서 "모든 것이 도움이 되는 것은 아니다." 하나님께서는 우리로 하여금 소유를 유익하게 사용하기를 원하시며, 우리는 하나님이 명하신 것처럼 선하고 도움이 되도록 소유를 사용해야 한다. 하나님은 인간에게 음성을 주셨지만, 이것을 통해서 더러운 노래를 부르라고 주신 것이 아니다. 하나님께서 인간에게 철을 주셨지만, 우리가 서로를 죽이는데 사용하는 칼을 만들라고 주신 것이 아니다…. 이것은 똑같이 옷에도 적용이 된다…. 우리가 육체를 꾸미는데 지나치게 신경을 쓰는 동안 우리는 영혼을 진리로 장식하는데 관심이 없게 만든다는 사실을 알아야만 한다. 우리는 영혼을 진리로 장식하는 것에 대해서는 관심을 가지지 못하게 된다.

1. 들어가는 말

　위의 설교는 1561년 나바르의 마거리트(Marguerite de Navarre)에게 보낸 당테레(Marie Dentiere)의 편지를 출판할 때 삽입한 칼뱅의 선문의 일부이다. 본 연구는 이 서문을 삽입한 칼뱅의 의도를 통해서 여성지도력에 대한 칼뱅의 입장을 재고해 보는 데 목적이 있다. 당테레는 당시 급진적인 종교개혁가들 조차도 비판한 여성 설교가라는 점에서 매우 이외의 사건으로 이해될 수 있다. 대부분의 학자들은 칼뱅을 비롯한 종교개혁자들이 여성과 남성의 영적인 평등을 강조하면서 동시에 남성에 대한 여성의 복종을 강조하는 이중적인 입장을 취한다는 데 동의한다. 종교개혁자들은 만인제사장을 외치면서 남성과 여성이 영적으로 동등한 존재임을 강조하는 것은 그들의 교리에서 당연하게 귀결되는 결론이다. 동시에 그들은 16세기라는 여전히 남성우월적인 사회 분위기를 극복해야 하는 과제를 지니게 되었다. 그러한 측면은 현대라는 시점에서 볼 때 자연스럽게 종교개혁자들이 여성에 대해서 서로 상충되는 신학적 견해를 지닌 듯 보인다.

　같은 맥락에서 칼뱅은 여성의 평등을 주장하면서 동시에 여성의 복종과 침묵을 강조하였으며, 이러한 칼뱅의 입장이 개신교회의 여성 지위에 끼친 영향에 대해서는 이미 많은 학자들의 연구를 통해서 이루어졌다. 종교개혁가로서 칼뱅이 결혼을 하나님의 은총으로 설명하는 것은 쉽게 이해할 수 있다. 칼뱅이 남편과 아내를 동반자라 주장하는 것은 그의 성경 주석이나 그의 아내를 생애에 가장 중요한 동반자로 묘사하는 것을 통해서 알 수

있다.[1]

그러나 여성에 대한 칼뱅의 입장을 단순하게 신학적인 일관성의 결여로 취급하는 것은 당시의 사회적인 정황을 고려할 때 공정한 평가라고 할 수 없다. 여성에 대한 칼뱅의 입장은 종교개혁자로서의 신학적인 확신과 그가 속한 제네바라는 도시의 보수성과 무관하지 않을 것이다. 종교개혁자로서 설교나 글을 통해서 여성교육을 옹호하지만 자신의 지지 세력이었던 신흥부르주아 계층의 입장을 염두에 두었을 것이다. 신흥부르주아 계층은 여성의 공적인 삶을 지양하였다. 결과적으로 신흥부르주아 계층의 입장을 고려한 칼뱅에 대해서 여성의 불평등성을 강화시켜 주는 역할을 하였다는 주장이 지배적인 해석이라고 할 수 있다.[2] 여성들은 중세에 수녀원을 기반한 대외적인 활동이 종교개혁자들에 의해서 여성들을 가정이라는 범주로 한계를 지운 사적인 영역으로 좁혀졌다는 것이다.

이러한 학자들의 입장은 설득력을 지니지만 위에서 제시한 편지의 서문은 칼뱅의 여성지도력에 대한 입장을 재고할 여지를 남겨 놓는다. 당시 대부분의 종교개혁자들은 여성의 대외적인 활동으로서 설교권을 부정하였으며 칼뱅도 동일한 입장을 밝히고 있다. 그러나 칼뱅은 예외적인 상황으로 이렇듯 여성설교가인 당

---

1) Calvin to Viret, 7 April 1549(CO 13: 230); ET in Bonnet, Letters, 2.216. 칼뱅은 남편과 아내가 집안일을 서로 나누어서 할 것을 주장하고 있다. 그리고 칼뱅은 아기를 낳아서 기를 때에도 아내와 남편이 함께 서로 책임을 지는 것이 창조의 원리임을 밝히고 있다(Bieler, 1963: 36 – 39, 99).

2) 로퍼(Lyndal Roper)는 16세기 아우크스부르크(Augsburg)를 분석하면서 개신교가 신흥부호들의 보수성의 요구를 만족시키면서 성공을 거두게 되었다고 주장하고 있다. 특별히 개신교 목사들은 설교와 교육을 통해서 여성이 가정을 거룩하게 지켜야 함을 강조하면서 여성들의 대외적인 활동을 금지하고 가정이라는 영역으로 국한시키는 결과를 초래하였다고 본다(Roper, 1989).

테레를 지지하는 의미로 그녀의 책에 서문을 삽입하고 있다. 그리고 칼뱅은 이를 아디아포라(adiaphora)라는 개념으로 설명하고 있다. 이에 대해서 대부분의 학자들은 여성지도력과 관련하여 칼뱅이 사용한 아디아포라라는 개념에 대해서 관심을 보이고 있다. 다양한 해석에도 불구하고 대부분의 학자들은 칼뱅에게 있어서 이 언어는 개념적으로만 존재한다는 결론에 대해 동의하고 있다. 그러나 본 연구자는 이렇듯 칼뱅의 입장을 일축하기보다는 1559년 이후에 이 개념의 실제적인 모형을 당테레와 같은 16세기 인물에서 찾는다는 데 초점을 맞추어 연구를 진행하였다. 본 연구는 칼뱅이 인생 후반에 아디아포라로서 예외적인 여성지도력의 모형을 당시의 인물에게서 찾은 의도에 초점을 맞추어 분석을 시도하였다. 그리고 아디아포라 개념이 칼뱅에게는 이념적으로만 존재한 것이 아니었음을 밝히는 데 있다. 그리고 칼뱅이 사용한 아디아포라의 개념에 대한 기존의 학자들의 해석을 새롭게 고찰해 봄으로써 칼뱅에게 있어서 여성지도력에 대한 공헌과 한계를 살펴보고자 한다.

2. 칼뱅의 여성지도력 이해에 대한 다양한 해석들

여성지도력에 대한 칼뱅의 모호한 입장 — 상호 동력자로서의 위치를 강조하지만 동시에 여성의 복종을 강조하는 — 에 대한 다양한 해석이 존재하는데, 이를 몇 개의 범주로 나누어 설명할 수 있다. 이것은 선행연구로서 본 연구의 중요성을 부각시켜 준다는 측면에서 살펴볼 필요성 있다.

첫 번째 범주로는 여성지도력에 대한 칼뱅의 관점에 전혀 문제가 없다는 입장인데, 이러한 입장은 학자들의 지지를 받지 못하고 있다. 이 입장의 가장 대표적인 학자인 만차에 따르면 여성에 대한 남성의 권위를 강조하는 칼뱅의 입장은 일관성을 유지한다는 것이다(Rita Mancha, 1979: 80). 비엘러는 같은 입장에서 여성에 대한 칼뱅의 입장을 '근본적인 평등'과 여성의 '기능적인 순종'으로 설명하고 있다. "남성에 대한 여성의 순종은 역설적으로 보이지만 이것은 남성과 여성의 근본적인 평등을 파기하지는 못한다."고 주장하고 있다(Andre Bieler, 1963: 36). 같은 입장으로 왈라스(Wallace)는 칼뱅에게 있어서 이러한 두 개의 상충되는 입장은 '상호적인 의사소통과 창조의 질서 안에서 복종의 관계'로 이해되며, 이러한 측면에서 연속성을 지닌다고 설명하고 있다(Ronald S. Wallace, 1959: 148-169).

두 번째 범주로 많은 학자들이 여기에 속하는데, 여성에 대한 칼뱅의 입장은 일관성을 지니지 못한다고 보는 입장이다. 가장 대표적인 학자인 브래스델은 칼뱅을 기회주의자로 간주한다. 즉, 칼뱅은 상황에 따라 입장을 바꿈으로써 일관성을 지키지 못한다고 주장한다(Charmarie J. Blaisdell, 1982). 이러한 입장은 상당한 설득력을 지니는데, 특별히 칼뱅이 당테레에게 취한 입장이나 녹스(John Knox)와 함께 메리 여왕의 여성지도력에 대한 비판적 입장을 취하다가 엘리자베스 1세 여왕의 지도력에 대해서는 극찬을 하는 것 등은 이러한 비판을 받기에 충분하다. 그리고 결혼 전에는 여성에 대해서 매우 냉소적인 입장을 취하였으나 아내가 죽은 후에 동반자로서 여성의 지위를 존중하는 것 등은 칼뱅의 입장에 일관성이 부족하다는 주장들을 지지해 주고 있다. 그러나 이러한 여성에 대한 칼뱅의 태도 변화는 1559년 이후에 이루어졌다는 점을 감안하고, 여성지도력에 대해서 그가 제시했던 아디아포라라는 개념을 염두에 두고 본다면, 단순하게 그를 기회주의자로 평가하는 것은 재고의 여지를 남겨 놓는다.

세 번째 범주의 대표적인 학자인 데보에는 여성에 대한 칼뱅의 입장은 상황에 접하게 되면서 변화되었음을 강조하고 있다(Willis P. DeBoer, 1976). 이러한 입장을 지지하는 학자들에 따르면 여성에 대한 칼뱅의 입장은 일관성의 부족이라기보다는 신학적인 차원에서 해석의 개방성으로 이해할 수 있다고 주장한다. 이러한 입장은 두 번째 범주의 학자들보다는 칼뱅에게 우호적임에도 불구하고 여전히 칼뱅의 입장이 일관성을 지니지 못하고 있음을 지적하고 있다.

네 번째 범주의 대표적인 학자인 더글러스는 여성에 대한 칼뱅의 입장은 사회와 교회의 관계라는 측면에서 이해되어야 한다고 생각한다. 즉, 여성과 남성의 역할에 대한 평등을 주장하기에는 16세기의 상황이 완숙된 적정한 시기가 아니라고 판단한 칼뱅의 의식에서 나왔다고 보는 입장이다. 더글러스에 따르면 칼뱅의 입장을 일관성의 결여로 여겨지게 하는 것은 당시의 성숙되지 못한 분위기에 영향을 받고 있음을 주장하고 있다(Jane D. Douglass, 1984). 이러한 입장도 상당한 설득력을 지니지만, 여전히 칼뱅의 입장이 일관성이 결여되었다는 데 동의한다고 볼 수 있다. 그뿐 아니라 사회와 교회의 관계에서 여성과 남성의 평등을 주장할 수 있는 적정한 시기라는 구도가 애매하기도 하다.

　　이러한 선행 연구들은 여성에 대한 칼뱅의 입장이 영적인 평등함을 주장하면서 동시에 남성에 대한 여성의 복종을 주장하는 상충된 측면을 해석하고자 하는 의도에서 나왔음을 알 수 있다. 본 연구는 이러한 다양한 입장 가운데 칼뱅이 다루고 있는 교회에서의 여성지도력에 대한 측면이다. 그는 교회에서 여성이 침묵을 지키고 베일을 쓸 것을 강조하면서 동시에 위급한 상황에서 여성의 지도력을 인정하는 입장에 대한 연구이다. 그는 여성지도력을 스토아 철학자들이 사용한 용어인 아디아포라라는 개념으로 설명하고 있다. 이에 대해서 이후에 살펴보겠으나, 대부분의 학자들은 이를 단순하게 칼뱅의 신학적인 전제로 취급하고 있다 (John. L. Thompson, 1988: 125 – 143). 그러나 본 연구는 이러한 입장과는 달리 칼뱅은 인생 후반에 예외적인 여성지도력에 대해서 실제로 존재하는 인물에게서 찾고 있음을 증명하고자 한다. 특별히 이는 그와 당테레와 엘리자베스 여왕과의 관계를 통해서 분석하고자 한다.

3. 당테레와 칼뱅의 관계

　　당테레(Marie Dentiere)는 성 아우구스티누스 수도회의 수녀였으나 결혼을 하고 1520년에 제네바로 옮겨와서 활동하였던 설교가의 한 사람이다(John L. Thompson, 1992: 41). 비록 그녀가 퀘렐(querelle)[3]

---

3) 　여성의 논쟁(querelle des femmes)이란 여성의 우월함이나 열등함에 대해서 문학적으로 논쟁한

의 작가의 범주에 속하지는 않았지만, 1539년에 여성이 교육을 받고 교육을 할 수 있는 권리와, 성경에 대해서 진실을 말할 수 있는 여성의 능력을 강조하는 글을 썼다. 그리고 마거리트(Marguerite) 여왕에게 프랑스에서 칼뱅의 신학적 입장을 따르는 그리스도인인 휴거노트(huguenot)를 구해 줄 것을 간청하는 편지를 썼다. 1561년 프랑스에서 휴거노트들에 대한 폭력이 가중되는 상황에서 이 편지가 출판되고, 이 편지의 서문으로 칼뱅의 설교가 포함되었다.[4] 이에 대해서 더글러스는 칼뱅과 당테레가 서로 영향을 주었음을 주장하고 있다.

> 칼뱅은 명확히 그가 제네바에 도착하기 전에 설교를 하고 있는 여인들이 존재하고 있다는 사실을 알았을 것이며, 그들의 은사를 존중하였음을 알 수 있다. 그러므로 바울이 여성들에게 순종을 강조하는 것은 당시의 조직화된 회중들에게 적절한 충고였으나 동시에 초기 개신교들이 여성들에게 그들의 사적인 모임에서 설교를 하는 것을 허락한다는 표현의 한 방식일 것이다. 칼뱅이 비록 공식적이지는 않지만 여성이 대중들 앞에서 활동한 것에 대한 긍정적인 측면을 경험을 하였을 것이고 확신을 가지고 제네바에서 여성의 순종을 강조하는 일반적인 규칙에 대한 예외적인 상황에 대한 가능성을 남겨 놓았다(Douglass, 1985, 104f).

것을 의미한다. 일반적으로 이러한 논쟁은 피상(Christine de Pisan's)의 『The Book of the City of Ladies』에 영향을 받은 것으로 여성의 변호를 위한 수사학적인 표현들로 구성된 책들을 의미한다(Joan Kelly, 1982).

4) 당테레의 서신 모음집(Dentiere, Espistre tres vtile faict & composee par vne femme Chrestienne de Tornay, Envoyee al la Royne de Nauarre seur du Roy de France). 책 전문이 전해오지는 않고 있다. 그리고 머거리트에게 보낸 편지는 Herminjar(Correspondance, 5: 295 – 304)에서 발견되었다.

더글러스의 주장처럼 칼뱅은 제네바에서 개인적으로 또는 그녀의 명성을 통해서 당테레와 접촉할 기회가 있었음을 알 수 있다. 그러나 더글러스의 주장처럼 칼뱅이 당테레에 대해서 긍정적인 입장을 취하였는지에 대해서는 정확하게 알 수 없지만, 여성들이 대중들 앞에서 설교를 하는 것에 대해서 대부분의 종교개혁자들이 부정적인 입장을 취하는 것을 숙지하였기 때문에 침묵을 지키고 있었다는 더글러스의 주장은 설득력을 지닌다. 물론 칼뱅이 당테레의 작품 『변호』(Defense)를 읽었는지에 대해서는 확실하지 않다.

그러나 이 책이 1540년과 1542년 사이에 1,500부가 인쇄되었다는 것을 감안한다면, 칼뱅이 이 책을 읽지 않았을 가능성은 희박하다고 할 수 있겠다(Thomas Head, 1987: 265). 그리고 당테레는 프랑스의 개신교인들을 보호하고자 하는 목적을 지닌 편지를 보내게 된다. 내용 가운데 여성의 지도력을 강조하는 부분이 포함된 마거리트에게 보내는 편지가 출판되는 시점인 1561년에 이 작품의 서문에 칼뱅은 자신의 설교를 첨가하는 것을 허락하였다. 이를 통해서 칼뱅이 이미 언급하였던 여성의 지도력에 대한 예외적인 경우를 인정하는 그의 신학적 입장을 지지하는 것을 볼 수 있다. 특별히 이 편지에서 당테레는 교회에서 여성의 설교를 옹호하는 자신의 입장을 정리하고 있다. "비록 우리가 모임이나 공공장소인 교회에서 설교를 하는 것이 허락되지 않았지만, 서로 글로써 충고하라는 것을 금하지는 않았다. … 그리고 복음서에서는 여성이 성경을 읽거나 듣지 말아야 한다고 하는 주장이 없음을 알 수 있다….”5) 계속해서 “그러나 만약 하나님께서 몇 명의 선한 여성들에게 성스러운 성경을 통해서 신령하고 좋은 것을 계시해 주었음에도 불구하고 진리를 손상하고, 여성들이 기록하는 것을 방해하고, 말하는 것을 금지하고, 이러한 진리를 선포하는 것을 막는 자들 때문에 여성이 설교를 하지 말아야만 하는가?”6)라고 하였다.

이러한 내용을 담고 있는 편지의 서문에 칼뱅이 자신의 설교를 함께 출판하도록 한 것은 그에게 있어서 일종의 태도 변화로 여겨지는 부분이 있다. 당시 그녀가 공공장소에서 설교하는 것에 대하여 대부분의 종교개혁자들은 부정적인 입장을 취하고 있었으며, 특별히 칼뱅은 1546년 그의 친구 파렐(Farel)에게 보내는 편지에서 당테레를 만났을 때 자신의 느낌을 조롱하듯이 다음과 같이 기록하고 있다. “내가 당신에게 매우 재미있는 이야기를 하나 해주려고 합니다. 프로망(Froment)의 아내가 거리 끝에 있는 여인숙으로 들어왔습니다. 그녀는 긴 옷에 대항하는 열변을 토했습니다. 그녀는 그것이 나에 대한 것임을 알아차리고는 그녀 자신이 미안하다고 하면서 웃었지요. 그리고 우리는 허름한 옷을 입고 있었고 당신은 거짓 선지자들을 그들의 긴 옷으로 알아볼 수 있다고 잘못 가르치셨다고 말하였지요(Calvin, Letters of John Calvin, 2: 27 – 71).” 여기서 칼뱅은 농담으로 편지를 시작하면서 당테레를 비양하는 어투

---

5) “Et combien que nous soit permiz de prescher es assemblees et eglises bulbiques, ce neantmoins n'est pas deffendu d'escrire et admonester l'une 1'aultre⋯ Lequel jusques a present a este tant cache, qu'on n'osoit dir mot, et sembloit que les femmes ne deussent ridu lire n'entendre es sainctes lettres.” Dantiere, Epistre tres vtile(Herminjard, corredspondance 5.297f).

6) “Si Dieu doncques a faict graces a aulcunes bonnes femmes, leur revelant par ses sainctes escriptures quelque chose sainct et bonne, ne l'oseront – elles escrire, dire, ou declairer les unes aux aultres, pur les calumniateurs de verite?” Dentiere, Defense(Rilliet, 380).

로 묘사하고 있다. 이에 대해서 데비스(Natalie Zemon Davis)는 '최상의 여인'은 항상 남성들의 재밋거리의 목표가 되었다고 주장하고 있다(1975, 124-151). 그러나 1539년에 쓰인 당테레의 편지가 1561년에 출판하면서 칼뱅이 서문을 넣은 이유는 무엇일까? 1546년에 당테레와의 만남에 대해서 비양조였던 칼뱅이 17년이 지난 후에 당테레의 편지에 자신의 설교를 삽입한 것은 17년 동안에 칼뱅과 당테레와의 사이에서 화해의 사건이 있었을 것이라는 추측을 가져오게 한다.

당시의 시대적인 정황으로 미루어보아, 프랑스에서 개신교인들에 대한 핍박이 심해지면서[7] 사태의 심각성을 우려한 칼뱅이 자신의 도덕성을 공격하는 프랑스 가톨릭교회를 향해서 여성의 화장, 지나친 장식이나 의상 등 사치를 금하는 보수적인 내용의 설교를 의도적으로 끼워 넣었을 상황도 배제할 수 없다. 프랑스의 국왕과 가족관계에 있는 마그리트 앞으로 보낸 당테레의 편지에 자신의 신학 사상을 따르는 프랑스인을 염려하여 서문에 자신의 설교를 삽입하였을 가능성이 있다. 그리고 프랑스의 상황이 위급한 상황임을 인식한 칼뱅이 휴거노트들을 위로하고, 또한 당테레에 의해서 정리된 신학적인 내용을 지지한다는 입장을 표명함으로써 그들에게 교리를 교육하기 위함일 수도 있다는 상황은 쉽게 이해가 된다. 즉, 이 편지가 출판되는 시점에 1561년은 프랑

---

7) 1557년에서 1562년 사이에는 프랑스는 휴거노트(Huguenot)들에 대한 종교적인 학대가 심각해지기 시작하였다. 1557년 9월 4일 생 자크(Saint-Jacques) 거리에 있는 가정에 모여 성경공부를 한 400명 정도의 휴거노트들을 가톨릭을 따르는 파리 시민들이 잡아서 처단하는 사건이 있었다. 이 결과 휴거노트들은 대형모임을 피하고 소모임으로 모이기 시작하였다. 이러한 위험한 분위기는 결국에는 1971년 8월 휴거노트들에 대한 성 바소로메오(Saint Bartholomew)의 대학살로 연결되었다(Babara B. Diefendorf, 1991).

스에게 칼뱅의 입장을 따르는 휴거노트들에게 매우 불안한 시기라는 점을 고려한다면 이를 긴급한 상황으로 설정한 칼뱅의 의도를 이해할 수 있다. 그리고 칼뱅은 검소함과 관련된 설교를 여성만이 아니라 1558년 10월에 안수 의식에서 비용을 절감할 것을 골자로 하는 글을 유포하였다(Alan Hunt, 1996). 사치를 금하는 칼뱅의 주장은 파리에서보다 제네바에서 훨씬 더 많은 영향력을 미치게 되었다. 그리고 당테레의 편지의 서문에서 칼뱅은 사제의 안수식에서의 검소함을 여성의 검소함이라는 주제로 변형하여 설교하고 있다고 볼 수도 있을 것이다. 그리고 칼뱅은 공공의 장소에서 여성이 침묵을 지켜야 한다거나 또는 여성이 남성보다 창조의 질서에서 남자보다 열등하다는 내용을 전혀 언급하고 있지 않고 있음을 발견할 수 있다. 서문의 주요 내용은 여성들의 화장이나 지나친 장식에 대하여 금하는 내용의 설교였다. 다시 설명하면 편지의 서문에서 칼뱅은 이미 사제나 목사 안수 의식에서 검소함을 강조하였기 때문에 사치를 피하고 검소함을 강조하는 설교가 반드시 여성에게만 적용된다고는 볼 수 없다.

이처럼 당테레의 편지의 서문에 자신의 설교를 삽입한 칼뱅의 입장을 다양한 각도에서 설명할 수 있겠으나, 여성에 대한 칼뱅의 기존 해석에 대해서 새로운 해석의 지평을 제시할 수 있다고 할 수 있다. 칼뱅은 여성의 지도력을 구원을 위한 본질적인 문제가 아닌 교회의 정치적인 측면이 부각된 아디아포라(adiaphora)라는 입장으로 설명하였고, 위급한 상황에서 기존의 사회적인 규범을 넘어설 수 있음을 현실적으로 보여 주는 것이라고 할 수 있다.

4. 칼뱅이 사용하고 있는 아디아포라라는 개념과 여성

칼뱅은 아디아포라라는 단어를 여성지도력과 관련하여 사용하고 있다(Comm. 1 Cor. 14:35(CO 49.: 533). 이 단어는 스토아 철학자들에 의해서 삶을 위해 본질적으로 중요한 도덕적인 문제에서 벗어난 것을 지칭할 때 사용되었다. 스트리트에 따르면 이 단어가 교부들의 사용을 거치면서 의미가 기독교적인 입장으로 전환되었다고 주장하고 있다. "점차적으로 강조점은 스토아 철학자들이 말하는 세상의 현명한 사람들의 삶을 위한 비본질적인 의미에서가 아니라 영혼의 구원을 위해서 비본질적인 의미에서 이 단어가 사용되고 있었다(Thomas W. Street, 1954: 27)." 보엔에 따르면 칼뱅은 구원을 위해서 반드시 필요한 교리, 구원을 위해서 본질적이지는 않으나 중요한 것, 그리고 성경에 명령이나 금기사항으로 언급되지 않은 규범들로 나누어 설명하고 있다. 그리고 보엔은 세 번째 범주를 아디아포라 개념으로서 '무관한'이라는 범주로 설명하였다고 주장한다. 예를 들면 제복을 입는 것은 이 범주에 속하게 된다. 그러나 성례의 경우는 구원을 위해서 본질적인 것은 아니지만 아디아포라라고 처리할 수 없기 때문에 본질적인 차원과 아디아포라 사이에 중간적 차원으로 볼 수 있다(David A .Bowen, 1985: 148). 보엔이 본질적인 것과 아디아포라 사이에 중요한 것의 범주를 넣은 것을 높이 평가함에도 불구하고, 이렇듯 범주를 나누고 있는 것은 칼뱅의 생각이라기보다는 보엔의 입장이라고 할 수 있다. 왜냐하면 칼뱅은 본질적인 것과 아디아포라에 대해서는 언급하지만 그 중간으로서의 중요한 범주에 대해서 언급하지 않고 있기

때문이다. 다시 설명하면 칼뱅에게 있어서 아디아포라라는 개념
은 쉽게 변할 수 있는 차원이 아니라 예외적인 경우에 허용되는
중요한 범주라고 설명하는 것이 더 적합한 해석이라 할 수 있다.
여성지도력은 창조의 질서에 관계한 중요하고 쉽게 변화될 수 없
는 영역이지만, 시급한 사역을 위해서 필요한 경우 예외를 인정
할 수 있는 영역이라고 할 수 있다.

　　　보엔의 입장과는 상관없이 여성이 공식적으로 가르치는 것
과 베일을 쓰는 문제에 대해서 칼뱅은 아디아포라라는 단어를 적
용하고 있다. 동시에 칼뱅은 고린도전서 14:34의 주석에서 "교회
에서 가르치는 지위는 감독을 하는 것을 의미하기 때문에 이는 복
종을 해야 하는 존재에게는 해당될 수 없다. 진실로 교회의 구성
원 중에 한 사람에게 연결되어 있는 여성이 모든 교회의 사람들
을 돌봐야 하는 가르치는 지위를 가진다는 것은 적합하지 않다고
할 수 있다(Calvin, Commentary on the Epistles of Paul the Apostle to the Corinthians:
467 - 469)."하고 했다. 여성이 교회에서 가르치는 위치는 한 남성에
게 복종해야하는 위치와 상충되기 때문에 적합하지 않다는 점은
칼뱅에게 있어서 개별성보다는 보편성을 지닌 것으로 보인다. 그
러나 다음 절에서 칼뱅은 여성들에게 성경에 대해서 이해되지 않
는 부분이 있을 경우, 그리고 남편이 이에 대해서 충분한 지식을
갖추지 못할 경우 물어서 알 수 있도록 하며, 이를 아디아포라라
는 범주로 설명하고 있다(1 Cor. 14: 35). 같은 문제에 대해서 칼뱅은
『기독교강요』에서 여성이 침묵을 깨고 큰 음성을 내어야 할 부분
에 대해서 몇 가지 예를 지시하고 있다. 여기서 칼뱅은 종교, 인류
를 위한 것, 정숙의 규율과 같은 풍습을 예외적인 영역으로 시급

한 상황에서 여성에게 가르칠 수 있는 권한을 주는 것을 교회의 구성원들의 합의를 통해서 이루어진 것으로 보면서, 이를 아디아포라라고 언급하고 있다.

자유 인식을 통해서 확정된 교회의 의식을 지키는 것은 모든 기독교인의 의무이다. … 우리를 묶는 고정된 영원한 법률이란 없다. 그러나 인간의 연약함을 위한 외적인 원리는 존재한다. 비록 우리 모두가 그들을 필요로 하지 않을지라도 우리 모두는 이를 사용하는데, 왜냐하면 우리는 상호 서로에게 묶여 있으며 서로가 사랑으로 권면해야 하기 때문이다(Institute 4.10, 31).

여성이 베일을 쓰는 문제와 침묵해야 하는 것은 외적인 원리로서 여성의 개인적인 선택의 문제라고 보기 어렵다. 칼뱅은 이를 구원을 위해서 본질적인 문제로도 취급하지 않고 있다. 다시 설명하면 여성이 베일을 쓰거나 침묵을 지키는 것은 상호 자유의지를 통해 화합을 위해서 도출된 상호 동의하는 원리로 이해될 수 있다. 그리고 칼뱅은 자신의 작품 어느 곳에서도 여성의 복종이 구원을 위해서 필요하다는 것을 언급하지 않는다. 또한 칼뱅은 시급한 상황의이 경우에 설교자로서의 여성의 지도력을 허락하고 있다. 예를 들면 능력을 갖춘 남성이 없을 경우 아직 조직화되지 않은 교회에서 여성은 공공의 장소에서 가르칠 수 있다는 것이다. 그러나 이런 경우는 영원한 것은 아니며 일시적인 것임을 동시에 언급하고 있다(Calvin, Comm. 1 Cor. 14: 34). 여기서 보엔이 아디아포라를 개인적인 선택의 문제로 해석한 것이 적합하지 않음을 알 수 있는데, 분명하게 칼뱅은 이 개념을 개인적인 선택의 문제로 정의하기보다는 상호 동의하는 외적인 중요한 원리로 이해하고 있음을 볼 수 있다.

칼뱅에게 있어서 여성의 침묵은 구원을 받는 데 필요한 본질적인 요소는 아니지만 문화적인 다양성으로 쉽게 변화될 수 있는 부분도 아니다. 칼뱅은 여성의 침묵을 보편성과 지역적인 다양성을 동시에 포함하는 개념으로 이해하였다. 바울의 명령처럼 여성의 침묵은 보편성을 지니지만, 위급한 상황이라는 특수성이 적용되는 지역적인 다양성을 동시에 인정한다는 것이다. 다시 설명하면 여성의 침묵은 아디아포라로, 이는 문화적인 다양성 때문에 쉽게 변화시킬 수 있는 요소가 아니라는 것이다. 아디아포라라는 용어는 항상 존중되어 지켜야만 하는 보편성을 지니지만, 위급한 상황이라는 예외를 통해서 교회의 협력의 과정을 거쳐서 규율의 예외를 인정하는 범주로 보는 것이 적합할 것이다. 칼뱅은 스스로 아디아포라에 대해서 다음과 같이 설명하고 있다. "왜냐하면 그는(바울은) 구체적으로 아무것도 가르치지 않았다. 그리고 이러한 것은 구원을 위해서 필요한 것이 아니며 교회를 세우기 위해서 각각의 나라와 세대들의 풍습을 다양하게 수용해야만하기 때문에 이러한 것은(교회의 유익을 위해서 요구되는) 새로운 것을 정착하기 위해서 전통적으로 실천된 것을 변화시키거나 폐기할 수 있다(Institutes 4.10, 30)." 이 부분을 이해함에 있어서 주위를 요하는 점은 칼뱅이 교회의 유익을 위해서라는 전제를 사용한다는 점이다.

칼뱅은 남성에 대한 여성의 복종을 '천국에서 사라지게 될 세상적인 것의 한 부분(Serm. 1 Cor. 11:4 – 10(CO 49: 728)'이라 설명하고 있다. 계속해서 칼뱅은 비록 예외적으로 베일을 쓰는 문제나 특별

한 경우에 여성지도자들이 남성을 가르치는 역할을 할 수 있음을
이야기하지만, 이러한 것이 '자연의 질서'나 '세상의 법'을 파괴하
지는 않는데 왜냐하면 "모든 여성은 남성에게 복종하도록 태어났
기 때문이다(윗글)."

　　칼뱅은 다음과 같이 설교를 하고 있다. "하나님께서는 이
세상이 끝날 때까지 지켜야 하는 파괴할 수 없는 법을 만들어 놓
으셨다. 남성이 여성의 머리로 창조되었기 때문에 여성은 남성의
한 부분이기 때문에 우리는 이 규칙을 따라야 하고 그것이 크든
작든 기독교인들에게 이것을 지키도록 권고해야 한다[Serm. 1 Tim.
2:13-15(CO 53: 224)]." 칼뱅에게 있어서 여성이 남성에게 복종해야 하
는 것은 창조의 질서이며 이를 인간이 쉽게 파기할 수 없음을 말
하였다. 그리고 이러한 질서는 위급한 상황에서만 예외로 인정한
다는 것이다.

5. 16세기 여성지도자들과 칼뱅의 아디아포라

　　칼뱅이 아디아포라를 통해서 보편성을 지닌 규범과 실제적
인 여성지도력의 관계를 어떻게 다루었을까?[8] 여성지도력과 관
련된 이러한 두 개의 요소는 칼뱅에게 있어서 다양한 해석의 가
능성과 논쟁의 대상이 되었다. 칼뱅의 입장을 이해하기 위해서는

---

8)　칼뱅이 여성에게 취한 이중적 입중은 단순하게 여성지도력에 대한 것만은 아니다. 포터(Mary
　　Potter)는 칼뱅에게서 여성과 남성의 관계를 하나님에 대한 인식(cognitio dei)과 인간에 대한 인
　　식(cognitio hominis)이라는 이중적 구조로 설명하고 있다(Potter, 1980: 92).

16세기라는 상황 안에서 여성지도자들에 대한 이해가 필요하다고 하겠다. 이에 대해서 더글러스는 다음과 같이 주장하고 있다. "칼뱅은 여성의 복종이라는 일반적인 규칙에 대해서 예외라는 가능성을 열어 놓았고 이는 미래를 위해서 가장 중요한 변화를 가능케 하는 선구자적 역할을 하게 되었다(Douglass, 1985: 104. 121)." 선선행연구 부분에서 이미 언급한 것처럼 더글러스가 아디아포라는 개념이 칼뱅에게 있어서는 현실성이 없는 이상적인 이론에 지나지 않는다는 비판을 한 것을 볼 수 있다.

그러나 칼뱅에 대한 더글러스의 비판은 공정하다고 생각되지 않는다. 왜냐하면 칼뱅의 입장은 당시의 상황 안에서 도출되었기 때문이다. 칼뱅은 아디아포라는 개념을 통해서 구체적인 복종의 표현을 포함하면서 동시에 하나님께서는 예외적인 경우에 이러한 보편의 규칙을 파기하실 수 있음을 강조하였다. 그러나 이러한 예외적인 경우가 규칙을 깨거나 우리로 하여금 새로운 규칙을 만들도록 허락하는 것은 아니다. 분명한 것은 구원의 교리라는 차원에서 볼 때 여성의 복종이라는 문제는 상대적인 것으로 취급될 수 있다. 칼뱅에게 있어서 여성이 남성에게 복종해야 한다는 규율은 현재의 인간관계에서는 존재하지만 하늘나라에서는 허물어지게 될 것이다. 칼뱅은 고린도전서 11장 4-10절에 대한 설교를 하면서 인간과 하나님의 근원적인 관계 안에서 모든 구성원은 동일하며 사회적인 또는 성에 따른 차등이란 없다고 주장하였다.[9] 그리고 칼뱅에게 있어서 아디아포라는 이론적으로만 존

---

9) "짧게 말해서 여성이나 남성이 더 이상 존재하지 않거나 한 사람이 다른 사람보다 더 높음이 없
　 는 조건이 없이는 우리는 예수그리스도에 속한 사람도 하나님의 자녀도 될 수 없다. 분명한 것

재하는 것을 의미하지도 않았다. 이러한 특징은 1559년 이후 칼뱅이 그의 인생의 후반부에 예외적인 경우 인정되는 여성지도력의 모형을 16세기 안에서 찾아냄으로써 드러나게 된다.

1561년에 당테레의 편지에 서문을 삽입하기 전에 1559년에 칼뱅이 세실(William Cecil)에게 보낸 편지에서 칼뱅이 직위 1년된 엘리자베스 여왕의 지도력에 대해서 극찬하는 것을 발견할 수 있다(Calvin to Cecil(May 1559; CO 17: 490-492, #3036).[10] 이 편지에서 칼뱅은 여성이 나라의 통치자로서 혈통을 이어받는 것이 정당하다고 주장하였다. 그는 계속해서 여왕을 '교회의 돌보는 어머니'라는 표현을 사용하기도 하였으며 그녀를 다른 사적인 여성들과 구별하는 것을 볼 수 있다. 그러나 칼뱅이 불링거(Bullinger)에게 1554년에 보낸 편지에서는 입장이 전혀 다르다는 사실이다. 그는 편지에서 "여인을 통한 정치는 … 하나님이 다스리는 정치로 전복될 때까지 계속해서 존재하게 될 폭력과 같은 것"이라고 기록하였다(Calvin to Bullinger, 3 May, 1554)(Calvin to Cecil, May, 1599). 칼뱅이 1554년에 쓴 편지에서는 여성지도력을 부정적인 것으로 묘사하고 있다. 그러나 그는

은 하나님에게 입양된 것이며 복음의 자유가 있고 우리는 하나님에게 솔직하게 우리의 모습을 드러내고 그의 약속을 배우게 되며, 우리의 혈통이 하늘나라에게 갈 준비가 되어 있음을 의심할 필요가 없다."

10) 세실(William Cecil)은 영국의 종교개혁에서 주요한 역할을 수행한 인물이다. 엘리자베스 1세가 여왕으로 즉위하면서 칼뱅은 세실에게 두 번의 편지를 보내게 된다. 첫 번째 서신에서는 엘리자베스 여왕의 즉위는 하나님이 세우셨음을 인정하는 것이고 두 번째 편지에게는 이를 더 구체화하는 내용의 편지이다. 여기서 이러한 화해의 편지를 쓴 것은 당시 칼뱅의 동료였던 존 녹스(John Knox)가 1558년에 여성의 통치를 비난했던 것에 대해서 세실이 엘리자베스 여왕이 심적으로 불편해한 것에 대해서 편지를 보냈고 그에 대한 답장이면서 동시에 자신의 입장을 변호한 것이라 할 수 있다. 당시 존 녹스의 논문 "The first blast of the trumpet against the monstrous regiment of women"으로 인해서 입장이 난처해진 칼뱅이 이 글이 자신과 관계가 없음을 밝히기 위해서 해명의 편지를 썼다. 이에 대해서는 다음을 참조. Letter of John Calvin: Selected from the Bonnet Edition with an introductory biographical sketch: 206-208.

1559년 이후에는 이러한 여성지도력에 대해서 예외적인 경우로 인정하는 것을 볼 수 있다. 칼뱅은 자신의 고향인 프랑스에서 종교개혁 사상이 위급해지기 시작하는 시점에 당시 이념적으로 설명하였던 여성지도력에 대한 아디아포라의 모형을 16세기라는 현실에서 제시하고 있음을 볼 수 있다.

이러한 그의 입장은 16세기라는 상황에서 종교개혁 정신을 지닌 위대한 여성지도자들이 존재한 것과 연결하여 이해할 수 있다. 당테레와 엘리자베스는 당시 종교개혁 사상을 지닌 대표적인 여성지도자였다. 그리고 당시 종교개혁의 정신을 가지고 활동했던 여성 설교가로는 레베(Claudine Levet)와 젤(Katherine Zell) 등을 더 꼽을 수 있을 것이다. 칼뱅은 여성의 침묵에 대해서 다루면서 이러한 여성들의 활동에 대해서 숙지하였을 것이고 여성들에 대한 지도력을 고린도전서 14장 34절을 주석하면서 위급한 상황에서의 사역이라는 개념을 사용함으로써 해결하고 있는 것으로 보인다. 이러한 특징은 1536년 판『기독교강요』에서는 이러한 문제를 한 번 다루지만 1546년 판에서는 이 개념을 두 문장으로 늘리는 것을 통해서도 알 수 있다.

그리고 더욱이 1561년에 당테레가 죽던 해에 출판된 그녀의 편지에 자신의 설교를 서문에 올린 것을 통해서도 알 수 있다. 당테레의 편지에 서문을 쓴 것은 프랑스에서 휴거노트들에 대한 위급한 상황이 급물살을 타는 것과 자신의 탄생지인 프랑스에 대한 칼뱅의 특별한 애정과도 밀접하게 관계가 있었을 것이다. 이에 대해서 브래스델(C. J. Blaisedell)은 다음과 같이 주장하고 있다. "칼뱅이 마가리드(Marguerite de Navarre)[11], 장 달베르트(Jeanne d'Albert)와 프랑스의 르네(Renee de France)[12]와 같은 귀족 여성들에게 편지를 쓰면서 신학적인 문제에 대해서는 서로 토론하지 않았으며, 그녀들이 프랑스에서 종교개혁을 위한 대리자로 지지자로서 정치적인 역할만을 칭송했다고 밝히면서 칼뱅이 의미하는 예외적인 경우가 정치적인 영역에만 머물렀음을 비판하였다(Charmaie Jenkins Blaisedell, 1982: 74, 84). 그리고 톰슨(J. L. Thompson)도 같은 입장에서 칼뱅이 엘리자베스 1세 여왕을 예외적인 여성으로 인정하지만 그것도 정치적인 측면만이 강조되었다고 주장하고 있다(J. L Thompson, 1988). 톰슨은 이러한 측면에서 칼뱅에게 예외적인 여성은 과거나 미래로 설정되어 있었으며 16세기라는 시점에서 예외적인 여성을 인정하지 않았다고 설명하고 있다.

그러나 이러한 비판은 공정하지 않다고 생각된다. 칼뱅은 자신의 종교개혁을 지지하는 사람들에게 특별하게 신학적인 토론을 할 필요성을 느끼지 않을 수도 있을 것이다. 그리고 이미 그가 기독교강요를 통해서 중요한 본질적인 교리를 기록한 상태에서 편지에 신학적인 내용을 다룰 필요성이 있었을까? 칼뱅의 편지는 대부분 사적인 편지이거나 목회보고 등의 내용을 담고 있다. 즉, 칼뱅은 편지를 길게 쓰거나 자신의 교리를 설명하는 내용을

---

11) 칼뱅과 마거리트의 자료로는 1530년에서 1540년 사이에 두 개의 편지만이 남겨져 있다. 마거리트는 가톨릭교회 내에서의 개혁을 주장했으며 제네바에서 종교개혁이 승리하는 데 숨겨진 공로자로 알려져 있다(Blaisdell, "Calvin's Letters": 75).

12) 칼뱅은 르네와 장달레트가 칼뱅의 개혁을 따르는 목회자 프랑스 데 모렐(Francois de Morel) 사이에 교회의 여성이면서 재산의 소유권자로 참석을 원하면서 문제가 발생했을 때 1564년 1월 21일 르네에게 개인적인 편지를 보냈었다(Calvin to Renee, 8 Jan, 1564, Bonnet, Letters, 4348-4351).

담은 편지는 많지 않다. 칼뱅은 1552년 로잔에서 신학을 가르치는 다섯 명의 동료들에게 편지를 쓰면서 다음과 같이 밝히고 있다. "나는 이편지가 나쁜 사람들의 손에 들어가서 당신들을 쓰러뜨리는 데 사용될까 매우 두려운 마음으로 편지를 쓰고 있습니다(Calvin, Letter of John Calvin, 134)." 이러한 맥락에서 칼뱅에 대한 입장을 교리와 정치적인 문제로 분리하여 여성지도력에 대한 문제를 교리적인 차원이 아닌 정치적인 영역에서 설정하였다고 생각하는 것은 공정하다고 할 수 없다. 그리고 이러한 측면에 대해서 동의를 한다고 하여도 16세기라는 시점을 고려한다면 가톨릭교회와 종교개혁자들이 여성의 대외적인 활동을 금하는 상태에서 예외적으로 여성지도력을 발휘할 수 있음을 당시의 시대에서 모형을 찾았다는 것은 커다란 성과라고 할 수 있다.

이미 더글러스가 지적한 것처럼 비록 칼뱅이 여성의 지도력에 대한 언급을 절제하였음에도 불구하고 칼뱅에게는 매우 급진적인 여성변호자로서의 입장을 취하고 있음을 알 수 있다. 그는 "칼뱅 이외에 어느 종교개혁자도 여성들이 교회에서 침묵하라는 바울의 입장을 합의에 의해서 변화를 할 수 있도록 하는 아디아포라라는 개념으로 설명하지는 않았다(Douglass, 1985: 106)."

칼뱅은 여성들의 사치를 금하고 화장을 하나님의 창조물에 대한 죄라고 해석하는[13] 보수적인 입장을 유지하면서 동시에 당테레의 편지에 자신의 설교를 삽입함으로써 여성지도력을 긴

---

13) 칼뱅에게 있어서 여성이 검소해야 하는 것은 일관성을 지닌 입장이라고 할 수 있다. 그는 자신의 아내감에 대해서 파렐(Guillaume Farel)에게 편지를 보내면서 낭비가 없는 사람이어야 함을 언급하고 있다(Calvin, 1972: 24).

급한 상황에서 인정하는 것을 보여주고 있다. 그러나 아디아포라라는 개념이 긴급한 상황에서 여성의 지도력을 인정하는 것이라면 실제적으로 교회 안에서 여성의 지위나 지도력에 어떠한 영향을 줄 수 있었는가는 시험해 보아야 할 것이다. 긴급한 상황이라는 예외적인 규정이 일반적으로 여성의 지도력을 허락하는 가능성을 위한 여지를 남겨 놓느냐는 것이다. 물론 긴급한 상황이 융통성 있게 해석할 수 있는 여지가 있음에도 불구하고 여전히 칼뱅에게 있어서 긴급한 상황으로 설정된 여성지도력은 일반적인 상황이라기보다는 예외적인 상황이라는 점을 감안한다면, 여성지도력에 대한 그의 입장은 일반적인 능력을 갖춘 여성에게는 여전히 소원한 문제라는 측면도 내포하고 있다.

6. 나오는 말

칼뱅은 16세기라는 시점에 여성지도력을 아디아포라라는 그리스 철학자들의 용어를 사용하여 설명하고 있다. 여성이 교회에서 베일을 쓰고 침묵을 지키라는 것은 구원을 위해서 본질적인 요소가 아니라 아디아포라의 범주에 속하게 된다. 필자의 연구를 통해서 기존의 학자들이 이를 자유로운 선택의 문제로 취급한 것과는 달리 칼뱅은 이 개념을 쉽게 변화시킬 수 있는 개념이 아니며, 합의를 통해서 예외적인 긴급한 경우에 여성들에게 지도력을 인정하는 것을 의미함을 알 수 있었다. 그리고 칼뱅은 1559년에서 1561년에 보수적인 남성들로부터 공격을 받았던 당테레가 마가리트에게 쓴 편지의 서문에 자신의 설교를 삽입하여 인쇄함으로써 그녀의 지도력을 인정한 것을 알 수 있다. 이러한 태도를 통해서 칼뱅은 아디아포라의 표본으로서 여성지도자를 당시의 시대적인 상황에서 찾음으로써 이 개념이 개념적으로만 존재하는 것이 아님을 보여 주고 있다. 당시 파리의 상황은 휴거노트들을 대량 학살로 몰아가는 분위기가 급물살을 띠고 있었기에 실제로 예외적으로 어려운 상황이었음이 틀림없다. 그뿐 아니라 엘리자베스 여왕의 신복 세실에게 보낸 두 번의 편지에서 그녀의 지도력이 하나님이 부여하신 것임을 강조함으로써 자신의 입장을 변호하는 것을 볼 수 있다.

칼뱅에게 있어서 아디아포라의 개념은 남녀의 평등과 여성지도력을 제한하고 있다는 상충되는 개념을 해결하는 열쇠가 되기도 하였다. 그에게 있어서 아디아포라는 합의를 통해서 도출된 관습을 임의로 변화시킬 수 있다는 것이 아니라 긴급한 상황에 예외적으로 관습을 넘어설 수 있음을 뜻하는 것임을 알 수 있다. 칼뱅은 여성지도력을 긴급한 상황에 예외적으로 인정함으로써, 여성이 지도력을 발휘할 수 있는 가능성을 제시하지만, 동시에 긴급한 상황으로 제한함으로써 일반적인 상황에서도 여성이 지도력을 발휘할 수 있는가라는 한계를 동시에 지니고 있음을 알 수 있었다. 그럼에도 불구하고 복음을 위해서 반드시 필요한 상황이라는 그의 전제는 상황에 따라 다양한 해석의 가능성을 지닌다고 할 수 있다. 물론 16세기라는 시점에서 칼뱅이 제시한 여성지도력에 대한 인정이 현대적 시각에서는 제한점을 지니고 있지만, 칼뱅에게 있어서 아디아포라의 영역에 속하는 여성지도력은 개념적이거나 이상적인 영역이 아니라 현실성을 띤 것임을 본 연구를 통해서 알 수 있다.

참고문헌

Calvin, John, *Ioannis Calvini opera quae supersunt omnia.* 59 vols. Ed. G. Baum, E. Gunitz, and E. Reuss. Vols. 29–87 of Corpus Reformation. Brunswick and Berlin: Schwetschke, 1863–1900. Reprint, New York: Johnson Reprints, 1964.

______, *Letters of John Calvin* 전 2권(Jules Bonnet 엮음)(New York: Lenox Hill, 1972)[1858].

______, *"Preface to a sermon" in Epistle to Marguerite De Navarre* by Marie Dentiere(Mary B. McKinley 옮김)(Chicago: University of Chicago Press, 2004).

______, *Institutes of Christian Religion*(Ford Lewis Battles 옮김/John T. McNeill 엮음)(Philadelphia: Westminster Press, 1960).

Christine de Pizan(1365–1431). *The Book of the City of Ladies*(Earl Jeffrey Richards 옮김/Marina Warner 머리말)(New York: Persea Books, 1982).

Dentiere, Marie. *Epistle to Marguerite De Navarre*(Mary B. McKinley 옮김)(Chicago: University of Chicago Press, 2004).

Bieler, Andre, *L'Homme et la femme dans la morale calviniste*(Geneve: Labor et Fides, 1963).

Blaisdell, Charmarie Jenkins, "The Matrix of Reform: Women in the Lutheran and Calvinist Movements," Richard Greaves(엮음), *Triumph over Silence: Women in Protestant History*, 13–44.(Contributions to the Study of Religion, 15호. Westport, Connecticut: Greenwood Press, 1985).

______, "Calvin's Letters to Women: The Counting of Ladies in High Places," *Sixteenth Century Journal*, 13권 3호(1982).

______, "Religion, Gender, and Class: Nuns and Authority in Early Modern France," Michael Wolfe(엮음), *Changing Identities in Early Modern France*(Durham: Duke University Press, 1999).

Bowen, David Anderson, "John Calvin's Ecclesiological adiaphorism: Distinguishing the 'Indifferent,' and 'Essential,' and the 'Important,' *His Thought and Practice*, 1547–1559"(Ph.D. Dissertation, Vanderbilt University, 1985).

Davis, Natalie Zemon. "City Women and Religious Change," *Society and Culture in Early Modern France*(Stanford: Stanford University Press, 1975).

DeBoer, Willis P. "Calvin on the Role of Women," David E. Holwerda(엮음), *Exploring the Heritage of John Calvin*(Grand Rapids: Baker, 1976).

Diefendorf, Barbara B., *Beneath the Cross: Catholics and Huguenots in Sixteenth–Century Paris*(New York: Oxford University Press, 1991).

Douglass, Jane Dempsey, "Marie Dentiere's Use of Scripture in Her Theology of History," Mark Burrows/Paul Rorem(엮음), *Biblical Hermeneutics in Historical Perspective: Studies in honor of Karlfried Froehlich on his Sixtieth Birthday*(Grand Rapids: Wm B. Eerdmans, 1991).

______, Women, Freedom, and Calvin(Philadelphia: Westminster Press, 1985).

Green, Lswell, "The Education of Women in the Reformation." *History of Educational Quarterly*, 19권 1(1979).

Head, Thomas. "Marie Dentiere: A Propagandist for the Reform." Katharina M.

Wilson(엮음), *Women Writers of the Renaissance and Reformation*(Athens: University of Georgia Press, 1987).

Hunt, Alan. *Governance of the Consuming Passion: A History of Sumptuary Law*(New York: Martin's Press, 1996).

Kelly, Joan. "Early Feminist Theory and the Querelle des Femmes, 1400–1789," *Signs* 8(1982).

Mancha, Rita, "The Women's Authority: Calvin to Edwards." *The Journal of Christian Reconstruction*, 6권 2호(1979–1980).

Potter, Mary, "Gender Equality and Gender Hierarchy in Calvin's Theology," *Signs 2권* (1986).

Roper, Lyndal, *The Holy Household: Women and Morals in Reformation Augusburg.*(Oxford: Clarendon Press, 1989).

Street, Thomas Watson, "*John Calvin on Adiaphora: An Exposition and Appraisal of his Theory and Practice*"(Ph.D. Dissertation, Union Theological Seminary, New York, 1954).

Thompson, John Lee, *John Calvin and the Daughters of Sarah: Women in Regular and Exceptional Roles in the Exegesis of Calvin*, His predecessors, and His Contemporaries(Geneva: Librairie Droz S.A., 1992).

______, "Creata and imaginem Dei, licet secundo gradu: Woman as the Image of God according to John Calvin," *Harvard Theological Review*, 81권(1988).

Wallace, Ronald S.,*Calvin's Doctrine of the Christian Life*(Edinburgh: Oliver and Boyd, 1959).

이필은 나사렛대학교 기독교학부 교수 _pileun@hotmail.com

연세대학교에서 기독교교육학 전공으로 신학 박사학위를 받았으며, 현재 나사렛대학교 기독교학부 교수로 있다. 발표한 글로는 "중세 여성 종교운동에 대한 사제와 신학자들의 반응,"「한국서양중세연구」(2008), "16세기 스페인 여성종교가와 가톨릭교회의 개혁,"「사회이론」(2007), "19세기 영국 기독교사회주의 대한 이해: 박스의 종교개혁에 대한 이해를 중심으로,"「현상과인식」(2007) 등 다수가 있다. 현재는 중세의 이디시 문학과 여성정체성에 대한 학문적 관심을 가지고 있다.

제**3**부
칼뱅주의와 한국 사회

조선에 온 칼뱅주의 구학파 : 그 역사변혁의 파괴력

칼뱅, 축자영감설의 창시자인가? : 칼뱅과 칼뱅주의자의 연속성과 불연속성

칼뱅주의와 1953년 한국 장로교 분열 과정에 대한 문화사회학적 연구

조선에 온 칼뱅주의 구학파
: 그 역사변혁의 파괴력

박정신 _ 숭실대학교 기독교학과 교수

1. 머리글

　　다른 역사연구에서도 그러하지만, 특히 '사상의 사회사' 연구에서는 어떤 사상의 텍스트(text)와 콘텍스트(context)를 함께 이어 유달리 중요하게 다룬다. 어떤 사상의 텍스트 그 자체가 역사 변동에 이런저런 영향을 끼치고 역할을 하지만, 같은 텍스트가 지니는 의미는 콘텍스트의 다름에 따라 달리 기능하고 다른 의미를 지니기 마련이다. 그래서 같은 텍스트라도 그 텍스트가 만나는 콘텍스트와 이어서 역사의 뜻을 새겨야 한다. 이 경우에도 그 텍스트를 가지고 있는 개인이나 집단의 사회적 · 경제적 · 정치적 자리의 다름이 중요하게 다루어져야 함은 물론이다. 같은 텍스트를 지닌 개인이나 집단이 같은 콘텍스트에서 삶을 꾸리더라도 개인이나 집단이 처한 사회에서의 자리의 다름에 따라 역사 변동에 있어서 그 텍스트의 기능이 달라지기 때문이다. 그래서 새로운 '사상의 사회사'에서는 텍스트와 콘텍스트, 그리고 그 텍스트를 가지고 있는 이들이나 집단(agents 또는 carriers)을 함께 이어 텍스트를 읽고자 한다.[1]

　　종교개혁가 칼뱅이 이 세상에 태어난 지 500주년이 되었다 해서 신학을 포함하는 인문사회학계가 전 지구적으로 야단이다. 기독교가 세계종교인 까닭에, 그리고 칼뱅의 사상이 기독교에 끼친 영향이 지대한 까닭에 그럴 것이다. 특히 장로교가 주류를 이루고, 다른 교파들도 장로교 전통과 관행을 모방하는 한국 기독교 이곳저곳에서는 요란스럽게 경쟁적으로 칼뱅을 다루는 모임이 한창이다. 보기를 들면 『기독교사상』 2009년 5월호 특집은 칼뱅 탄신 500주년을 기념하는 글들을 기획하고 실었다.

　　앞서 말한 바와 같이 나는 미국을 통해 들어온 칼뱅주의, 특히 그 구학파가 한국적 상황에서는 어떠한 사회역사적 역할과 기능을 하게 되었는지, 교회 안의 사람이 아니라 교회 밖의 사람으로서 역사학에 기대어 살펴보려고 한다. 당연히 사상의 사회사적 시각에서 말이다.[2]

　　칼뱅주의자들은, 인간은 전적으로 타락하여 스스로 구원받을 수 없고 오로지 하나님의 은총과 선택으로 구원받을 수 있다

---

1)　나는 복잡한 역사 현상에 대한 인식, 특히 사상의 사회사적 인식에 있어서 텍스트를 중히 여기되, 이를 콘텍스트와 이어서 새겨어야 한다고 여러 번 주장한 바 있다. Chung-shin Park(1993); 박정신(1993); Chung-shin Park(2003); 박정신(1997); 박정신(2004); 박정신(2007); 박정신(2007). 내가 써서 발표한 위의 글들에 더하여 Wood(1979), 27-41쪽도 볼 것. 나는 이 논문을 우리말로 옮겨 소개한 적이 있다(우드, 1994: 129-141).

2)　교회 안의 사람의 눈으로 칼뱅주의가 이 땅에 소개된 경로 및 영향, 그 역사에 대해 연구한 글로는 이오갑(2009), 22-31; 이상규(2009), 249-280; 장동민(1998); 신종철(2003)을 볼 것. 내가 굳이 '교회 밖'을 강조하는 이유는, 소위 교회사학자들의 역사 인식, 곧 지나치게 편협하고 당파적인 역사 인식이 불편하기 때문이다.

고 생각하는 이들이다.[3] 믿음으로 구원받는다는 것도 칼뱅주의
자들은 인정하지 않는다. 믿는다는 것은 본질상 인간의 노력인데,
타락하고 부패한 인간이 아무리 노력해보았자 구원에 이르기는
역부족이라는 것이다(윗글, 중권: 제3권 제1장과 2장). 이들에게 구원은 오
로지 하나님의 은총이고 전적인 선택의 문제다.[4]

　　미국에 이식된 칼뱅주의는 이런저런 역사를 거치면서 구학
파와 신학파로 나뉘어 쟁투하였다. 본래 칼뱅주의는 이른바 제네
바 성시화(聖市化)운동에서 알 수 있듯이, 사회개혁에 지대한 관심
이 있었고, 또 이를 과격하게 실천하는 것을 신정정치로 이해하였
다(Wallace, 1990: 127). '미국 건국의 주인공'들이 하나님으로부터 '광
야로 부르심(errand into wilderness)'을 받아, 구대륙을 떠나 신대륙에
와서 '언덕 위의(거룩한) 도시(a City upon a hill)'를 건설하여 모든 족속
이 우러러보도록 해야 한다는 강한 종교적 소명의식을 가진 것도
칼뱅적인 신앙의 발로였다(Hutchison, 1987: 1-14, 91-124; Roberts/Olson,
1990: 2). 또한 막스 베버가 정확히 관찰했듯이, 미국의 자본주의 경
제문화 속에 자리 잡은 '금욕적 프로테스탄티즘'은 칼뱅의 직업
소명론이 적극적으로 내면화된 증거다(Weber, 1958: 4장, 특히 98-128).

　　그러나 미국의 칼뱅주의 구학파는, 계몽사상과 역사학파의
영향을 받아 고등비평에 터한 자유주의 신학이나 또 그러한 학
풍에 어느 정도 개방적인 태도를 취하는 칼뱅주의 신학파의 거센
도전 앞에서 더욱더 교리와 개인구원에 몰두하고 교회 안의 문제

---

3)　소위 칼뱅신학의 핵심이라고 할 수 있는 '예정론'과 '섭리론'에 대해서는 칼뱅(2003)의 상권과
　　중권 볼 것.

4)　조선에 온 선교사들의 칼뱅신학 이해를 보려면, 함일돈(Hamilton, 1937/9: 19-23); 함일돈
　　(1937/11: 21-23)을 볼 것.

에 몰입한 나머지, 칼뱅주의가 원래 지니고 있는 세상과의 맞섬이
나 변혁의 동력을 잃어버리고 말았다. 그리고는 모든 열정과 에
너지를 교회 안으로 돌려 개인구원을 강조하고 남부 노예제도를
옹호하면서 기존질서에 안주하는 보수적 모습을 가지게 된다. 반
면 신학파는 고등비평에 기대어 성서를 해석하면서 산업화와 도
시화에 따른 여러 사회문제에 관심을 가졌다(Smylie, 1966: 9장; 신종철,
2003: 25－62).

　　19세기 초·중반의 산업화와 도시화로 신흥도시에 대학들
이 들어서고, 새 시대가 요구하는 인재 양성을 꾀한다는 명분으
로 신흥부자들이 '부의 복음(the Gospel of Wealth)'을 좇아 이미 설립된
대학에 기부하거나 자기들의 연고지에 아예 대학을 세우게 된다.
그리하여 19세기 미국은 교육의 확장기에 들어서게 되었다. 이렇
게 세워진 신흥대학을 졸업한 새로운 중산층의 젊은 지식인들이
새 시대에 새로운 역할을 찾아 나섰는데, 그 중에서 젊은 기독교
지식인들은 이러한 흐름을 타고 당시 열기를 더해가던 세계선교
에 관심을 가지게 되었다. 신흥 중산층 자녀들의 세계선교 운동에
대한 관심은 미국의 세계선교 열기를 부추겼다(박정신, 2004: 75－91, 특
히 77－80; 류대영, 2001: 41－47).[5] 물론 이 열풍의 밑바닥에는 미국 건국
의 주인공들인 청교도들의 광야로의 부르심, 그리고 사명감, 미국
특유의 개척정신, 이것이 산업화와 태평양 연안 국가가 된 역사
와 어우러져 나온 미국 특유의 제국주의와 이어져 있음은 물론이
다(박정신, 2009: 9－36, 특히 19－25).[6]

―――――――――――――

5)　이 글은 나의 논문집(박정신, 2007)에도 실려 있다.
6)　이 글은 나의 논문집(박정신, 2007)에도 실려 있다.

　　그래서 미국의 기독교가 조선에 들어왔다. 그 기독교는 칼뱅주의, 특히 구학파의 영향아래 있던 이들이 조선에 온 선교사의 대다수를 점하고 있었기에 그들의 '기독교'가 소개되고 이식된 것이다. 19세기 후반 미국 세계선교 운동을 기획하고 추진한 주역 가운데 한 사람인 스피어(Robert E. Speer)의 말처럼 '하나의 훌륭한 영적 제국주의(the find spiritual imperialism)'가 뒤늦게 제국주의 대열에 뛰어든 미국발 제국주의의 물결을 타고서 말이다(Hutchison, 1987: 97).

　　평양 장로회 신학교의 거의 모든 교수들과 최초의 근대대학인 숭실대학의 거의 모든 교수들이 바로 이들로서, 주로 프린스턴신학교와 맥코믹신학교 출신들이다(신종철, 2003: 14).[7] 칼뱅주의 구학파의 영향 아래 있던 이들은 조선에서 자기들이 가진 신학과 신앙적 정서를 고스란히 전수하게 된다.

　　그러나 칼뱅주의 구학파라는 텍스트가 구한말 조선이라는 콘텍스트와 이어지고 그 텍스트를 조선 사람들이 가지게 될 때 그 역사적 역할이나 기능이 미국의 콘텍스트에서 미국 사람이 가지고 있었을 때의 그것과는 사뭇 달랐다. 미국에서 칼뱅주의 구학파의 역사적 기능이 산업화와 도시화를 거치면서 나온 여러 사회문제들을 '보수적으로' 바라보면서 교회 안에서 옛 교리에 집착하고 개인구원을 강조하였다. 반면 조선에 들어온 칼뱅주의 구학파는 구한말 조선이라는 역사적 콘텍스트에서 역사변혁의 동력으로 기능하였던 것이다(Chung – shin Park, 2003 ; 박정신, 1996: 107 – 114).

---

7)　1893년에서 1901년 사이에 조선에 온 선교사 40명의 신학 교육배경은 다음과 같다. 프린스턴 16명, 맥코믹 11명, 산 안셀모 4명, 유니온 3명, 기타 6명(무디 성경학교, 뉴욕 성서신학교).

2. 칼뱅주의 구학파, 조선을 만나다

미국 장로교 해외선교부 총무였던 브라운(Arthur J. Brown)은 1919년 초기 선교사들이 가졌던 신학과 신앙의 경향에 대해 다음과 같이 간추리고 있다.

> (조선) 선교활동 개시 이후 첫 반세기 동안 조선에 온 전형적인 선교사는 청교도적 사람이었다. 한 세기 전 우리(미국) 뉴잉글랜드 선조들이 한 것과 같이 안식일을 엄격히 지켰다. 춤추고 담배 피우며 카드 놀음하는 것에 예수 따르는 이들이라면 빠지지 말아야 하는 죄라고 생각하였다. 신학과 성서 비판에 있어 아주 보수적이었고, 예수 재림에 대해서는 전 천년왕국설을 매우 중요한 진리로 믿고 있었다. 고등비판이나 자유주의 신학은 위험스런 이단으로 취급하였다. … 교회는 정결한 생활을 하는 남자와 여자들로 이루어져야 한다고 생각하면서도, 사회를 정화하여 더 나은 사회환경을 만들려는 노력은 다른 데 더 유용하게 쓰여질 수 있는 시간과 힘의 낭비라고 간주하였다(Brown, 1919: 40).

이처럼 선교사들은 당시 그들의 나라 미국에서 '사회 복음(the Social Gospel)'에 대항하고 있던 청교도적 경건주의와 칼뱅주의 구학파의 신학을 19세기 말 조선에 이식시키고 있었다. 이들은 성서를 인간에게 계시된 하나님의 말씀으로서 인간의 신앙과 삶을 지배하는 불변의 법칙으로 보았다. 믿음은 전적으로 개인적 경험이며, 하나님과의 직접적이고 영적 교섭을 통해 얻게 되는 것이라고 믿었다. 이들은 전형적인 미국 칼뱅주의 구학파의 사람들로서, 개인구원을 강조하고, 세상을 바꾸려 하거나 이 세상에 하나님의 나라를 세워보려는 것을 '시간과 힘의 낭비'라고 믿는 이들이었다. 그러한 믿음의 자명한 결과로, 이들은 신학을 자유주의화하거나 복음의 사회적인 면을 강조하며 산업화와 도시화가 몰고 온 시대적 요구에 부응하려는 미국 칼뱅주의 신학파의 사람들을 비판하였다. 이른바 자유주의 신학자 사이에 파고든 이론과 성서고등비평 따위는 신앙 그 자체를 파괴하는 것으로, 사회문제에 대한 '사회복음'적 관심과 행동을 이단시하였다(Brown, 1919: 여러 곳 볼 것).

평양 장로회 신학교에서 조직신학을 가르친 선교사, 프린스턴 구학파에 속한 레이놀드(W. D. Reynolds)의 고백에서 우리는 초기 선교사들의 신학에 영향받은 초기 조선 기독교인들의 칼뱅주의 구학파의 신앙구조를 더 자세히 볼 수 있다.

> 나는 宗敎와 經典과의 關係는 絶對的이라고 본다. 如斯한 見解는 심히 保守的인 것으로 非難될런지 모르나, 그러나 나의 信念을 버릴 수 없다. … 基督敎가 聖經을 버리거나 聖經을 믿지 아니하면 그때부터 基督敎가 될 수 없는 것이다. … 聖經이 변하는 때에는 宗敎도 변할 수밖에 없는 것이다. … 聖經의 文字나 絶句를 고친다든지 그 精神을 덮어놓는다든지 그 의미를 굽힌다든지 해서는 안 된다. 그 原理를 그대로 保存하고 그 精神을 그대로 發揮하지 아니하면 안 된다. … 우리는 眞理와 定說 이외에는 쓸데없는 公論, 歪曲된 神學說은 그것을 論議할 필요조차도 없다(김양선, 1956: 173 - 174).

레이놀드와 같은 초기 선교사들은, 칼뱅주의 구학파의 산실인 미국 프린스턴신학교와 맥코믹신학교에서 교육받은 이들이었다. 이들에게 훈련받고 지도받은 초기 조선 기독교인들은 칼뱅주의 구학파의 신학과 신앙을 전수받은 이들이었다.

그러나 이러한 전투적인 칼뱅주의 구학파의 신학은 당시 조선의 특수한 역사적 콘텍스트에서는 미국에서와는 아주 다른 역사적 기능과 역할을 하게 되었다. 구한말에 기독교로 개종한 조선 사람들은 유교와 다른 새로운 종교로 들어선다는 결단과 함께 앞선 서양 문명을 접하고 배우자는 뜻이 강했다. 이전에 있었던 천주교의 중국 전래나 조선 전래 때의 타협의 역사와는 달리, 구한말 개신교 선교사들은 유교적 조선의 온전한 '기독교화'를 도모하였다. 그것은 '광야로의 부르심'의 사명감에 터한 조선이라는 이방세계로의 '부르심', 바로 그것이었다. 그래서 유교사회와 맞닥뜨리는 태도와 생각이 전투적이었다. 삼종지도(三從之道)에 터한 남녀차별, 사농공상(士農工商)에 따른 불평등구조, 제사와 같은 유교적 조상숭배를 비기독교적인 것으로 단정하고 정죄하였다. 당시 기독교화라는 뜻은 기독교라는 새 종교 공동체에서는 유교적 가르침과 관행을 전투적으로 거부하거나 부정한다는 의미였다. 그 보기로 구한말에 쓰인 입교문답을 보자(Robert E. Speer의 글을 따와 옮긴 박용규, 1993: 123에 의지함).

문 : 당신은 주일을 성수합니까?

답 : 나는 학습문답교인이 된 이후 그렇게 행해왔습니다.

문 : 왜 그렇게 하셨지요?

답 : 왜냐하면 주일은 거룩한 날이기 때문입니다.

문 : 당신은 음주를 합니까?

답 : 나는 한때 술고래였습니다. 그러나 지금은 그렇지 않습니다. 이 몸은 내 것이 아닙니다. 만일 내가 내 몸을 잘못 사용한다면 나는 형벌을 받을 것입니다. …

문 : 이것들이 당신을 유혹하지 않던가요?

답 : 웬걸요. 물론 유혹하지요. 만일 내가 계속하여 성경을 읽지 않았다면, 나는 끊임없는 노름, 간음죄 등에 유혹을 받았을 겁니다.

당시 조선 사람들에게 보급된 전도책자 〈구세론〉에서도 유사한 보기가 있어, 하나 따와 본다(〈구세론〉, 15 – 17에 실린 이 글 따옴은 이만열, 1991: 223에서 그대로 빌려옴).

문 : 제사드리는 것이 마땅하뇨, 아니 마땅하뇨.

답 : 마땅치 아니하다.

문 : 예수교하는 사람이 조상에 제사하는 것이 옳으뇨, 옳지 아니하뇨.

답 : 옳지 아니하니, 일체 못하느니라.

문 : 어찌하여 옳지 아니하뇨.

답 : 조상이 이미 세상을 버리고 갔으니 음식을 능히 먹지 못할 것이매, 제사는 헛된 일이 되고 또 정령히 여호와 계명을 범하는 것이니, 외양으로 지내는 체도 못하느니라.

문 : 내가 제사를 아니하면 어찌 조상 공경하는 마음을 표하리요.

답 : 조상을 사모하며, 그 교훈을 생각하며, 그 분부한 것을 쫓아 행하며, 평생에 잊지 아니하는 것이 조상 공경하는 마음을 표하느니라.

이처럼 비타협적 칼뱅주의 구학파의 신학을 가진 선교사들은 조선 기독교인들에게 '넓은 길'을 열어준 것이 아니라 '좁은 길'의 윤리적 삶을 선택하도록 요구하였다. 당시 기독교로 개종한다는 것은 거의 모든 이들이 따르는 가치와 삶의 방식에 등을 돌리고, 아직 얼마 되지 않은 무리의 새 종교 공동체가 요구하는 윤리적 가르침과 삶을 전폭적으로 받아들이는 것을 의미하였다. 제사와 같은, 당시 모두가 따르던 유교적 관행을 저버리는 것은 유교 사회의 밑뿌리를 뽑아내는 행위였고, 조상과 부모에 대한 도리를 외면하는 것은 불효·불충의 행동이었다(The Korea Repository, 1895: 198). 말하자면 이는 당시 조선 사회를 가장 깊은 수준에서 바꾸어 보자는 소리 없는 혁명이었다. 선교사들과 구한말 조선 기독교인들이 가진 칼뱅주의 구학파 신학의 비타협적인 특성이 오히려 유교적 조선 사회를 비판하고 개혁하려는 기독교인들을 유교적 질서와 맞서고 초월하려 했던, 그래서 더욱 더 유교적 가치와 맞선 비타협적 개혁꾼으로 만들었던 것이다(박정신, 1996).

3. 소리 없는 혁명이 일어나다

그래서 이들의 종교 공동체에서는 여러 가지 변화들이 일어나고 있었다. 그 변화란 옛 것과 새 것, 유교적인 것과 기독교적인 것 사이의 충돌에서 비롯되었다. 이를테면, "조선의(유교적) 스승들은 여자는 남자보다 못하다고 가르쳤다. 기독교는 이를 정면으로 부인함으로 충돌이 있게 된다. 이들은 어떤 사람은 다른 이들보다 더 우월하다고 가르치는데 우리는 역시 이에 동의하지 못한다."라는 초기 선교사들의 가르침이 그 좋은 보기이다(Jones, 1898: 392). 이 밖에도 이 글은 모든 사람에게 자유할 수 있는 권리를 부인하고, 개인의 능력보다 조상 덕에 양반이 되어 위세부리는 유교적 조선의 가치와 제도를 '악한 것'으로 간주하고 있다(윗글, 394).

유교적 조선에서 위세를 부려왔던 어떤 양반이 새로이 잉태된 이 종교 공동체에 들어온 후의 고백을 들어 보자.

> 넉 달 전 나는 이 사랑방(예배처소-글쓴이 달음)에 있는 것이 부끄러웠다. 교인들이 모여 무릎 꿇고 기도할 때 나는 기분이 매우 언짢아 똑바로 편히 앉았었지만, 얼마 후 나도 무릎을 꿇기 시작했는데 부끄러운 마음이 모두 사라져 버렸다. 하나님은 나에게 믿는 마음을 주신 것이다. 내 친구들은 내가 미쳐버렸다고 말하면서 찾아오지도 않는다. 그러나 참 하나님을 경배한다는 것은 미쳐버린 징조가 아니다. 사실 나는 양반이지만, 하나님께서는 어떤 이는 양반으로, 또한 어떤 이는 상놈으로 만드시지 않았다. 인간들이 그러한 구분을 지은 것이다. 하나님께서는 모든 사람들을 평등하게 만드시었다(The Church at Home and Abroad, 1894: 120).

이 고백을 통하여 우리는 이 새로운 종교 공동체에서 일어나고 있던 소리 없는 혁명적 변화를 쉽게 느낄 수 있다. 예수를 믿은 뒤에 하나님은 모든 사람을 평등하게 창조하셨음을 알게 되었다고 고백하는 양반의 말도 그렇거니와, 무엇보다도 유교적 조선에서 크게 위세를 부리던 양반이 교회라는 공동체에서 평민과 부녀자들과 한 자리에 앉아 함께 무릎 꿇고 같은 하나님을 향하여 함께 기도하고 찬송을 부른 '행위' 자체가 개종한 양반의 신분 타파 운동이 아니고 무엇이란 말인가? 유교적 가치와 관행을 비롯한 조선의 관습들을 '이방적인 것', '악한 것'으로 간주하고 바꾸려 했던, 칼뱅주의 구학파에 영향받은 미국 선교사들이 가르친 이들 조선 기독교인들의 행위는 사회 개혁과 도덕적 갱생을 도모하는 미국의 칼뱅주의 신학파에 속한 이들을 비롯한 진보적 신학의 사회복음주의자들의 활동을 연상케 한다.

　　새로이 움터 자그마하지만, 응집력이 대단했던 이 새 종교 공동체에서 선교사들과 조선 기독교인들은 하나님은 양반과 상놈을 구별하지 않고 모두를 평등하게 창조하였다느니, 담배 피우고 술 마시며 놀음과 축첩을 하는 행위는 죄라고 말하며, 또 그러한 죄로부터의 회개와 단절을 실천하였다. 아울러 이에 머물지 않고 교회 울타리 밖으로 나가, 새 윤리를 가르치고 새 삶을 보여주었다. 칼뱅주의 구학파에 터한 기독교인들의 이러한 '사회복음'은 방방곡곡에 세워지고 있던 교회와 또 교회가 세운 학교 및 병원, 그리고 교회가 내는 신문과 잡지, 그밖에 여러 가지 사회사업기관을 통하여 조선 전역으로 퍼져나갔다. 새로운 사회윤리를 가르치고 변화되어 완전히 다른 삶을 보이면서 초기 기독교인들은 유교적 조선을 개혁하려는 사회·정치 운동에 적극 참여하였던 것이다(Park, 2003: 4장).[8]

　　상황이 이러한데도, 초기 선교사들과 조선의 개종자들이

---

8) 선교 과정에서 으레 나오는 기독교화(Christianization)와 문명화(Civilization)의 관계에 대해서는 Hutchison(1987) 볼 것.

가진 경건적 복음주의와 칼뱅주의 구학파의 영향 아래 있던 이들이 사회개혁에 무관심하였다고 쉽게 말할 수 있을까? 브라운과 같은 당시 선교 본부 사람들이나 소위 자유주의 신학 진영에 속한 학자들은 어떤 생각에서 초기 선교사들과 조선의 개종자들이 당시 유교적 조선에서 보인 사회개혁적 성격과 기능을 보지 못했던 것일까? 조선에 개신교를 전해 준 19세기 미국 기독교계에서 칼뱅주의 구학파의 신학을 추종하고 또 그에 영향받은 이들이 '사회복음' 운동에 맞서 개인구원을 강조하며 교회를 사회와 분리, '순수한 믿음의 공동체'로 만들려고 했던 사실만 보고 조선의 칼뱅주의 구학파에 영향받은 이들의 사회·정치적 역할을 지레 짐작한 때문인가? 아니면 조선의 칼뱅주의 구학파에 영향받은 이들이 그들의 삶의 태도와 방식에서 분명히 보여준 엄청난 변화들을 보기보다 몇몇 선교사들이 맡은 교회들의 사회참여 반대 태도만을 보려고 억지로 집착한 때문인가?

그렇기에 나는 텍스트만 읽고 이른바 '실증주의 사학'에 천착하는 한국 역사학계에 딴죽을 거는 것이다. 되풀이하여 강조하건대, 조선에 들어온 것이 미국에서 비정치적·반사회복음적 칼뱅주의 구학파의 신학이었지만, 이것이 들어와 기능한 콘텍스트가 구한말 조선이었고, 또 이를 받아들인 사람들이 조선 사람들이었음을 주목하여야 한다고 주장하는 것이다. 당시 조선의 역사 구조적 상황은 유교적 가치와 제도가 힘을 잃어가고, 변화와 개혁이 무르익어가고 있던 때이다. 바로 그 때 서양에서 들어온 새 종교를 받아들인 조선 사람들이란 유교적 조선 사회에서 천대받던 하층민이 대다수였고, 정치적으로 '소외된' 적은 수의 양반들이 그 틈에 끼어 있었다(Park, 1975: 70-93). 자연히 이들은 유교 체제와 이념적으로나 정치적으로 강하게 이어져 있지 못한 조선 사람들이었다. 따라서 다른 이들보다 더욱 개혁지향적일 수밖에 없었다(Park, 2003: 1장, 4장). 이 당시 변화나 개혁이란 유교적 옛 가치와 관행을 부정하는 행위였기 때문에, 유교적 신념 체계와 풍습을 '이방적인 것', '악한 것'으로 비록 단순하게 취급하였지만, 이러한 기독교인들의 태도는 초기 기독교인들의 개혁의지를 더욱 전투적이게 만들었을 뿐만 아니라, 당시 상황에서는 개혁운동을 더욱 촉진시키고 가속화하는 데 기여하였다.

사실 초기 조선 기독교인들은 선교활동과 사회개혁운동을 동일한 것으로 보았다. 이러한 주장들은 당시 이 종교 공동체가 발간한 〈조선 크리스도인 회보〉나 〈그리스도 신문〉, 그리고 〈독립신문〉과 〈대한매일신보〉에 빈번히 나타나고 있다. 개화 운동에 앞장섰던 윤치호도 기독교 선교활동과 사회정치개혁운동을 따로 떼어 보지 않았다.[9] 초기 조선 기독교인들은 기독교를 단순히 하나의 종교로만 수용하지 않았고, 19세기 말 서양 기독교 국가들이 보여준 '힘과 부의 근원'으로 보고 받아들이기도 하였다.

초기 선교사들과 조선 기독교인들은 기독교 선교를 위하여, 또한 유교적 조선을 개혁하기 위하여 학교를 세우고 병원을 열었으며, 그밖에 여러 사회문화사업을 펼쳤다. 칼뱅주의 구학파의 추종자로서 선교사들이 채택한 선교 방법과 전략 또한 유교적 조선의 밑바탕을 뒤흔드는 것이었고, 그 결과 역시 혁명적 변화를 몰

---

9) 「尹致昊日記」, 1889년 3월 30일(한글), 1893년 4월 18일(영문), 1890년 5월 18일(영문) 외에도 그의 일기 여러 곳을 볼 것.

고 왔다. 이를테면 〈네비우스 방법〉은 상민, 부녀자, 젊은이들과 같은 유교적 조선 사회에서 천대받고 무시되어 온 계층을 주 선교대상으로 삼았는데(Clark, 1928), 봉건적이고 유교적인 신분구별과 차별이 만연하던 조선 사회에서 아무리 효과적 선교를 위한 잔꾀라 하더라도, 하층민을 주 대상으로 삼겠다는 그 발상 자체가 혁명적이기도 하거니와, 또한 이들과 손쉽게 교섭하기 위해 지배계층의 글인 어려운 한문을 되도록 피하고 민중의 글, 한글을 사용했다는 것도 눈여겨 보아야 할 대목이다.

하여튼 바로 이러한 선교 전략과 방법으로 신분적 조선 사회에서 하층 신분이 새 종교 공동체에 먼저 들어와 새 교육을 비롯한 새 의료, 사회봉사를 더 먼저 받게 되었다. 칼뱅주의 구학파에 영향받은 초기 선교사들이 비록 선교의 효과만을 노린 전략이었다 하더라도 하층민을 선교의 주 대상으로 삼아 새 교육을 먼저 받게 하고 교회를 이끌도록 훈련시켜, 하층민들이 이 새 공동체를 통하여 당시 일어나고 있던 여러 사회정치운동의 지도자로 떠오르게 되는 결과를 낳았다. 이른바 신분차별적 조선 사회에서 신분 타파는 물론 하층 신분의 사회적 상승 이동이 이 종교 공동체를 통해 이루어지고 있었던 것이다(Park, 2003: 3장).

4. 꼬리글

구한말, 교회 공동체와 개혁운동은 깊이 맞물려 있었다. 신분적 조선 사회에서 짓눌려 살아온 하층민과, 양반이었으나 소외

되어온 적은 수의 지식계층, 다시 말해서 반유교적인 조선 사람들이 이 새 종교 안으로 발을 들였다. 그러니까 당시 교회는 개혁지향적일 수밖에 없었다는 말이다. 더욱이 전투적 칼뱅주의 구학파의 신학을 가진 당시 교회는 조선 사회와 맞닥뜨리지 않고, 그 사회의 이념적 바탕인 유교적 가치와 관행들, 이를테면, 제사, 축첩행위, 남녀차별, 반상(班常)차별 따위와 당시 조선 사회에 만연한 '술 마시고 담배 피우며 놀음하는' 풍조들을 '이방적인 것', '악한 것', '비기독교적인 것'이라 하여 타파하려는 조선의 개혁세력과 기독교인들의 개혁의지를 종교적 사명으로 승화시키는 역할을 하였다. 칼뱅주의 구학파의 신학에서 영향받은 선교사들은 완전한 '기독교화'를 위해 이 종교 공동체로 들어오는 조선 사람들에게 옛 가치, 옛 삶, 옛 습관을 완전히 포기할 것을 요구하였을 뿐만 아니라 이들을 새(기독교) 윤리로 무장된 '새 사람'으로 거듭나게 훈련시켰다. 이러한 조선 기독교인들은 조선 사회의 기독교화라는 사명의식을 갖게 되어 교회 울타리 밖으로 나가 여러 사회정치운동을 주도하였던 것이다. 그들에게 선교활동은 개혁운동과 별개의 것이 아닌 동일한 것이었기 때문이다.

그러므로 당시 교회는 서서히, 그러나 지속적으로 성장하였는데, 이 종교 공동체의 성장이란 칼뱅주의 구학파의 영향을 받은 기독교인들의 성장이고, 또한 전투적으로 유교적 조선을 개혁하려는 진보적 개혁세력의 확대를 뜻한다 할 것이다. 19세기 미국에서는, 그리고 1970년대와 1980년대 우리 사회에서 칼뱅주의 구학파의 신학에 터한 교회들이 사회 구조악을 뿌리 뽑고 사회정의를 이루는 일에 기독교인이 적극 참여해야 한다고 주장하는 '사

회복음'을 이단시한 것과는 달리, 구한말의 칼뱅주의 구학파에 영
향받은 교회는 진보적 사회정치 개혁운동을 적극 펼치고 나왔던
것이다. 그렇기에 구한말의 여러 진보적 개혁운동이 이 종교 공
동체에 조직적으로, 이념적으로 기대어 펼쳐졌던 것이다.

　　구체적으로 말하면, 구한말 미국 선교사들이 조선에 전해
준 신학이란 칼뱅주의 구학파와 청교도적 경건주의였다. 이러한
신학을 신봉한 초기 선교사들과 조선 기독교인들은 유교적 사회
를 뿌리째 흔들어 하늘나라와 같은 새 사회, 기독교 국가를 세우
고자 하였다. 새 신자를 얻을 때마다 이전에 가지고 있던 유교적
가치와 관행을 포기하고 기독교적 신념 체계와 윤리대로 살 것
을 초기 선교사들은 요구하였다. 기독교 울타리 안에서, 특히 당
시 미국에서 사회 정치 현실에 무관심하고 개인구원만을 가르친
칼뱅주의 구학파의 신학은 구한말 조선이라는 특수한 역사적 콘
텍스트에서는 1970년대와 1980년대의 칼뱅주의 구학파처럼 현
실문제에 등을 돌리게 하는 신학으로 기능한 것이 아니라 진보적
개혁과 변화를 추구하는 정치사회 개혁운동의 이념으로, 말하자
면 하나의 '정치신학'으로 기능하였던 것이다. 바로 그때가 유교
적 조선을 개혁하려는 움직임이 활발하였고, 유교적 사회에서 천
대 받던 조선 사람들과 유교적 조선을 개혁하려는 이들이 이 종
교로 들어와 이 신학과 신앙을 갖게 되었기 때문이다.

　　이것이 역사의 아이러니다. 그리고 역사를 읽는 재미가 여
기에 있다. 요컨대, 역사는 텍스트와 콘텍스트, 그리고 그 텍스트
를 접한 이들이나 집단이 함께 빚어 만들어내는 한 편의 드라마
와 같은 것이다. 그러므로 단선적인, 혹은 단정적인 역사 읽기는

역사를 오독하고 '사상의 사회사'를 왜곡할 수 있다. 복잡다단한 역사의 결과 무늬를 잘 살피고 헤아려, 그 안에서 의미를 찾아내는 것이 역사학자의 업무이기에, 실증사학을 넘어 해석사학으로 그리고 설명의 사학으로 우리는 나아가야 하는 것이다.

참고문헌

김양선, 『韓國基督敎 解放 十年史』(서울: 대한예수교장로회총회 종교교육부, 1956).

류대영, 『초기 미국 선교사 연구』(서울: 한국기독교역사연구소, 2001).

박용규, 『韓國長老敎 思想史』(서울: 총신대학교 출판부, 1993).

박정신, "구한말, 일제초기 기독교 신학과 정치," 『현상과인식』, 57권(1996. 봄).

______, 『기독교와 근대한국』(서울: 민영사, 1997).

______, 『한국기독교사 인식』(서울: 혜안, 2004).

______, "19세기 말, 20세기 초 미국의 대학교육," 「아세아문화」, 20호(2004. 4).

______, 『한국기독교사의 새로운 이해』(서울: 새길, 2007).

______, 『역사학에 기댄 우리 지성사회 인식』(서울: 북코리아, 2008).

______, "역사의 베어드, 베어드의 역사," 「베어드와 한국 선교」(서울: 숭실대학교 출판부, 2009).

신종철, 『한국장로교회와 근본주의』(서울: 그리심, 2003).

우드, G.(박정신 옮김), "지성사 연구와 사회과학", 『현상과인식』, 64권 3호(1994. 가을).

이만열, "한말 基督敎 思潮의 兩面性 試考 – 한국기독교의 진보 · 보수의 역사성 탐구와 관련하여," 『韓國基督敎와 民族意識』(서울: 지식산업사, 1991).

이상규, "한국에서의 칼뱅 연구," 『칼뱅과 한국교회』(서울: 생명의 말씀사, 2009).

이오갑, "깔뱅의 성격과 한국교회," 『기독교사상』, 605호(2009. 5).

장동민, 『박형룡의 신학 연구』(서울: 한국기독교역사연구소, 1998).

칼뱅, 존(원광역 옮김), 『기독교강요』(상, 중)(서울: 크리스챤다이제스트, 2003).

함일돈(Hamilton), "칼뱅주의," 『神學指南』, 95권(1937. 9/11월호).

『尹致昊日記』

Brown, Arthur J., *the Mistery of the Far East*(New York: Charles Scribner's Sons, 1919).

Clark, Charles Allen, *Korean Church and the Navius Method*(New York: Fleming H. Revell, 1928).

Hutchison, William R., *Errand to the World*: *American Protestant Thought and Foreign Mission*(Chicago: University of Chicago Press, 1987).

Jones, George H., "Open Korea and Its Methodist Mission," *The Gospel in All Lands*(1898. 9).

Park, Chung–shin, "Protestantism in Late Confucian Korea–Its Growth and Historical Meaning," *Journal of Korean Studies*, 8권(1993).

______, *Protestantism and Politics in Korea*(Seattle/London: University of Washing Press, 2003).

Park, Yong–shin, *Protestant Christianity and Social Change in Korea*(University of California, Berkeley, 1975).

Roberts, Randy/James S. Olson(엮음), *American Experiences*, 전 2권(Glenview, Illinois: Scott, Foresman/Little, Brown Higher Education, 1990).

Smylie, James H., *A Brief History of the Presbyterian*(Louisville, Ky.: Geneva Press, 1966).

Wallace, Ronald S., *Calvin: Geneva and Reformation*(Grand Rapids: Baker Book House, 1990).

Weber, Max, *The Protestant Ethic and the Spirit of Capitalism*, trans. by Talcott Parsons(New York: Charles Scribner's Sons, 1958).

Wood. Gordon S, "Intellectual History and Social Science." John Higham and Paul K. ConKin(엮음), *New Direction in American Intellectual History*(Baltimore and London: Johns Hopkins University Press, 1979).

The Korean Repository, 제2권 4호(1895. 4).

The Church at Home and Abroad, 제16권(1894. 8).

박정신 숭실대학교 기독교학과 교수 _cspark@ssu.ac.kr

미국 워싱턴대학교에서 역사학 박사학위를 받았으며, 현재 숭실대학교 기독교학과 교수 및 기독교학대학원장으로 있다. 지은 책으로는 「근대한국과 기독교」(민영사, 1997), Protestantism and Politics in Korea (University of Washington, 2003), 「한국기독교 읽기」(다락방, 2004), 「한국기독교사 인식」(혜안, 2004), 「역사학에 기댄 우리 지성사회 인식」(북코리아, 2008), 「한국기독교사의 새로운 이해」(새길, 2008), 「상식의 역사학, 역사학의 상식」(북코리아, 2008) 등이 있다.

칼뱅, 축자영감설의 창시자인가?
: 칼뱅과 칼뱅주의자의 연속성과 불연속성

양신혜 _ 백석대학교 기독교전문대학원 강사

1. 들어가는 말

한국 교회의 칼뱅주의 형성에 지대한 영향을 끼친 신학자들로 핫지(Charles Hodge), 워필드(Benjamin Warfield), 메이첸(Gresham Machen) 등을 꼽는다. 이들의 특징은 스콜라 신학 방법론의 계승이라 할 수 있는데, 이는 16세기 베자 이후 19세기에 핫지에 의해서 다시 부활하였다. 핫지는 그 당시 널리 퍼진 영적 각성운동에 대항하기 위해서 17세기 정통주의, 특히 투레티니(Charles Emile Turretini)의 신학을 유입하였다. 그리하여 한국 교회에 형성된 칼뱅주의는 칼뱅을 이어 17세기에 형성된 후기 개혁정통신학의 내용과 정신을 계승한 신학으로 정의될 수 있다(김재성, 2003: 133).

이러한 칼뱅주의 정의는 멀러(Richard Muller)가 그의 논문『칼뱅과 칼뱅주의자들: 개혁주의와 정통주의의 연속성과 불연속성에 대한 평가』(Muller, 1995: 1996)에서 칼뱅이 이미 스콜라적 방법론을 적용하였고, 후기 개혁정통주의자들이 계승하여 적용했다는 것을 논증하여 이 정의에 타당성을 한층 강화시켜 주었다. 그러나 신학적 방법론의 계승이 내용 계승의 담보를 의미하지 않기 때문에 한국 장로교회 분열에 지대한 영향을 끼친 축자영감설에 토대를 둔 성서 이해의 관점에서 칼뱅과 칼뱅주의자들의 연속성과 불연속성에 대한 논의는 여전히 의미 있다고 할 수 있다.

칼뱅의 성서영감 연구에서 제베르그(Reinhold Seeberg)는 칼뱅을 '정통 프로테스탄티즘의 영감 이해의 장본인(축자영감)'으로 여겼다(Seeberg, 1920: 76). 리츨(Otto Ritschl) 역시 축자영감의 이해가 개혁파 교회 진영 내에서 만들어졌으며, 칼뱅에게서 처음으로 축자영감의 실마리를 찾을 수 있다고 보았다(Ritschl, 1908: 62). 그러나 이러한 주장에 반대하는 부류도 하나의 흐름을 형성하였는데, 그 이유는 칼뱅이 성서영감을 하나의 독립된 교리주제로 삼아 자신의 신학적 입장을 밝히지 않았다는 것에 있다고 볼 수 있다. 이러한 현상에 대해 쉘롱(Dieter Schellong)은 다음과 같이 적절하게 평가하였다.

> 빈번하게 이러한 의미(칼뱅을 축자영감 이해의 창시자로 보는 견해)로 이해하기도 하고 마찬가지로 이 견해는 곧 반박된다. 칼뱅의 사상을 후대에 형성된 개념으로 정확하고 명확하게 판단하기에는 어려움이 존재하기 때문이다. 그러므로 다음과 같이 질문을 제기해야 한다. 칼뱅에게서 이러한 이해의 전조를 발견할 수 있는지, 만약 그 근거를 찾을 수 있다면 어느 정도 칼뱅은 후대에 형성된, 더 나아가 칼뱅과 무관하게 형성된 축자영감이란 개념으로 설명할 수 있는지 물어야 한다(Schellong, 1969: 82 – 83).

주의해야 할 점은 '축자영감'이란 개념이 칼뱅 이후 후대에 형성된 개념으로, 칼뱅의 신학적 사상을 판단하는 데 어려움이 있다는 사실이다. 이는 역설적으로 칼뱅에 대한 해석이 다양하고, 어떤 의미에서는 상반된 해석들이 상존함을 인정해야 한다는 것을 의미한다. 또한 이러한 현상은 텍스트 분석을 통한 하나의 논리적 결과이므로, 무엇보다 선행되어야 할 과제는 텍스트에 대한 역사적 · 문법적 접근을 통해 텍스트의 원래 의미를 드러내는 것이다.

이를 토대로 칼뱅과 그의 영감을 여전히 축자영감으로 이해하는 칼뱅주의자, 특히 후기 정통개혁주의와 '어느 정도' 연속성이 있는지 살펴보는 것이 이 연구의 중요한 과제라 하겠다.

2. 칼뱅의 성서영감에 대한 연구 경향

칼뱅의 성서영감 이해에 대한 연구는 이미 언급했듯이 상반된 주장이 서로 대립 구도를 형성해 왔다. 최근에 독일에서 칼뱅을 연구하는 학자들을 중심으로 새로운 이론이 형성됨으로써 칼뱅의 성서영감에 대한 연구는 '축자영감(Verbalinspiration)', '사상영감(Sachinspiration)', '인격적 영감(Personalinspiration)' 등 세 가지로 나뉜다. 우선 워필드, 머레이(John Murray), 패커(James Packer)는 칼뱅의 성서영감을 축자영감으로 이해하고 언급하는데, 축자영감설을 주장하는 한국의 칼뱅주의자들 역시 이들의 해석에 동의한다. 이들은 또한 축자영감설을 성서무오류의 근거로 삼아 인간의 자유에 대한 격렬한 논쟁을 불러 일으킴으로써 무엇보다 하나님의 절대적 · 초자연적 능력의 차원에서 해결점을 찾고자 하였다. 이를 토대로 그들은 하나님의 말씀을 기록한 인간은 단순히 앵무새처럼 하나님의 말씀을 반복하여 말하는 기계(기계적 영감; mechanical inspiration)가 아니라, 역사적 · 사회적 차원에서 하나님은 인간에게 자유의 공간을 허락하고, 그들을 통해 자신의 뜻을 이루셨다는 '유기적 영감'(organic inspiration)을 주장한다. 여기서 하나님의 전능성에 대한 그들의 신학적 사고를 엿볼 수 있다.

이러한 입장을 더 정교하게 만드는 새로운 해석의 틀을 지지하는 학자로는 크루쉐(Werner Krusche), 게리쉬(Brian Gerrish), 멀러, 퍼켓(David L. Puckett)을 들 수 있다. 이들은 칼뱅의 영감 이해를 위하여 다음과 같은 명제를 출발점으로 삼는다. 성서의 문자와 내용은 서로 떨어져 존재할 수 없는 불가분의 관계에 있으며, 그리하여 성령의 통제로서 영감은 성서의 내용과 문자를 포괄한다. 이 정명은 성령이 하나님의 구원 사역과 관련된 내용만을 오류 없이 인도했다는 사상영감 — 헤페, 두메르그, 맥네일 등이 이 그룹에 속한다 — 에 대한 비판을 목적으로 한다.

성서의 내용을 오류 없이 인도한 성령이 성서의 문자에 영향을 끼치지 못한다는 것은 이들에게 논리적 모순이 아닐 수 없으며 또한 이들은 성령의 역할에 많은 관심을 나타내고 있다. 예를 들면 크루쉐(Krusche, 1969: 173)는 성령의 영감을 '강력한 성령의 통치'로 이해한다. 이는 하나님의 임무를 부여받은 '공적 수행자' 또는 '증인'으로서 성서 저자가 하나님으로부터 받은 것 이외에 어떠한 인간적인 사상을 덧붙이지 않고 받은 것을 그대로 전달했다는 것을 의미한다. 성서 저자가 '그대로 전달한' 것이 바로 성서의 '원형(Origialitaet)'이고, 이것은 '강력한 성령의 통치'로 보존된다. 게리쉬(Gerrish, 1959: 63)는 성서의 내용과 형태가 성령을 통한 '정교한 통합(ingenious synthesis)'을 이루는 것으로 보았는데, 그의 해석에 따르면 성서의 내용과 형태의 정교한 통합이 바로 성서의 초자연적인 본질을 형성한다는 것이다. 그는 성서의 초자연적 본질의 근거로 한편으로는 '성서의 자증성'을, 다른 한편으로는 객관적이고 형식적인 권위인 '성서의 정경성'을 제시하였다.

멀러(Muller, 1979: 19)는 성서의 영감과 성령의 증거를 '성령의 상관관계'에서 이해하고 있다. 이 상관관계는 '인식론적(epistemological) 그리고 그리스도론적(또는 삼위일체론적), 순수지성의(noetic) 그리고 존재의(ontic), 주관적(subjectiv) 그리고 객관적(objectiv) 요소들 사이의 밀접한 관계'를 의미한다. 그에 의하면 삼위일체론적 혹은 그리스도론적 관점에서 성서는 올바른 하나님 인식으로 인도하는 특별계시이기 때문에 인식론적 관점에서 성서는 기록된 하나님의 말씀이 되며, 이 말씀은 성육신하신 본질적인 말씀과 동일하게 된다. 마찬가지로 이는 말씀선포에도 적용됨을 알 수 있다.

그는 존재로서 선지자와 사도들과 순수인식으로서 그들이 도달한 인식이 본질적으로 서로 떨어질 수 없는 관계라는 입장을 표방한다. 왜냐하면 그들이 도달한 인식은 성령의 힘에 의한 증언이며, 보이지 않는 성령이 외적으로 나타난 성서의 외형적·객관적 형태와 성서를 직접 대면하여 읽을 때 주관적으로 나타나는 성령의 개입의 관계이기 때문이다. 성령은 우리를 "성서의 다양성에 대한 개인적 이해에서 객관적 진리의 확증으로 인도한다(윗글: 22)." 믿음은 성령을 통한 주관적인 확증을 의미할 뿐만 아니라 성령을 통해서 영감된 성서의 객관적인 진리를 보존하는 의미로 이해할 수 있다. 이들은 이러한 논리적 정교함으로 칼뱅의 성서영감을 논증하나, 결론적으로 칼뱅의 영감이해를 축자영감으로 주장하고 있는 것이다.

이에 대해 성서의 구원 내용과 관련해서는 오류가 없다는 입장, 즉 사상영감을 주장하는 입장에서도 축자영감에 대하여 새로운 교리적 측면에서 이해를 시도함을 알 수 있다. 맥킴에 따르면 성서의 저자들은 예수 그리스도 안에서 계시된 하나님에 대해서 증거하는 '증인'으로, 성령을 통한 경험의 정당성을 확증하고 그리스도를 증거함을 알 수 있다. 이러한 맥락에서 그는 "'문자적으로 영감되었다'는 것을 하나님이 그리스도의 인성을 지시하기 위해서 구체적인 인간의 제한된 언어를 사용하셨다."는 의미로 이해한다(McKim, 1984: 61).

최근에 독일 학자들로 구성된 칼뱅 연구가 노이저(Willhelm Neuser), 쉘롱, 쉘트(Stefan Scheld) 등을 중심으로 칼뱅의 성서영감을 '인격적 영감(Personalinspiration)'으로 이해하는 그룹이 형성되었다. 이들은 영감을 성서 저자가 하나님으로부터 위탁받은 임무를 깨닫고 수행하게 하는 원동력으로 생각한다. '축자영감'을 주장하는 신학자들이 이와 유사한 '유기적 영감'이란 개념을 사용하고 있기 때문에 이 용어에 대한 설명이 요구되는데, 무엇보다 축자영감을 주장하는 학자들은 축자영감이 기계적 영감으로 오인되는 것을 배제하기 위해서 이 단어를 도입한 것으로 볼 수 있다. 이미 언급한 것처럼 축자영감을 주장하는 학자들은 하나님이 인간의 성품과 능력, 그가 처한 사회적·문화적 환경을 배제하는 것이 아니라, 오히려 하나님의 영(靈)은 이러한 제약들을 하나님의 뜻을 이루는 도구로 사용한다는 것이다.

　　이러한 유기적 영감을 주장하는 학자들과는 달리 노이저는 분명하게 문자와 연결시키는 축자영감설을 부인한다. 더욱이 그는 영감이 성서의 예수 그리스도의 구원 사역에 관한 내용만 오류 없이 보존했다는 사상영감이 지닌 한계 또한 직시하고 있다. 노이저(Neuser, 1994: 63)는 칼뱅이 딤후 3장 16절 주석에서 성서, 선지자들의 문서와 선지자들의 교리를 동일시하는 것은 영감이 성서의 중심 교리로서 성서의 내용과 관계를 맺는다는 것을 암시한다고 보았다. 그럼에도 불구하고 칼뱅은 선지자들의 문서에서 '중심적인 것'과 '그외의 것' 또는 복음과 복음서의 전체 사이에 한계를 긋는 데 주저한다. 더 나아가 성서를 '하늘의 진리'가 아닌 '칼뱅 자신의 교리적 체계'에 종속시킨다(윗글: 63). 노이저는 칼뱅이 『기독교강요』 서문 —이하 강요라고 쓴다— 에서 성서 내용 속 올바른 교리를 찾기 위한 전제조건으로 독자의 선이해에 대해 서술한 것을 증거로 내세우고 있는데, 노이저는 이를 '해석학적 순환'으로 여긴다. 이로써 워필드를 비롯한 축자영감설을 주장하는 학자들의 유기적 영감과 노이저를 비롯한 독일계 신학자들이 표방하는 인격적 영감 사이에 인간의 자유의지와 관련하여 성서의 무오류에 대한 분명한 신학적 차이가 드러남을 알 수 있다.

3. 축자영감설의 논리적 근거

1) 특별계시로서 독트리나[1]

딤후 3장 16절은 성서의 축자영감을 논증하기 위한 전형적인 성서 구절로, 그 이유를 들어 칼뱅연구가들도 이 구절에 대한 칼뱅의 주석에 관심을 기울이고 이를 통해 논증의 근거로 삼는다. 이들은 딤후 3장 16절 주석에서 칼뱅이 성령의 역할인 딕타레(dictare: 받아쓰다)를 성서(scriptura)가 아닌 독트리나(doctrina)란 단어와 연결시켜 서술한 다음의 문장에 주목한다.

> 성서의 문서들에서 어떤 유익한 것을 얻고자 하는 자는 율법과 예언들이 인간 임의대로 지어낸 독트리나가 아니라 이것들은 성령이 불러준 것을 받아 쓴 것이라는 점을 확신해야 한다(Calvin, 1863, vol. 0: 52: 383, 이하 CO로 표기함).

패커는 독트리나를 성서의 신적 본질인 특별계시로 이해한다. 그의 이론에 따르면 독트리나는 하나님의 말씀을 지닌 형태로 성서의 구원 내용이며 성서의 본질을 구성하고 있다. 성서의 본질로서 독트리나는 말씀선포, 즉 가르침(성서 교육)의 형태로 나타나므로, 이는 교회의 가르침인 설교와도 상호교환이 가능한 개념이다. 이것이 가능한 것도 그 근원이 하나님이며 성령이 이를 확

---

1) 칼뱅은 라틴어 독트리나를 사전적 의미인 '가르침' 내지는 '교리' 이외에 '구원의 진리'나 '지혜'를 나타낼 대도 사용한다. 그러므로 그 의미를 구분하기 위해서 구원의 진리를 나타낼 때는 라틴어를 음역하여 사용하기도 한다.

증시키기 때문이다.

> 독트리나는 그것(하나님 말씀)의 본래 형태로 개인에서 주어진 특별 계시였다. 현재 그것은 성서의 형태를 지녔고 성서 안에 하나님이 전하고자 원했던 모든 것이 기록되었다. 독트리나로서 그 특성을 지닌 성서는 사실상 지금 여기에서 하나님의 말씀 선포, 가르침, 약속, 권고가 된다. 왜냐하면 기록된 것은 성령을 체험한 지금의 독자에 의해서 해석되고 확증되기 때문이다. 바로 이 성령이 기록한 성서를 하나님의 말씀으로 인식하도록 만든다(Packer, 1984: 162).

그의 논리에 따르면 성서와 독트리나와 설교는 모두 상호 교환이 가능한 개념으로, 그 신적 권위는 특별계시로서의 독트리나에 근거한다.

2) 받아쓰기

칼뱅의 성서영감에 대한 이해를 축자영감으로 주장하는 학자들은 성령의 역할로서 '받아쓰다'라는 의미를 지닌 라틴어 딕타레에 관심을 기울인다. 왜냐하면 그들은 성서 저자를 하나님이 불러 주는 말씀을 단지 받아쓰는 '비서' 또는 '서기관'으로 보기 때문이다. 이러한 관점에 따르면 단어 자체가 성서의 무오를 담보하고 성서의 권위를 보증하는 것으로 이해할 수 있기 때문에 이를 근거로 칼뱅의 영감 이해를 축자영감으로 결론짓는다. 대표적인 학자로는 리츨, 워필드, 패커 등을 들 수 있다.

이와 관련하여 워필드의 해석에 주목해야 한다. 왜냐하면 한국의 칼뱅 연구에서 뿐만아니라 칼뱅의 축자영감 이해를 주장하는 학자들의 대다수가 그의 해석을 정석으로 받아들이고 있기 때문이다. 워필드(Warfield, 1931: 63)에 따르면 칼뱅은 받아쓰기란 단어를 '은유적(figurative)'으로 이해하는데, 받아쓰기라는 단어는 영감의 방식이나 방법이 아니라 영감의 결과를 서술하고 있다고 보기 때문이다. 다시 말해서 받아쓰기는 성서가 마치 성령이 불러준 것을 받아쓴 결과물처럼 인간적인 오류에서 벗어난 순수한 하나님의 말씀을 보존한 산물이라는 것을 뜻한다. 칼뱅은 성서의 저자를 필사하는 사람이나 비서로 표현하는데, 이 또한 성령의 역할인 '받아쓰기'의 의미를 더욱 강화시켜 주는 역할을 한다.

크루쉐(Krusche, 1969: 168)는 받아쓰기 단어가 나오는 구절들을 분석하여 다음 결론에 도달한다. 첫째, 칼뱅은 '받아쓰기'라는 단어를 부사 '…인 것처럼(quasi)', '어떤 의미에서(quodammodo)' 또는 '…같이(tanquam)'와 함께 사용한다. 둘째, 성령의 명령이 언제나 받아쓰는 행위와 연결되는 것이 아니라 어떤 특정한 행위(행1:23; 마9:23), 어떤 상황에서 행해지는 고백이나 입으로 전해져 오는 전승(마10:20; 행15:28)과 연결된다. 셋째, 성서의 저자에게는 하나의 의무가 부여되는데, 저자는 자기 자신의 의견을 서술하는 것이 아니라 하나님이 전해주는 것만을 받아 써야 한다. 그 이유는 성서의 저자 역시 하나님의 사명을 받은 사역자이기 때문이며, 크루쉐는 영감의 역할로서 인간의 '소명'에 중심점을 두어 영감을 하나님의 사명을 깨달아 그 임무를 완수하도록 인도하는 힘으로 이해하고 있다. 그러나 그는 영감을 성경 저자의 증언을 지속적으로 유지하기 위한 '강력한 성령의 통치', 즉 하나님의 영이 인간인 성경 저자를 압류한 상태로 이해하여 조명과 구분한다. 이러한 맥락에서 그는 칼뱅의 성서영감 이해를 축자영감이라고 간주한다.

3) 칼뱅의 관용적 표현을 통한 하나님의 전능에 대한 이해

칼뱅의 영감 이해를 축자영감으로 간주하는 칼뱅연구가들은 칼뱅의 관용적인 표현에 주목하는데, 즉 '하나님의 입', '하늘의 계시들', '하나님이 말씀하시길…' 그리고 '성령이 말하길…'에 관심을 기울인다. 이러한 관용적 표현 뒤에 하나의 논리적 명제가 내재해 있음을 알 수 있다. 성서가 다양한 문서들로 이루어졌으나 성서의 저자는 동일하게 전능하신 하나님이라는 사실이다. 이러한 전능한 능력을 지닌 하나님이 오류가 있는 성서를 집필했다는 것은 하나의 모순이며, 결국 성서의 무오류는 하나님의 절대적 권능(potentia Dei absoluta)에 근거한다. 하나님은 전능하기 때문에 인간의 자기 결정을 미리 정할 수 있다. 이러한 하나님의 전능을 패커(Packer, 1984: 147)의 다음의 구절에 잘 나타난다.

> 자유로운(즉, 심리적으로 자기 결정적인) 인간 행위를 미리 정하고 통제하는 하나님의 절대적 주권에 대한 분명한 개념, 즉 사람들은 자신도 알지 못하는 하나님의 계획 속에서 그가 정한 것을 말하고 행동한다고 보고 있기 때문에 칼뱅은 시종 일관하게 축자영감적 이해와 어떤 문제를 발견할 수 없었다. 그것(칼뱅이 축자영감 이해와 어떤 문제를 갖는다고 보는 견해)은 칼뱅이 스스로 행하여 온 자신의 신학으로부터 벗어나는 전례 없는 실수를 범하

는 것일 것이고 최소한 그가 그렇게 했다는 증거도 존재하지
않는다.

4) 하나님의 말씀과 성서는 동일한가?

칼뱅의 영감 이해를 축자영감으로 보는 학자들은 성령의
역할로서 영감이 성서의 신적 본질을 구성한다는 입장에 서 있
는데, 이것이 인간의 문서들과 구분되는 성서의 특성이다. 성서
의 신적 본질을 증명하기 위해서 워필드와 패커는 성서와 하나님
의 말씀은 동일하다는 명제를 세운다. 이 둘의 근저는 바로 성서
의 저자이자 말씀의 주체인 하나님 자신으로 이들은 칼뱅이 성서
를 하나님의 말씀으로 이해할 때 언제나 단수(verbum Dei)로 사용한
다는 점에 주목하여 그는 영감을 하나님의 특별계시로 이해한다.
또한 칼뱅은 이러한 성서의 신적 본질을 자신의 독특한 개념인 '자
증성(autopistie)'으로 표현한다. 이것은 성서가 다른 어떤 외부에서
주어진 증거에 의존하지 않고 스스로 증거한다는 뜻으로, 성서는
그 안에 있는 어떤 것을 통해서 성서에 전적으로 투신하는 자에
게 자명하다. 이처럼 이들은 성서의 자증성이 성서의 신적 본질
을 증거하는 근거로 삼았다.

이들의 논증은 다음과 같다.
(1) 특별계시로서 독트리나가 성서의 신적 본질을 구성한다.
(2) 이들은 성령의 역할로서의 받아쓰기를 성령의 강력한 통치
로서 영감과 조명을 구분한다.
(3) 하나님의 전능성을 전제로 한 성서의 무오류를 증거한다.

(4) 하나님의 말씀과 성서의 저자는 하나님 자신이기 때문에
신적 본질을 지닌다.

(5) 성서의 자증성이 신적 본질을 증명한다.

4. 칼뱅과 칼뱅주의자 사이의 연속성과 불연속성

1) 독트리나에 대한 이해

패커는 칼뱅의 딤후 3장 16절 주석에서 독트리나와 성령의 역할로서 '받아쓰기'를 뜻하는 딕타레가 연결되어 있다는 점에 주목하여 독트리나를 성서의 신적 본질 형성하는 특별계시로 간주하였다(3. 1) 참조). 이 문장에서 주목할 것은 칼뱅이 율법과 예언을 독트리나와 상호교환 가능한 개념으로 사용하고 있다는 점으로, 율법과 예언은 성서의 내용으로서 역사적 상황에서 인간의 언어로 표현된 말씀이다. 이는 성서가 하나님의 말씀으로 인간의 상황에 맞추어 적응한 결과물로서 역사적 구체성을 지닌다는 것과 율법과 예언이 독트리나를 담고 있다는 것을 의미한다.

칼뱅은 1539년판 강요에서 성서의 역사적 형성 과정을 구두 전승에서부터 서술하면서 독트리나를 전승의 본질로 삼았다.

말하자면 그(하나님)는 소수에게 표징을 주어 특별히 그의 분명한 현존을 꿰뚫어 알게 하셨고 그들에게 후대인에게 전달되어야만 하는 구원을 주는 진리의 보물을 주셨다. 우리는 (하나님이) 영원한 생명의 계약을 어떻게 하늘의 계시를 받은 아브라함을

통해서 전 가족에게 퍼져나가게 했는지, 그리고 전 후손들에게 확대되도록 보살폈는지 보았다(OS Ⅲ: 62).

전승의 본질로서 선포 말씀은 바로 '구원을 주는 진리의 보물'이며 아브라함과 맺은 하나님의 '영원한 생명의 언약'으로 이것이 '전승의 연속성'을 갖게 한다. 이 전승의 연속성은 하나님과 그가 선택한 백성과의 인격적인 관계에 근거하며, 언약의 주체가 바로 하나님이라는 인식과 더불어 확고한 믿음에 도달함으로써 지속적으로 이루어진다. 여기에 하나님의 선포로서 진리의 역사적·본질적인 두 차원의 역동적 관계를 내포한다. 이로써 구원의 진리로서 독트리나는 역사적 공간을 배제한 객관적 진리로 머무르게 하는 것이 아닌, 변화하는 삶의 정황으로의 인격적 관계를 통한 믿음의 고백임을 알 수 있다.

이러한 측면은 칼뱅의 독트리나란 단어의 용례를 분석하면 분명하게 드러난다. 칼뱅은 우선 영원한 진리로서 독트리나를 '하늘과 구원의 진리(OS Ⅲ: 63.72.75)' 또는 '믿음의 본질적인 교리(OS Ⅲ: 61)'라고 표현하여 독트리나가 성서의 본질을 형성하는 것으로 보았다. 그러나 이 독트리나는 역사적 시공간 안에서 표출된다. 성서 저자인 선지자나 사도와 연결하여 '선지자와 사도들의 교리(OS Ⅲ: 66)', '사도들의 교리(OS Ⅲ: 71.73.83)', '모세의 교리(OS Ⅲ: 74)' 그리고 '바울과 베드로의 교리(OS Ⅲ: 80)' 등으로 표현하기도 하며, 성서의 내용과 연결하여 '믿음과 속죄의 교리(OS Ⅲ: 62)'와 '계약의 교리(OS Ⅲ: 61)'로 나타내기도 한다. 이는 독트리나가 지닌 역사성을 나타내며 영원한 진리인 독트리나가 역사적 공간에서 해석되어 성서의 내용을 이룬다는 것을 의미한다. 그러므로 성서는 독트리나를 찾을 수 있는 장소이다.

2) 성령의 역할로서 영감과 조명의 관계

크루쉐는 딕타레의 용례를 분석하여 이 '받아쓰다'라는 단어가 하나님의 말씀을 받아쓰는 행위가 아닌 구두 전승에서 '명령하다'라는 의미나 또는 인간의 행위와 연결되어 있다는 것을 밝혔으나, 그는 영감을 조명과 구분된 강력한 성령의 통치로 이해하여 축자영감설을 지지한다. 이러한 그의 입장은 최근 '받아쓰기'의 용례를 분석한 노이저와 상반된다. 그는 이 용례를 더 심도 있게 연구하여 칼뱅이 이 단어를 문맥에 따라서 다양하게 사용하였다는 사실을 분명하게 부각시킨다. 예를 들어, 노이저는 칼뱅이 직접 번역한 불어판도 논증의 근거로 삼고 있는데, 그는 칼뱅이 기독교강요와 시편 주석을 불어로 번역할 때 라틴어 딕타레란 단어를 받아쓰다(dicter) 대신에 '누가 무엇을 말하게 하다(mettire en la bouche)', '주다(bailler, donner)', '하나님의 증거를 가슴에 두다(avoir tesmoinage de Dieu en coeur)', '격려하다(inspirer)' 등으로 다양하게 번역하고 있다는 점에 주목한다(Neuser, 1994: 61). 이를 근거로 그는 칼뱅이 나타내고자 한 것은 바로 성서의 저자가 하나님이라는 사실이지 받아쓰는 행위가 아니라는 사실을 분명하게 밝힌다. 이러한 맥락에서 노이저는 칼뱅이 라틴어 딕타레를 성령의 역할로서 무언가를 추진하게 하는 원동력 혹은 '불어 넣다'의 의미로 이해하고 있다고 간주한다. 그러므로 그는 칼뱅의 영감 이해가 축자영감설

이 아니라고 분명하게 주장한다. 이렇게 상반된 결론에 도달한 것
은 그들의 교리적 선이해가 이미 작용하고 있다는 것을 드러낸다.

그러므로 문제는 영감과 조명을 구분하는 교리적 선이해
가 칼뱅의 영감을 이해하는 데 있어 적절한가를 점검하는 일이다.
칼뱅은 딤후 3장 16절 주석에서 이러한 성서가 기록된 시대와 거
리를 두고 있는 성서의 독자가 어떻게 성서의 신적 권위를 인식
할 수 있는가를 다음과 같이 서술한다.

> 모세와 선지자들이 그들의 소명을 확실하게 깨닫도록 인도한
> 영이 동일하게 오늘날 우리를 가르치기 위해서 그들의 임무를
> 필요로 했다는 것을 우리의 마음에 확증시켜 주었다(CO 52: 83).

여기에서 칼뱅은 분명하게 모세와 선지자를 인도한 영이
동일하게 지금 현재 성서를 읽는 독자에게 영향을 끼친다는 것을
나타낸다. 한 성령이 언제나 동일하게 머물기 때문에 성서의 저자
인 선지자들과 독자 사이에 놓여 있는 시간적·공간적 간격을 뛰
어 넘는 것이 가능하다. 그러므로 성령의 역할로서 영감과 조명
을 구분하기보다는 노이저처럼 서로 동일한 성령의 역할로서 유
비적(analog)으로 이해하는 것이 적절한 것으로 보인다.

3) 하나님의 말씀과 성서의 관계

워필드는 하나님의 말씀과 성서의 관계에서 일치의 근거
를 원저자 하나님에게 두었다. 이를 논증하기 위해서 그는 칼뱅

이 하나님의 말씀을 언제나 단수로 사용한다는 점에 주목하였고, 하나님을 다양한 문서들을 하나로 묶는 통일성의 근거로 보았다. 이러한 관점은 칼뱅이 성서의 역사적 형성 과정을 서술한 단락에서 분명하게 나타난다.

그들에게 계시의 말씀과 환상을 통해서 나타냈든지 마치 후손들에게 직접 전달하는 것처럼 그들의 임무를 통해서든지 선조들에게 (자신의 말씀을) 드러내었다. 여기에는 차이가 없다. 왜냐하면 우선 그들이 말씀에 참여하는 형태로 (전수되었고) 그 말씀은 하나님으로부터 나온 것이라는 깨달음을 통해서 이루어졌기 때문이다. 하나님은 그의 계시를 적용할 때마다 이 사실을 믿도록 항상 확고한 믿음을 허락하였다. … 더욱이 (이것으로) 다른 민족으로부터 아브라함의 후손들을 구별하였는데 이것이 확실한 차이이다. 왜냐하면 그들은 하나님의 유일한 은혜(!)로 말씀을 공유했기 때문이다(OS Ⅲ: 62).

여기서 아브라함과 맺은 계약의 주체가 하나님이고 이를 다음 세대에 전수하도록 하는 믿음의 수여자도 바로 하나님이라는 사실이 분명하게 드러난다. 그러나 주목해야 할 점은 말씀의 전승이 믿음의 확신 속에서 이루어진다는 점이다. 이는 하나님을 성서에서의 신적 본질의 보증자로 여긴 것이 아니라 믿음의 확신을 주는 전수자로서 믿음의 확신은 하나님의 은혜로 일어난 사건이므로, '독점적으로 하나님께 속한 사건(Koertner, 2000: 54)'을 의미한다.

이러한 맥락에서 칼뱅의 『신앙교육문답서』(1545)에서 기록한 "어디에서 우리는 말씀을 찾아야만 합니까? 그 말씀은 성서 (복수)에 포함되어 있다(OS II: 128)."의 의미가 이와 유사한 표현들이 『기독교강요』 IV.8.8 —"우선 율법과 선지서와 사도들의 문헌에 담겨 있는 말씀(OS V: 139)"—과 I.7.1 —"성서는 계시의 말씀을 포함하고 있다. … 하늘에서 내려온 말씀이다(OS III: 65)"—에서도 나타난다. 이러한 표현들은 성서를 매개체로 하여 인간에게 말을 건네는 사건이 바로 하나님의 말씀이라는 점을 나타낸다. 이는 칼뱅이 하나님의 말씀이라는 용어로 하나님과 인간의 실존적 관계를 나타내고자 했고, 성서는 그 말씀을 찾는 장소로 이해하였다는 것을 반증한다.

칼뱅에게 있어서 성서는 하나님의 말씀이며 이러한 정명은 하나님의 말씀으로서 성서의 권위에 대한 '고백' 혹은 '자명한 이치'로 역사적 형성의 산물인 성서와 실존적 계시 사건으로 전달된 하나님의 말씀을 구분한다. 더 나아가 성서를 통해서 일어나는 계시의 사건으로서의 말씀도 하나님의 말씀으로 간주한다. 이는 총체 개념으로 성서의 문서들을 하나로 묶는 역할과 더불어 성서의 저자는 하나님으로서 말을 건네는 자이고 인간은 건네는 말을 듣는 자임을 암시한다. 이러한 관계에서 성서는 하나님의 말씀이다.

4) 특별계시로서 성서에 대한 이해

패커는 성서의 신적 본질을 형성하는 독트리나를 특별계시로 이해하여 성서와 말씀 선포를 동일하게 신적 권위가 있는 것으로 보았다. 또한 하나님의 말씀으로서 성서의 신적 본질을 담보하는 영감을 특별계시로 이해하는데, 이 개념에 대한 이해가 불분명하게 보인다. 성서를 전능하신 하나님의 초자연적인 간섭의 역사로 이해한 것인지 또는 구약의 역사도 예수 그리스도 안에서 이루어진 구원의 역사로 보는 기독론적 관점에서 특별계시를 이해한 것인지는 분명하지 않다.

칼뱅의 특별계시에 대한 이해에 접근하기 위해서 우선 그가 자연계시와 특별계시를 비교하고 있는 강요 I.6.1를 상세하게 분석할 필요가 있다.

> 하나님은 우리에게 구원을 알리기 위해 자신의 말씀의 빛을 덧붙인 것은 결코 헛된 일이 아니었다. 그리고 하나님은 자신에게로 더 가까이 그리고 더 친밀하게 모으려고 하는 자들만이 이러한 특권을 소유할 만한 가치가 있다고 간주하였다. 그는 모든 사람의 마음이 여러 가지 불안정한 생각 때문에 크게 동요되는 것을 보고, 그가 이스라엘 백성들을 특별한 백성으로 선택한 후 다른 사람들이 행했던 것처럼 소실되지 않도록 하기 위해서 울타리를 쳐주었다(OS Ⅲ: 60).

칼뱅은 특별계시로서 말씀을 여기에서 '말씀의 빛'(!)이라고 표현하고 있는데 이 표현에 주목할 필요가 있다. 이는 첫째, 말씀이 하나님과 인간의 연결하는 매개체이고, 성서는 하나님을 인식하기 위한 '도구'이며 '장소'라는 사실을 암시한다. 둘째, 칼뱅은 자연을 통한 일반계시와 말씀을 통한 특별계시를 비교급을 사용하여 서술한다. 이는 칼뱅이 일반계시와 특별계시의 관계를 본질적 차원에서 이해하지 않고 기능론적 차원에서 접근하고 있다는 것을 나타낸다. 하나님께서 자신의 입을 열기로 작정하신 것은 인간을 위한 사랑에 근거한다. 하나님이 창조한 자연은 하나님의 신성을 비추지만 인간은 자신이 범한 죄로 인해 많은 사람이 온전하게 '순수한 하나님의 지식'을 깨닫는 길로 나아가지 못하기 때문에 하나님은 '더 많은' 인간을 하나님께로 인도하기 위한 목적으로 자신의 입을 여는 특별한 선물을 주신 것이다. 셋째, 특별계시로서 하나님의 말씀이 지닌 우위성은 바로 하나님이 자신의 입을 열었다는 사실에 있다. 이는 하나님이 먼저 말을 건넸다는 것(!)을 의미하며 하나님과 인간의 인격적 관계에서 하나님이 먼저 앞서가는 주체이며 인간은 그 부름에 대답하는 수동적인 자세를 취할 뿐이라는 점을 나타낸다.

이로써 칼뱅은 말씀을 통한 하나님의 계시를 초자연적인 하나님의 개입을 의미하는 특별계시로 이해하지 않고 오히려 죄인들을 더 효과적으로 많이 하나님께로 인도하고자 하는 기능론적 의미에서 일반계시보다 '더 나은' 계시라는 의미로 이해하였다는 점이 분명하게 드러난다.

또한 칼뱅이 구약을 주석할 때 특별계시로서 예수 그리스도의 사건을 어떻게 이해하고 있는지 살펴봄으로써 특별계시로서의 기독론적 해석에 대한 그의 입장을 정리해 보고자 한다. 칼뱅은 시 72장 1절 주석에서 이 구절을 기독론적으로 해석하지 않는 유대인들을 오히려 옹호한다.

> 이 구절을 단숨에 그리스도의 왕국과 연결시키는 것은 하나의 무리한 해석이다. 우리는 이것을 곧바로 그리스도와 연결시켜 그 의미를 왜곡하고 있기 때문에 이것으로 유대인들을 비난해

서는 안 된다(CO 31: 664).

또한 시 88장 6절 주석에서도 칼뱅은 어거스틴의 기독론적
해석을 거부한다.

> 어거스틴은 자신의 주석에서 죽은 자 가운데 자유로운 자가 그
> 리스도로, 그는 특별한 특권으로 죽음을 이기는 승리를 이끌었
> 으므로 죽음이 그를 지배해서는 안 된다고 설명한다. 이러한 해
> 석은 유치하며 시편 기자의 의도와도 맞지 않는다(CO 31: 806).

이러한 해석의 예들은 칼뱅이 구약을 해석하면서 역사적
그리고 언어적 분석을 통해서 텍스트의 의미를 이해하는 데 우위
를 두었다는 것을 증명하는 데 충분하다. 이러한 해석의 토대는
그의 성서관에 달려있다. 칼뱅은 성서를 구원사 측면에서 역사적
이며 점진적으로 발전하는 과정으로 바라보고 있는데, 이러한 그
의 성서관이 구약 성서 텍스트가 지닌 본래의 의미를 임의적으로
기독론적 해석으로 넘어가는 것에 제동을 걸었다.

결론적으로 칼뱅은 특별계시를 어떤 초자연적인 힘의 개
입으로 이해하지 않았고 성서 해석의 측면에서 단순하게 기독론
적 해석으로 이행하는 것도 거부한다. 그에게 있어서 특별계시는
하나님의 섭리 아래서 인간을 더 많이 하나님에게로 인도하고자
하는 하나님 사랑의 표현이라는 사실과 더불어 텍스트의 역사비
평적 방법에 토대를 둔 문법적 해석에 우위를 두고 삶의 적용 차
원에서 기독론적 해석을 허용하여 그 영적 측면의 영원한 진리와
역사적 정황의 간격을 적절하게 융화시켰다.

5) 하나님의 전능에 대한 이해

패커는 하나님의 전능에 의존하여 성서의 신적 본질을 주
장하는데, 이 주제에 접근하기 위해서 하나님의 전능을 나타내는
기적이나 예언이 성서로 기록될 때, 어떤 역할을 하는지 살펴보
고자 한다. 칼뱅은 인문주의자들에 대항하여 성서의 권위를 논증
하기 위해서 1550년부터 기적과 예언을 '보조 증거'로서 강요에
삽입하기 시작하였다. 여기에서 그는 모세가 하나님의 율법을 받
을 때 나타난 수많은 기적들을 다음과 같이 이해한다. 기적은 모
세가 하나님의 임무를 받은 사명자라는 사실(CO 25: 116)과 '율법과
그 교리에 대한 확증'(OS Ⅲ: 72), 즉 모세가 가져온 율법이 하나님의
말씀이라는 인식에 도달하도록 도와준다. 이스라엘 민족은 모세
가 말씀을 받을 때 나타난 기적들을 직접 목격한 목격자들로, 기
적을 체험한 그들은 두려움과 놀라움 속에서 하나님을 인정하게
되고 모세가 선포한 교리와 교리를 선포하는 모세를 하나님의 사
역자로서 그의 권위를 확증하게 된다(OS Ⅲ: 75).

초자연적 능력으로의 예언에 대하여 칼뱅은 본래 예언은
그 자체가 인간의 이성을 넘어서 벌어지는 일이지만 예언의 완성
이라는 관점에서 이성적인 인간도 그것을 이해할 수 있다는 입장
을 취하고 있다. 성서에 기록된 모든 예언은 이루어졌고 이것이
성서의 권위를 증거한다고 주장한다. 그런데 성서에 증거된 예언
들은 인간이 이해할 수 있는 것보다 더 많은 것을 하나님이 약속
했기 때문에 결국 예언은 일차적 증거인 성령의 증거를 도와주는
부차적인 역할을 할 뿐이다. 그렇기 때문에 칼뱅은 있을 법하게

보이지 않는 예언이 실제로 인간의 역사 안에서 이룬다는 믿음의 통찰에 근거하여 예언을 이해한다. 성서에 기록된 기적과 예언은 이성을 요구하는 인간에게 성서의 권위를 위한 발판이며, 성령에 의해서 일어난 믿음이 이 권위를 실제로 인증함을 알 수 있다. 이러한 맥락에서 칼뱅은 "불신자에게 성서가 하나님의 말씀이라고 증거하려는 자들은 매우 어리석은 일을 하고 있는 것이다. 왜냐하면 믿음이 아니고는 이를 알지 못하기 때문이다(OS Ⅲ: 81)."라고 주장한다. 성령에 의해서 생겨난 믿음 없이 하나님의 능력에 대하여 인증하거나 또는 성서의 권위에 대한 확증으로 이끌 수 없다.

칼뱅은 성서를 기록하는 과정에서 나타난 하나님의 절대적 능력을 성서 자체에 어떤 신적인 특성을 부여하기 위해서나 또는 성서가 문자적으로 오류가 없다는 증거를 대기 위해서 기적을 언급하지 않았다. 다만 그는 계시의 영감이 어떤 놀라운 기적적인 방법으로 이루어진 것이 아니라 기적은 단지 계시를 보증하는 역할을 할 뿐임을 증명하였다.

6) 자증성에 대한 이해

칼뱅의 영감 이해를 축자영감으로 주장하는 게리쉬는 성서의 신적 본질로서 '자증성'을 그 증거로 내세운다. 칼뱅은 1543년 피기우스와의 논쟁에서 처음으로 '자증성'이란 그리스어 단어를 사용하는데 성서가 아닌 교회의 합의 결정인 기본교리와 연결한다.

실제로 피기우스가 성서의 모호하고 어두운 의미 때문에 우리
를 교회의 결정으로 인도하고자 하면서 자신의 원칙을 성서문
헌에서 차용하는 일은 정말 웃긴 일이다. 성서문서에서 얻은
기본교리들은 스스로 자명해야 하며 최대한 그 명료성을 보존
한다(CO 6: 272).

피기우스와의 논쟁에서 문제는 바로 성서 해석의 차이로,
칼뱅은 로마 카톨릭 교회의 권위가 이러한 해석의 신뢰성을 담보
하지 않으며 오히려 성서 안에 담겨 있는 독트리나 자체가 이러
한 신뢰성을 보증한다는 것을 여기에서 주장한다. 이외에 칼뱅은
자증성이란 단어를 히브리서 6장 18절(1549) 주석에서는 '하나님
의 말씀(sermo Dei)'과 베드로후서 1장 19절(1551) 주석에서는 '복음
의 진리(evangelii doctrina)'와 연결하여 사용하고 있다. 여기에서 분명
한 것은 이 단어를 문자와 연결하여 사용하고 있지 않고 성서의
내용이나 해석과 연결한다는 점에 있다.

하지만 문제는 칼뱅이 강요 최종판에서 성서와 연결하여
그리스어로 자증성을 사용한다는 점이다. 그렇기 때문에 이 단락
에 대한 세심한 주의가 요구된다. 우선 그리스어 '자증성'을 포함
하고 있는 문장은 부문장으로 주문장―"그러므로 이것을 확실하
게 붙들자"―에 의존한다. 앞의 주문장에서 결론을 유도하는 접
속사(ergo)에 주목해야 한다. 첫째, I.7.5의 이 첫 문장은 I.7.4에서
언급된 내용, 즉 성서에 대한 최고의 증거는 일반적으로 하나님
이 인격적으로 성서 안에서 말씀한다는 것을 종합적으로 요약하
고 있다는 것을 나타낸다. 둘째, 부문장에서 무엇을 확실하게 붙
들어야 하는지를 설명한다. 우선 "성령의 내적 가르침을 받은 사

람은 확고하게 성서를 신뢰한다(OS Ⅲ: 70)." 갈 것을 확실하게 붙들어야 한다. 이문장에서 성서에 대한 신뢰성은 성령의 내적 가르침과 밀접하게 연결되어 있다. 칼뱅에 따르면 성령은 내적인 방법으로 가르치는 '내적 선생(doctor internus)'이다. 이러한 표현은 강요 I.6에서 성서를 하나님의 참된 인식에 이르도록 하는 선생이며 인도자로 나타내는 것과 일맥상통한다. '성령은 내적으로, 말씀은 외적으로(OS Ⅲ: 303)'에서처럼 성서와 성령의 역할은 서로 밀접하게 연결되어 있으며 하나님은 이 두 방법으로 인간의 사역에 동참한다. 셋째, 이 구절과 다음의 부문장―이 문장에 우리가 눈여겨보아야 할 그리스어 '자증성'이 나온다―을 연결하는 접속사(et…quidem)는 앞의 것을 부가 설명하는 역할을 수행한다. 이를 번역하면 다음과 같다.

> 성서는 자증한다. 이는 이성적 근거들에 의한 논증으로 증명할 수 없으며 우리에게 성령의 결과물인 확실성이 뒤따라야 가능하다.

성령의 가르침을 받은 자는 '성서가 자증한다'는 것을 깨닫는다. 이는 이성적 근거에 의한 논증을 넘어서 내적으로 일어나는 성령의 사역으로 이루어지는 사건이다.

이로써 성서가 자증한다는 것은 성령의 내적 가르침을 통해서 얻게 되는 그의 선물로서써, I.7.4에서 언급한 내용, 즉 하나님이 인격적으로 성서 안에서 말씀한다는 것과 연결하여 성서를 통해서 하나님은 인간에게 말을 건넨다는 것을 의미한다. 성서는 그 자체로서 독자에게 말을 걸 수 있는 능력을 지니고 있고, '말을 건넴'의 목적은 성서를 하나님의 말씀으로 확신하도록 이끄는 데 있으며 이는 성령의 간섭으로 이루어진다. 여기에서의 자증성은 성서의 어떤 객관적인 신적 본질을 형성하는 근거가 아니라 성령의 간섭으로 활동을 하게 되는 '신적 호흡(OS Ⅲ: 72)'으로 이것이 바로 다른 일반 서적들과 구별되는 특징을 이룬다.

5. 나오는 말

칼뱅 연구 경향을 통해서 그의 성서영감에 대한 다양한 해석이 존재한다는 것을 확인할 수 있었다. 칼뱅이 성서영감에 대한 어떠한 교리적 신학적 사고를 전개하지 않았기 때문에 다양한 해석들이 존재한다는 것은 자명한 결과이다. 그러므로 어느 하나의 해석만을 강조하고 그것을 진리의 잣대로 삼아 판단하는 것은 해석학적 거리를 무시하는 폭력에 해당한다. 칼뱅의 정신을 이어 전통의 연속성을 담보하려는 노력과 더불어 해석학적 거리에 대한 진지한 숙고, 즉 지금 이 자리에 칼뱅의 사상을 적용하는 자유의 공간이 보장되어야 한다. 17세기 정통 신학을 주장하는 신학자들이 칼뱅 신학에 이미 내재해 있는 스콜라적 신학 방법론을 계승한 것은 그 당시 시대적 요청의 산물인 것처럼 현재를 살아가는 신앙인들에게도 '해석의 거리'가 요구하는 시대적 요청에 진지하게 답변을 해야 한다. 이러한 맥락에서 칼뱅주의의 순수한 정체성과 정통성을 보증하기 위한 노력으로 칼뱅주의란 개념을 어떤 한 부류에 제한하고 고착화시켜 편협하게 이해하는 것은 이 개념이 지닌 보편적이며 역동적인 면을 이해하지 못하는 오류를 범하는 것이다.

본 글을 통해서 나타난 칼뱅과 칼뱅주의자들의 불연속성을 정리하면 다음과 같다.

(1) 성서의 본질을 형성하는 독트리나는 영원한 진리로 그 신적 권위를 지닌 반면 인간적인 표현을 통하여 나타나는 역사성을 지니고 있다. 역사적 과정에서 진리는 인간의 경험에 근거하여 해석되는 믿음의 결과이다. 하나님과 인간의 인격적 관계로 이끄는 힘은 성서 자체에 가지고 있으며, 이는 어떤 객관적으로 모든 사람들에게 적용되는 것이 아니라 성령을 만난 사람에게만 적용될 수 있다는 점 또한 강조해야 한다. 이러한 맥락에서 자증성이 지닌 역동성을 이해하지 못한다면 그 의미 역시 하나로 편협하게 고착되어, 그가 지닌 생명력을 잃게 될 것이다.

(2) 성서의 형성 과정에서 성서 저자인 선지자와 사도들을 인도한 성령이 현재 우리에게도 동일하게 작용하여 성서의 원저자가 하나님이라는 인식에 도달하게 한다. 여기에서 칼뱅은 동일한 성령의 역할을 강조하여 그 유비적 관계에서 영감과 조명을 이해하고 있다.

(3) 칼뱅은 특별계시를 어떠한 초월적인 힘의 개입으로 이해하지 않고 하나님의 섭리 아래서 기능론적 입장을 통해 '더 많은' 인간을 하나님에게로 인도하고자 하는 사랑의 표현으로 이해한다. 성서의 형성 과정은 더 분명하고 뚜렷하게 하나님의 구원하고자 하는 계획을 나타내는 역사이며, 그것은 이미 예수 그리스도로 완

성된 역사이고 종말론적으로 승화된 역사인 것이다.

(4) 특별계시를 그리스도와 연결하여 구약성서를 기독론적으로 해석하는 데도 칼뱅은 분명하게 한계를 긋고 있다. 무엇보다 그는 역사적 상황을 무시한 기독론적 해석보다 구약의 문자 해석에 토대를 둔 기독론적 해석을 시도한다.

(5) 성서를 기록할 때 나타난 하나님의 초월적 사역인 기적이나 예언은 성서의 신적 본질을 담보하기 위해서 인간의 세계에 관여한 사건이 아니라, 하나님의 말씀이 지닌 권위를 확증하도록 인도하는 역할을 했다는 사실을 강조할 필요가 있다.

후기 개혁정통주의의 성서에 대한 신학적 내용을 계승한 학자들을 중심으로 이루어지는 축자영감설은 칼뱅의 성서영감에 대한 이해에서 '위로부터' 내려오는 단면만을 지나치게 강조함으로써 역동적인 측면을 제대로 드러내지 못하는 결과를 낳았다. 하나의 해석으로 지금 여기에 적용되기 위해서는 '삶의 정황'에 대한 진지한 숙고와 더불어 하나님의 은혜에 대한 믿음이 서로 역동적인 관계를 맺을 때 그 해석은 생명력을 지니게 된다. 이러한 칼뱅의 영감에 대한 이해를 살펴봄으로써, 축자영감의 의미는 신적 본질로서의 성서와 역사적 차원에서 이루어지는 실존적 경험에 근거한 믿음의 역동적 차원에서 찾을 수 있을 것이다.

참고문헌

김재성,「개혁신학의 정수:칼뱅주의 신학의 근대 발전사」(서울: 이레서원, 2003).

Calvin, J., *Johannis Calvini Opera quae supersunt omnia*(CO), W. Baum들(엮음), 59 vols.(Braunschweig: Scheitschke, 1863ff).

______, *Opera selecta*(OS), P. Barth/G. Niesel(엮음), 5 vols.(Muechen: Chr. Kaiser, 1926ff).

Gerrish, Brian A., *The Old Protestantism and the New: Essays on the Reformation Heritage*(Chicago: T&T Clerk, 1959).

Koertner, Ulrich H. J. *Theologie des Wortes Gottes: Positionen – Probleme – Perspektiven*(Goettingen: Vandenhoeck & Ruprecht, 2001).

Krusche, Werner, *Das Wirken des Heiligen Geistes nach Calvin*(Berlin: Evangelischer Verl.: Anst, 1957).

McKim, Donald K., "Calvin's View of Scripture", 동일인(엮음), *Reading in Calvin's Theology*(Grandrapids, Mich.: Baker Book House, 1984).

Muller, Richard, "The Foundation of Calvin's Theology: Scripture as Revealing Word," Richard C. Gamble(엮음), *Calvin and Calvinism: Calvin and Hermeneutics*, vol. 6(New York: Garland, 1992).

______, " 'Calvin and Calvinists': Assessing Continuities and Discontinuities between the Reformation and Orthodoxy", *Calvin Theological Journal* 30(1995): 31(1996).

Neuser, Willhelm, "Calvins Verstaendnis der Heiligen Schrift", 동일인(엮음), *Calvinus Sacrae Scripturae Professor*(Grand Rapids, Mich.: Wm. B. Eerdmans Pub. Co., 1994).

R. Nicole, "John Calvin and Inerrancy," Richard C. Gamble(엮음), *Calvin and Calvinism: Calvin and Hermeneutics*, vol. 6(New York: Garland, 1992).

Packer, James I., "John Calvin and the Inerrancy of Holy Scripture," J. D. Hannah(엮음), *Inerrancy and the Church*(Chicago: Moody Press, 1984).

Ritschl, Otto, *Dogmengeschichte des Protestantismus*(Lepzig: Hinrichs, 1908).

Schellong, Dieter, *Calvins Auslegung der synoptischen Evangelien*(Muenster: Kaiser, 1969).

Seeberg, Reinhold, *Lehrbuch der Dogmengeschichte*, Vol. IV(Darmstadt: Deichert, 1920).

Warfield, B. Breckinridge, *Calvin and Calvinism*(New York: Oxford Univ. Pr.,1931).

양신혜 백석대학교 기독교전문대학원 강사 _glaubeyang@hanmail.net

독일 베를린 훔볼트대학교에서 조직신학으로 박사학위를 받았으며, 현재 백석대학교 기독교전문대학원에서 강의하고 있다. 박사학위 논문은 *Die Bedeutung der Inspiration fuer die Autoritaet der Schrift bei Calvin: Eine Untersuchung im Hinblick auf das Verstaendnis der Schriftinspiration und der Schriftauslegung in den gespaltenen Gruppierungen der sued-koreanischen presbyterianischen Kirche* 이며, 연구논문 "칼빈의 성경에 대한 이해"가 「칼빈 연구」, 제7집 (한국장로교출판사, 2010 예정)에 실려 있다.

칼뱅주의와 1953년 한국 장로교 분열 과정에 대한 문화사회학적 연구

이철 _ 숭실대학교 기독교학과 조교수

1. 들어가는 말

1953년 4월 24일 대구 서문교회에서 열린 제38회 대한예수교장로회 총회에서 이후 '예장'과 '기장'이라고 명명된 교파의 분열이 발생하였다. 분열의 원인은 신학적 요인과 교권적 요인이 있는데, 밖으로 명시된 것은 주로 신학적 요인이었고, 이 신학적 요인의 핵심에는 소위 자유주의 신학과 정통주의 신학의 대결 혹은 성서해석 방법론에 대한 대립적 사고가 자리 잡고 있었다. 이 정통주의 신학과 성서관의 근저에는 흔히 1648년에 발표된 웨스트민스터 신앙고백이 놓여 있다고 주장되기도 하나, 근본적인 토대는 칼뱅의 신학이었다.[1] 물론 칼뱅이 축자영감설의 기원으로

---

1) "웨스트민스터 신앙고백(1648)은 장로교회의 신앙고백으로써 가장 이른 것으로 알려지고 있지

간주될 수 없다는 주장도 있다. 그러나 중요한 것은—특히 사회학 논문에서—사실보다는 인식이다. 개인의 판단과 행동은 사실보다는 사실에 대한 인식에 근거하기 때문이다.

1953년 분열을 전후하여 정통주의자들은 축자영감설과 성경무오설을 반대하는 자유주의 신학의 김재준이 칼뱅을 따르지 않는다고 생각했다. 칼뱅을 따른다면 정통주의 성서관을 거부할 수 없다는 것이다. 이러한 인식이 한국 교계, 특히 보수 진영에 팽배하였다는 사실은 김재준의 다음 글들에서 잘 나타난다.

> 내가 신신학자로, 칼뱅신학을 부인하는 자로 운운하는 이도 있다고 들었습니다(김양선, 1956: 242).

> 저가 정통을 자랑하는가? 나도 그러하다. … 저가 칼뱅의 신학을 수호하는가? 나도 그러하다. 나는 칼뱅이 주창하였기 때문에 좋다는 것이 아니라 자유로 여러 신학자의 순수한 학적 양심을 두드리다가 결국 칼뱅의 문하에서 내 신앙의 지적 결론을 얻었기 때문이다(양낙홍, 2008: 525-26).

칼뱅과 그의 신학은 분명히 기장과 예장의 분열 사건에서 일정 역할을 수행하였다. 1953년까지 이어진 양측의 신학적 분규에서 칼뱅은 자유롭지 못하다. 설령 칼뱅의 신학이 실제로는 성경무오설이나 축자영감설과 동떨어져 있다 하더라도 당시 한국

만 사실은 이 신앙고백의 배경에는 영국과 아일랜드의 청교도 신앙고백이 선재하여 있었고 그리고 그 청교도의 신앙의 배경에는 제네바의 개혁자 존 칼뱅의 신학이 있었다(이장식, 1987: 140)"; "칼뱅과 웨스터민스터 신앙고백 사이에 연속성이 있느냐 하는 논쟁에도 불구하고 칼뱅의 성경관이 웨스트민스터 신앙고백에 분명히 반영되었음은 의심의 여지가 없다(박용규, 1994: 352)."

교인들의 인식에서 칼뱅은 그러한 위치와 놓여있지 않았다.

본 논문은 칼뱅의 성서관, 그리고 그에 터한 웨스트민스터 신앙고백이 한국 장로교회 역사에 가져온 교단 분열의 과정을 문화사회학의 입장에서 조망하는 연구이다. 여기서 문화사회학이란 접근을 적용하는 이유는 장로교회내의 갈등이 분열이라는 사태까지 가게 된 연유에는 신학적 요인 혹은 교권(정치 및 경제)적 요인뿐만 아니라 문화적 요인도 주요한 역할을 수행했다고 보기 때문이다. 이 문화적 접근은 본 사건의 발단, 전개, 결과에 대한 새로운 분석을 가능하게 하며, 이 새로움은 본 연구의 의의도 드러낸다. 1953년 장로교 분열에 대한 연구들 중 문화사회학적 접근을 시도한 연구는 필자가 아는 한 전무하다. 연구의 순서는 먼저 이론적 배경이 소개되고, 그 후 1953년 분열 과정에 대한 분석, 그리고 평가 및 제언으로 구성된다.

2. 문화사회학 : 코드와 서사

문화사회학을 주창하고 있는 알렉산더(Jeffrey Alexander)와 스미스(Phillip Smith)는 사회 현상을 설명하는 데 있어 경제나 정치 구조 외에도 문화구조의 중요성을 강조한다.[2] 그에 따르면 문화는 정치나 경제구조로 환원될 수 없는 독자적이고 자율적인 위치를

---

2) 여기서 의미하는 문화란 "물질적, 테크놀로지적, 사회구조적인 것에 대립되는 … 추상적인 어떤 것"으로 그것은 "관념적인 것, 정신적인 것, 비물질적인 것의 영역"에 속하며 "신념, 가치, 상징, 기호 그리고 담론의 유형화된 영역"과 관련된 것이다. 그리고 이 문화는 "개인, 집단 혹은 제도적 행위를 안내"한다(스미스, 2008: 19－20; 알렉산더, 2007: 14).

가지고 있으며, 때로 정치와 경제구조의 독립변수가 되기도 한다. 이들은 문화적 요소들을 활용해 사회 현상과 변동을 분석하면서 정치나 경제적 관점에서 설명하지 못한 것들을 해석해 내기를 즐겨한다.[3]

이들이 자주 사용하는 분석틀 중 하나가 성과 속(혹은 선과 악)이라는 문화적 이항대립의 이원성이다. 그들(Alexander, 2007: 17)은 뒤르케임과 레비스트로스의 연구에 근거해 "모든 집단의 중심에, 규모에 상관없이, 성과 속으로 확연히 구분되는 집합 표상의 상징 질서가 존재한다."고 보았고, 사회 구성원들은 이 집합 표상의 상징 체계 안에서 "연대를 창출하고, 의례에 관여하며, 집합적으로 구조화된 강력한 '마나(mana)' 혹은 의미 · 감정을 유통시킨다."고 이해하였다. 알렉산더(윗글: 78-79)는 이 이원성과 이원성의 대립이 "모든 인류사회의 본질적 특징"이었음을 주장하고, 이 대립에 대한 분석을 통해 사회의 현상과 변동을 설명할 수 있다고 생각하였다. 그는 이렇게 사회를 분석하게 되면 "복잡한 경험세계를 두 개의 대립하는 형태로 단순화시키며, 그 사이의 모든 회색영역을 감소시킨다."고 하였다. 혹자는 이러한 성과 속의 이원성 시도가 이분법적이고 다양성을 배제한다고 지적할 수 있으나, 연구의 대상이 평범한 일상의 사건이 아니라 갈등과 대립의 사건, 특히 외상이 심한 사건(social trauma)이라면 이러한 시도는 높은 적합성을 가질 수 있다. 그러한 상황에서는 회색 혹은 중도 영역은 미미할

---

3) Sociology of Culture 대신에 Cultural Sociology를 주창하는 알렉산더와 스미스의 '문화사회학'에 대해서는 그들의 책, 곧 알렉산더(2007)의 서론과 1장, 스미스(2008)의 5장과 11장을 참조하라.

수밖에 없다.[4)]

알렉산더(윗글: 78)는 선과 악을 '존재론적인 것이 아니라 인식론적인 것'이라고 본다. 곧 선과 악의 범주는 "자연적으로 존재하는 것이 아니라 임의적인 구성, 즉 사회적 · 문화적 작업의 산물로 인식되어야 한다는 것이다." 결국 선과 악은 '되어가는 문제(구성)' 혹은 생성(becoming)의 문제이다. 이는 한 사건이 선 혹은 악의 위치를 차지하게 되는 것은 그것이 어떠한 방향으로 구성(혹은 코딩)되는가에 달렸다는 것을 의미한다. 구성의 성격에 따라 외상적인 사건이 존재론적 선이 되기도 하고, 존재론적 악이 되기도 한다.

한편, 이러한 구성은 선택 사항이 아니다. 그것은 요구되는 것이며 필연적인 것이다. 왜냐하면 이 구성에 근거해서 사람들은 그 외상적 사건을 이해하고 판단하고 또 그에 따라 자신의 의견과 행동을 표출하게 되기 때문이다. 곧 이 구성을 통해 사람들은 사건의 성격과 그 사건에 대한 대응 방식을 인식하고 행동하게 되는 것이다.[5)] 이 구성의 필요성은 해당 사건이 갈등적이고 대립적인 경우에는 더욱 그러하다.

문화사회학은 이 구성의 과정에서 코드와 서사의 역할을 중요시한다. 외상적인 사건이 알려지는 과정에서 그 사건이 어떻게 코드화되는지, 그리고 어떤 서사로 구성되는지에 따라 사건의 성격과 의미가 달라진다. 이항 대립에 따라 코드는 두 개의 대립되는 코드로 형성된다. 곧 성과 속(혹은 선과 악)으로의 코딩이다. 이 코

---

4) 이에 대한 대표적인 연구로 알렉산더의 책(2007) 중 6장, "민주적 의례로서의 워터게이트"를 참조하라.

5) 알렉산더와 스미스는 이러한 구성을 재현 혹은 후설과 슐츠의 의미의 '전형화'라고 설명한다(스미스, 2008: 118; 알렉산더, 2007: 82).

딩은 사건의 범주와 성격을 나타내어 준다. 그러나 코딩만으로는 그 사건의 내용이 정확히 무엇인지 알 수 없고 따라서 사건의 의미도 명확히 규정해낼 수 없다. 그것은 공시적이지 통시적이지 않기 때문이다. 다시 말해, 사건의 단면만 보여주기 때문이다. 그래서 통시적 차원을 내포하고 있는 서사의 출현이 필요하다(윗글: 81).

　　제이콥스(Ronald Jacobs)는 사회 과정과 사회 변화에 대해 관심을 갖고 있는 사회학자에게 서사 연구는 중요한 분석 도구가 되고 있다고 말한다(최종열 편, 2007: 127). 이는 서사가 사회적·공동체적 정체성과 의미를 구성하고 사회적 행위를 가능하게 하는 데 있어서 중요한 역할을 수행하기 때문이다. 플롯, 인물, 장르로 구성되는 서사는 사건의 전후 사정, 전개과정, 인과 관계, 사건 관련자들의 역할과 책임, 사건에 대한 해석 등이 포함되어 있다. 이를 통해 서사는 개인, 집단 그리고 공동체 자신들이 겪는 시간상의 변화 혹은 사건을 이야기를 통해 이해하도록 도와준다.[6] 또한 개인 혹은 개별 공동체는 자신들의 서사를 더 큰 집합 서사와 연결시킴으로써 그 집합 공동체·사회와 공명할 수 있다(윗글: 130–131). 이러한 동일화를 통해 개인 혹은 개별 집단은 자신들의 정체성, 역할, 그리고 행위의 의미들을 구축하고 파악하게 된다.

---

6)　서사가 이러한 역할을 수행할 수 있는 것은 그것이 발생한 사건들에게 지속성과 동일성을 제공하기 때문이다. 각개의 사건들은 일회성, 불연속성, 비동일성, 혼돈의 상태에 존재한다. 그러나 서사는 이것들에게 지속성과 의미와 동일성을 부여하면서 그 사건들을 사람들의 인식과 판단의 범위 안으로 끌어들인다. 이런 의미에서 "서사를 통해 우리는 실재처럼 현실[사건들]을 생생하게 인식할 수 있다."고 말할 수 있다(박승길, 2009: 1). 물론 서사는 "현존하는 실제 자체가 아니라, 오히려 부재의 허상이나 비실재적 이념형"일 수 있다(윗글: 1). 이것은 프롭(Vladimir Propp)이나 프라이(Northrop Frye)의 서사 연구에서 알 수 있다. 그럼에도 불구하고 사람들은 이러한 서사를 통해 자신의 주위에서 일어난 사건들을 의미 있는 실재로 인식하게 되고, 이에 근거해 행동도 취해진다. 따라서 서사의 부재는 "알 수도 아무 것도 할 수 없는 현장으로 부재 현장이기도 하다(윗글: 1)."

　　　서사 연구가 특히 필요한 경우는 한 특정 사건에 대해 상이한 사회 집단이 서로 다르게 인식할 때이다. 한 사건은 여러 상이한 공동체와 공론장에서 상이한 방식으로 서사화될 수 있으며, 이러한 경쟁적인 서사는 위에서 언급하였듯이 개인들이 그 사건을 이해하는 방식에 영향을 끼치며 또한 갈등관계에 있는 공동체들을 어떻게 평가할 것인가에 대해서도 영향을 끼친다(윗글: 132-133). 특히 위기 상황에서 서사는 경쟁과 분열과 연결되며, 이 때 그 "위기의 결과는 결정되어 있다기보다는 서사 구조와 사건 전개 과정 간의 상호 작용에 달렸다(윗글: 132)."[7] 이러한 상호 작용 중에 개인 혹은 소집단들은 더 큰 집합 서서와 연결되어 그 공동체와 공명하게 되고, 서사를 통해 해당 사건을 이해하고 관련 공동체를 평가하고 자신·자기 집단의 정체성, 역할, 사회적 행위를 판단하고 실행하게 된다.

　　　한편, 서사에는 장르와 플롯이 존재하는데, 서사를 연구한 프라이는 장르와 플롯 사이의 연결을 시도하면서 네 가지 서사, 곧 로망스, 희극, 비극, 아이러니 서사를 구성하였다(프라이: 307; 스미스: 313-314). 본 연구에서는 로망스 서사와 비극 서사에 주목한다. 로망스 서사는 일반인들 보다 힘이나 지혜가 많은 한 영웅이 나와 공동체가 당면한 문제를 해결하고 공동체를 다시 안정과 통합으로 이끈다. 비극서사에서는 영웅이 나오지만 지배 집단의 공격을 받아 "속하기를 바라는 집단에서의 … 그 개인에 대한 축출과

---

7)　제이콥스는 이에 대해 구체적인 예로 드레퓌스 사건, 워터게이트 사건, 로드니 킹 구타 사건을 들고 있다. 이에 관해서는 위에서 소개한 알렉산더의 책(2007) 중 6장, "민주적 의례로서의 워터게이트"와 제이콥스의 "시민사회와 위기: 문화, 담론 그리고 로드니 킹 구타(최종열: 127-174)"를 참조하라.

같은 비극적인 종말이 발생한다(스미스: 314)." 필자는 본 논문 주제의 특성을 고려하여 로망스 서사를 '영웅' 서사라는 명칭으로 대치하여 사용하고자 한다.

한 가지 주목할 것은 이 코딩과 서사라는 문화적 구성의 향배는 누가 상징 수단을 통제하느냐에 달렸다는 것이다. 일반적으로 문화 권력이라고 부를 수 있는 상징 생산 수단 통제자들이 코딩과 서사를 구축해 나간다(Alexander, 2007: 79-80). 그리고 대부분의 경우 이들은 문화적으로 뿐만 아니라 사회적으로, 정치적으로, 경제적으로 상부에 위치한 계층이다. 이들이 사건과 관련된 코딩과 서사를 주도하거나 통제하여 사건을 구성, 재현하며, 여타의 사람들은 주로 제공된 그 코드와 서사를 수용하고 그것들에 의해 그 사건을 이해하고 표현하고, 관련된 사회적 행위를 실행한다. 따라서 경우에 따라 상부 계층이 자신의 관심과 목적을 위해 그에 적합하게 코드와 서사를 구축할 수 있다.[8]

이러한 코드와 서사가 구성되거나 수용되면 사람들은 이것들에 대해 단지 인지적으로만 반응하는 것이 아니라 감정적으로도 반응한다. 곧 공유되고 있는 성스러운 것(혹은 선한 것)을 위협하거나 오염시키는 속(혹은 악)에 대해 강한 반대적 감정을 갖는다. 뒤르케임적 표현을 다시 언급한다면, 사람들은 코드와 서사의 집합적 상징체계 안에서 "연대를 창출하고, 의례에 관여하며, 집합적으로 구조화된 강력한 '마나' 혹은 의미–감정을 유통시킨다." 따

____

8) 이는 코드나 서사 구축이 반드시 의도적으로 수행된다는 지적은 아니다. 개인이나 집단들은 자신들의 목적과 관점에 무의식적으로 반응하면서 서사를 구축해 나갈 수 있다. 다시 말해 코드나 서사 구성자들은 그것들을 자연스러운 것으로 이해할 수 있다. 물론 분석적 차원에서 보면 그것들은 바르트(Roland Barthes)의 의미에서처럼 자연보다는 역사이다.

라서 코드와 서사는 사람들의 생각을 규정하는 것뿐만 아니라 성(혹은 선)을 옹호하고 지키는 것에 대한 중요한 '안전장치'를 확립한다. 알렉산더(윗글: 78 - 79)는 성(혹은 선)을 위협하거나 오염시키는 모든 것은 피해야 하거나 억제해야 할 것이기 때문에 이러한 위협이나 오염의 근원은 제거의 대상으로 인식되어 필요시 강력한 공격을 받게 된다고 보았다. 여기서 '영웅'이 출현하여 위협이나 오염의 근원을 제거하고 공동체를 안정과 통합으로 이끌게 되고, 비극의 영웅은 지배 권력의 공격을 받아 축출이나 숙청과 같은 비극적인 결말을 맞게 되는 것이다.

3. 1953년 교파 분열

한국 교회는 선교가 시작된 이래 반세기가 흐를 동안 "변함없이철저한 보수주의 신학사상에 의하여 훈도되어" 온 교회였다(김양선, 1956: 196). 1934년 제23회 장로교 총회에서 처음으로 창세기 저자 문제로 신학논쟁이 있었을 뿐 한국 교회는 근본적으로 보수신학의 토대에 놓여 있던 교회였다.[9] 그러나 1945년이 지나면서 1920년대 미국에서 벌어진 현대주의와 근본주의 논쟁과 유사한 사상적 대립이 한국 교회에서 발생하였으며, 이는 결국 한국 교회 분열의 요인이 되었다.

이 분열의 중심에는 신학적 논쟁이 있었는데, 이 사상적 논쟁 외에도 교권 대립이 존재하고 있었다. 이 시기 보수주의 신학

---

9) 1925년 캐나다 장로교회의 연합교회 가입 문제로 인한 신학 논쟁은 여기서 다루지 않기로 한다.

을 대변하는 인물은 박형룡과 고려신학교 및 장로회신학교였고 현대주의를 대변하는 인물은 김재준과 조선신학교이었다. 또한 이 양자 간의 대립 뒤에는 관련 장로교회 총회, 노회 및 구성원들이 있었다. 비록 사상적 대립에서는 양자 간에 대등한 대결이 어느 정도 가능하였으나, 교권에 있어서는 그렇지 않았다. 한국 교회는 '변함없이철저한 보수주의 신학사상에 의하여 훈도되어' 온 교회였으므로 박형룡과 장로교 신학교 측 인사들이 우세한 교권을 발휘할 수 있었다.

그러나 문화사회학적 관점에서 볼 때 신학과 교권만으로는 교단 분열이라는 결과를 충분히 설명할 수 없다. 분열 과정과 결과를 이해하기 위하여 문화적 요인들도 분석되어야 한다. 곧 이항 대립, 코드, 서사와 같은 문화적 요소들이 분열 과정에 중요한 역할을 수행하였다. 보수 진영은 자신들과 자유 진영의 대결을 성과 속의 이항 대립의 구도로 인식하였고, 이에 근거해 자신들과 자유 진영의 대립을 성과 속(혹은 선과 악)의 대립 사건으로 특징졌다. 이들은 김재준과 조선신학교를 '신신학,' '자유주의자,' '이단신학교,' '용공주의자'로, 자신들은 '정통,' '성서중심,' '전통수호,' '교회 수호'로 코딩하였다. 또한 보수 진영은 전개 과정에서 발생한 여러 사건들을 자신들의 행동을 정당화하고 의미 있게 하는 '영웅' 서사로 구성하였다. '악인'이 출현해 위협하는 상황에서 '진리'를 수호하기 위해 '분연히' 일어나 싸우고 지켰다는 것이다. 보수주의는 이러한 코딩과 서사를 통해 53년 사건에 대처하면서 사건의 성격과 의미를 사람들에게 제공하였다. 진보 진영 역시 자신들에 맞는 코딩을 수행하였고 '영웅' 서사도 구성하였다. 그러나 상징 생산수단의 통제력은 보수 진영이 우위였다. 자연히 김재준과 조선신학교의 신학은 성(혹은 선)을 대표하는 정통 신학을 위협하고 오염시키는 속(혹은 악)의 범주에 속한 것들로 인식되었고 결국 제거되어야 할 대상이 되었다. 이제 보다 더 자세히 살펴보자.

논쟁의 발단은 김재준으로부터 시작되었다. 김재준은 일제 식민지 기간 동안 일본의 청산학원, 미국의 웨스턴신학교에서 소위 자유주의 신학 사상을 배웠으나 한국에 돌아와서는 보수 진영의 교권으로 인해 자신이 습득한 사상을 자유롭게 발표할 수 없는 제한된 교수 생활을 수행하고 있었다. 그러나 1945년 해방을 계기로 상황은 달라졌다. 평양신학교와 이북 기독교는 38선으로 인해 고착되었고, 주요 보수 진영 신학자들과 선교사들은 38년 신사참배 반대 사건으로 인해 도피 및 추방된 후 아직 귀국하지 못한 상태였다. 이에 김재준은 1946년 남부총회에 의해 인준 받은 서울의 조선신학교 교수로 재직하면서 "자유주의 신학사상을 기탄없이 발표하는 동시에 보수주의 신학에의 도전을 공연히 선포하였다(김양선, 1956: 199)." 특히 성서무오설과 축자영감설을 공격하였다.

김재준은 보수 진영의 성경무오설에 대해 "성경이 수많은 과학적, 지리적, 역사적 오류를 담고 있는 명백한 증거들이 있다고 주장"하였다(박용규, 2004: 909). 축자영감설에 대해서도 그는 "하나님의 계시에 대한 인간의 단지 기계적인 반응을 보이는 것을 바로 축자영감설"이라고 보았고, "이것은 '살아 계신 하나님을 떠나 지식 자체를 우상화한 결과'에 버금가는 현상이며, '교리적 노예(dogmatic bondage)'라고 불려질만하고 또 '어떤 이념이 표현하려는 현실에 충성하려는 것보다도 그 이념 자체에 충성하려는 것이다.' 뿐만 아니라 이것은 성서를 자의적으로 이용하고 자기 주장을 관철하기 위한 '불경건한 태도'의 하나라고 보았다(최성수, 210)."

보수 진영은 이러한 김재준의 학문적 도전에 적절히 대응할 신학적 인물이 부재하여 곤궁을 겪던 중 1947년 가을, 10여 년간 만주에서 망명 생활을 하던 박형룡의 귀국을 맞게 되었다. 비록 그가 고려신학교 학장으로 초빙되어 귀국하는 길이었으나 보수 진영은 그를 김재준에 대항할 적합한 인물로 간주하였다. 그리고 "한국 교회가 기대했던 것처럼 박형룡 박사는 김재준의 자유주의 성경관을 비평하는 일에 전투적일 만큼 적극적"으로 활동하게 되었다(박용규, 1994: 316).[10]

이 두 학자간의 대결은 1949년 조선신학교 51명의 학생들이 김재준 목사와 조선신학교에 대해 반대 성명서를 총회에 제출하게 되면서 본격적으로 촉발되었다. 학생들의 핵심적인 주장은 한마디로 김재준과 그의 신학이 '우리와 다르다,' 곧 이질성이었다. 신학의 가르침이 '다르고' 신학교 분위기가 '다르다'는 것이었다. 이들은 성명서 서두에 "우리가 초시로부터 믿어오던 신앙과 성경관의 근본적으로 뒤집어지는 것을 느꼈습니다"라고 적었는데, 이 이질성은 주일 성수, 새벽 기도회, 전도 활동, 학생 선발에 대한 김재준과 학교측의 태도에서도 발견하였다고 하였다(김양선, 1956: 222).[11]

---

10) 김 재준과 박 형룡은 이미 1935년 평양신학교의 기관지 신학지남 1월호에 기고한 권두언이 문제로 인해 서로 대립상태에 있었다. 박 형룡이 김 재준의 신학지남에의 기고를 적극 반대하였던 것이다.

11) 예를 들어, "교회천서 없는 학생을 입학시켜 다수 공부하고 있는 것…. 현재 학생들의 신앙적

　　박형룡은 총회의 요청에 따라 이 성명서 및 이에 대해 김재준이 총회에 제출한 진술서를 조사하였고 그 후 "김재준 교수는 '성경의 파괴적 고등비평의 옹호자와 신신학의 옹호자로 자현함이 명백하다'고 결론을 내렸다(박용규, 2004: 936)." 그는 또한 김재준이 "성경전부의 권위를 의문케 함이니 이 어찌 성경의 권위에 대파괴를 행함이 아니랴!"라고 비탄하면서 김재준이 "한국교회를 '능욕'한다고 고발하였다…. 당시 이견은 능욕이었다(김양선, 1956: 230; 민경배, 1982: 461)." 이러한 박형룡의 활동에 대해 "논쟁의 일선에 있던 이들은 물론 한국장로교의 자유주의화를 염려한 교계 지도자들은 그에게 열렬한 박수를 보내 주었다(박용규, 2004: 934－35)."[12] 이들에게 '자유주의화'는 위협이고 오염이었다. 이 이질적인 것은 정화되거나 혹은 정화가 가능하지 않으면 제거되어야 할 대상이었다.[13]

　　김재준과 조선신학교에 대한 이러한 공격은 양자 간의 대립을 더욱 격화시키면서 다음과 같은 상징 분류 코딩이 출현하였다. 먼저 정통주의 신학 측의 분류는 다음과 같다.[14]

훈련은 일체 등한시하여 새벽기도회엔 학교 구내 선생도 불참석은 물론, 120명의 기숙학생 중, 2,30명밖에 출석안하는 것. 학우회 전도부 주최의 전교학생 동원 전도를 중지시켜 일회도 학교적으로 전도한 일이 없음(김양선, 1956: 221－222)."

12)　이러한 비판에 대해 김재준은 "교권을 잡고 있던 바리새인들은 자기네가 틀림없는 정통이라는 자신이 너무나 강하였기 때문에 자기네보다 조금이라도 다른 사람은 질서 문란, 율법 비방 등의 구실 하에 이단으로 몰아 여지없이 심판을 내리는 것이었다(박용규, 2004: 946에서 재인용)."

13)　"김재준은 이유 없이 교단의 교권주의자들과 마음이 이미 돌처럼 굳어진 율법주의자들에 의해 '신신학자', '성경 파괴자', '예수의 신성, 기적 부활 승천을 믿지 않는 자', '인본주의자', '빨갱이' 등등으로 모함을 당했다. '그들이 중세기에 태어났더라면 나 같은 사람은 벌써 종교 재판소에 걸려 분살됐을 것이다'라고 김 재준은 속으로 생각했다(김경재, 2001: 103)."

14)　여기서 선과 악은 존재론적이 아니라 인식론적인 것이라는 글 서두의 지적을 다시 생각해 볼 필요가 있다. 예를 들어, 자유주의와 정통주의, 교권 수호와 교권 도전은 존재론적 선 혹은 악이

<보수 진영의 상징 분류 체계>

악(속)	선(성)
김재준	박형룡
조선신학교	고려신학교/장로회신학교
자유주의신학	정통주의신학
인본주의	신본주의
성서유오설	성서무오설
고등비평	축자영감설
전통 파괴	전통수호
성경파괴자	성경수호자
이단자	정통주의자
용공주의자	반공주의자
교회 능욕자	교회 수호자
질서 파괴자	질서 수호자

이러한 코딩은 사람들에게 본 사건의 범주와 성격을 잘 나타내준다. 다시 말해 사건에 직접 관련된 자들뿐만 아니라 주변 사람들에게도 사건의 분류와 성격을 파악하는데 있어 도움을 준다. 예를 들어 김재준 측은 '악'이고 박형룡 측은 '선'이다. 김재준 측은 '진리 파괴자'들이고 박형룡 층은 '진리 수호자'들이다. 물론 이러한 분류는 위에서 언급하였듯이 인식론적 행위이므로 그 결과는 자의적이다. 그럼에도 불구하고 사건은 이러한 코딩으로 인해 보다 분명하게 재현되고 인식된다.

이러한 코딩과 함께 서사가 추가되면 사건의 기원, 발전,

아니다. 그것은 구성(becoming)의 문제이며, 이 구성은 인지 개인이나 집단에 의해 정해진다. 예를 들어, 신약 공동체에게 있어 유대교 교권에 대한 도전은 악이 아니었다.

인과 요인, 주요 인물들에 대한 역할과 책임, 사건의 해석에 대한 이해가 확장된다. 한 사건은 여러 상이한 방식으로 서사화 될 수 있는데, 이 때 발생한 상이한 서사들은 경쟁 관계에 들어갈 수 있다. 53년 사건은 두 가지 방식으로 서사화 되었다. 영웅 서사와 비극 서사이다. 전자는 보수 진영에서 구성되었으며 후자는 진보 진영에서 구성되었다.

보수 진영 서사 내용은 크게 네 가지 플롯으로 나누어 질 수 있다. 먼저, 사건의 발단(김재준의 자유주의 신학 표출), 사건의 영향(보수 진영의 정통 신학의 위기), 사건의 전개(보수 진영의 반격), 사건의 종결(김재준과 조선신학교 축출)이다. 이 플롯은 대략 다음과 같은 내용으로 구성된다. '김재준은 해방을 전후하여 자유 신학을 표출하면서 한국교회에 자유주의를 퍼트리고자 하였고, 이에 대해 교단이 치리하자 그에 적대하면서 교계의 질서를 혼란케 하였다. 그럼에도 보수 진영은 김재준과 그의 추종자들에게 반성과 복귀의 기회를 주었으나 계속 거부하며 공격을 멈추지 않았고, 결국 정통주의를 수호를 위해 그들을 제거하여 한국교회를 위기에서 구해내었다.'

이 서사의 형식이 잘 나타난 곳이 보수 진영의 주도 인물인 박 병훈 목사가 제38회 장로회 총회 이후 발표한 "전국 장로교회에 고함"이라는 성명서이다(김양선, 1956: 274 - 281). 비록 분열 후 발표한 성명서이지만 이는 그간 구성되던 서사가 발전하여 이루어진 형태라 볼 수 있다. 이 성명서는 아래와 같이 분류할 수 있다.

사건의 발단	• "그[김재준]는 … 많은 수단방법으로 자기주장과 교수내용을 가장 정당하며, 세 계적이라고 고조하기를 주저하지 않았던 것이다."

	• "오늘 동교[조선신학교]의 교수, 학생은 모두 복음주의 보수신학과 신앙노선을 비평하고 총회를 반항한 행사, 언론문 등은 그 수를 헤아릴 수 없을만큼 많은 것이다. • "그[김재준]의 직접 소치는 아닌지 알 수 없으나, 그 학교 학생을 중심으로한 폭도 다수를 동원하여 완력으로 총회원을 … 테로하는 행세로 응수하여 왔었다.
사건의 영향	• "조신(한신)은 그 신앙과 학문에 있어서 우리 총회와 대립하고 있으며 나아가 서는 도전하고 있는 존재인 것이다." • "여기서 우리 총회는 유죄자의 항거를 책하며 규명함으로써 교회 정신앙을 보 수하고 교계의 안녕질서를 보전하여야만 될 사항"
사건의 전개	• "그러나 우리 총회는 그대로 어버이의 사랑의 마음을 버리지 않고 한번 더 속 아 보자는 격으로 … 그의 법적 처단을 직결 시행하자는 다수의견을 만류하고 그 선처를 한번 더 하는 조건하에 전체 이사회에 명명" • "끝까지 성경에 가르친 '사랑'과 '온유'의 방법을 불사하였으나, 저들은 반항, 혹은 도전, 기타 가진 수단방법으로, 십년을 혹은 삼십년을 두고 싸우자고 선포를 공식적으로 설토하면서 … 공공연하게 회의방해 비난, 욕설항의 등을 일삼을 뿐, 우리 총회의 평화적 해결의 성의를 무시하고 완강히 저항하는 기세를 노골화시켰다."
사건의 종결	• "마음은 원치않는 바이지만 부득이 법의 호소하여 시와 비를 밝히는 외과수술 적인 방법이외에는 별도리가 없는 줄을 알아서 작년 37회 총회시 입법 처단을 결의하고 그[김재준]의 소속노회인 경기노회에 명명하였다가 경기노회가 여의 치 않음으로 직결처분하는 동시에 한국신학교 졸업생처우문제는 작년 총회의 결의를 재확인 하

- 는 등으로써 5, 6년 끄러오던 역사적인 이 문제를 일단
  락 지은 것이다."
- "정신앙에서 이탈하여 그릇 감으로 총회 직영을 취소당
  한 것을 돌이키고 바른 길에 서게 되기를 바라는 마음에
  서 한것이다. 그럼에도 불구하고 오히려 이를 불응하고
  적대행위를 하므로 동교출신은 교역자 될 수 없다는 더
  큰 채찍을 들 어 경책해 보는 결의인 것이다. 그러므로
  제37회 총회결의는 지당한 것이다."

보수 진영의 이러한 코드와 서사를 통해 관련 사람들은 쉽고 분명하게 이 사건의 범주와 성격을 이해 및 판단하였고 또 그에 따라 자신의 정체성, 의견, 행동을 표출하였다. 또한 사람들은 서사를 통해 사건의 진행상의 변화와 추이를 이해하며, 때로 이 집단서사에 자신의 개인 서사(예를 들어, 정통 추구 혹은 성경 수호와 관련된 개인 서사)를 연결시킴으로써 보수 진영과 공명하면서 사건에 대응하였다. 예를 들어 '악한 자유주의 신학이 선한 정통신학을 심각히 위협한다. 따라서 이 악과 싸워 선을 구하고 지켜야 한다. 이것이 하나님이 우리(혹은 나)에게 주신 사명이다.'

한편, 이러한 일은 단지 인지적인 차원에서만 발생하는 것이 아니라 감정적 차원에서도 발동된다. 보수 진영은 공유하고 있는 성스러운 것들을 위협하는 자유 진영에 대해 강한 반대적 감정을 소유하였다. 이들은 의례(예를 들어, 예배, 총회, 회의, 개인들 간의 만남 등)를 수행하고, 공동체로서의 연대감을 형성하고, 집합적으로 구조화된 강력한 의미와 감정을 유통시키면서 자유 진영을 제거하려 하였다. 그리고 그들 스스로 "대숙청"이라고 부른 김재준과 그의 신

학교의 "처단"을 단행하는데 있어 "여력을 아끼지 않았다."[15]

이상과 같은 보수주의 측의 코딩과 서사에 대응하여 현대주의 측도 분류 체계를 구성하였다. 물론 초기에는 보수 진영의 코딩에 대해 오해 혹은 모함이라고 지적하며 '우리는 다르지 않다'고 주장하면서 이질적으로 분류되는 것을 거부하였으나 정통주의 측에서는 분명히 '다르다'고 구분하였다. 당시 활동했던 한 교회사가는 자유 진영에 대해 다음과 같은 인식을 피력하였다. "지금까지 '나는 너와 다른 것이 없다.' '그는 너와 조금도 다른 것이 없다.'는 식의 왜곡된 변호만을 위주하는 자유진영은 차라리 '나는 이렇다. 이것이 우리의 소신하는바 신학이다.'라고 선명한 기치를 내세울 필요가 있었다(김양선, 1956: 264)." 사건이 진행되면서 자유주의 신학 측 내에서도 다음과 같은 코드화 작업이 형성되었다.[16]

<자유 진영의 상징 분류 체계>

악(속)	선(성)
박형룡	김재준
고려신학교/장로회신학교	조선신학교
교조주의신학	자유주의신학
율법주의	자유주의
교권 유지	진리 추구
바리세인/대제사장/율법학자/빌라도	'예수'/제자

---

15) "자유진영은 수가 적으니 만큼 법리논적으로 총회의 위반행위를 극구 비난하였고, 상대편의 비난에 신경을 상한 보수진영은 교권에 의하여 자유주의신학을 제거하는 데 여력을 아끼지 아니하였다(김양선, 1956: 260 – 261)."

16) 예를 들어, "장공은 십자군(1952년 4월)을 통해서 예수 당시 제사장과 바리새인들 그리고 율법학자들을 빗대어 정통보수진영의 한국 교회 지도자들을 강타한다. 그들은 당시 가장 고정주의적 고수파인 바리새인과 같고, 그들은 예수 살해의 주역을 담당했던 어용학자인 율법학자들과 같다고 맹공을 가한다(손규태, 2001: 115)."

자유 진영 측 또한 서사를 구성하였다. 이들에게는 한국 교회를 율법주의로부터 구하기 위해 행동한다는 '영웅' 서사의 구성이 초기에는 존재할 수 있었으나 1952년 총회에서 교권주의자들과 그들의 동조자들에 의해 억압적으로 공격을 받아 결국 제거되면서 '비극' 서사 형태를 취하였다. 그리고 언젠가는 옳고 그름이 밝혀질 것이고 결국 정의가 승리할 것이라는 '비극' 서사적 결론을 맺는다. '대숙청'이 실시된 38회 총회 직후 김재준이 남긴 말은 이를 잘 나타내주고 있다.

> 한국신학대학은 죽었다. 가인에게 죽은 아벨과 같은 그는 형님에게 마자 죽었다. 하희는 하나님이 심판해 주실 것이다. 하나님의 변호가 없었다면 승리는 영원히 가인에게 있었을 것이다. 그러나 하나님은 계시다. 한국신학대학은 다시 살것이다. 복음의 자유, 학문과 양심의 자유를 위하여, 한국교회의 역사를 창조하기 위하여 허무러진 한국산천의 재건을 위하여, 그리고 전 세계 크리스찬의 친교를 저버리지 않기 위하여 한국신학대학은 무덤에 머물 수는 없는 것이다(김양선, 1956: 261).

이 비극 서사가 전체적으로 잘 나타난 곳이 당시(1953. 6) 진보 진영측이 발표한 선언서이다. 이 선언서는 다음과 같은 플롯으로 구성되어 있다(김양선, 1956: 281 - 284).

| 사건의 발단 | "해방 후 우리 장로교회에는 극단의 '전투적 근본주의'를 표방하는 당파와 그 동정자가 발흥하여 1951년 이해 '총회' 총대석의 다수를 점령하고 동시에 편협한 독선주의로 성도의 협동과 친교를 거부하고 오직 자기 독단에 의한 심판과 |

	"비리를 일삼아."
사건의 영향	"마침내 '거룩한 모임'을 위증과 저주의 탈쟁의 무대로 화하였다. 그리하여 헌법도, 신앙양심도, 유린되고 오직 '다수당'의 '기정방침'만이 그 횡포를 극하게 되었다."
사건의 전개	"우리는 우리 장로교회의 정상적이요 세계적인 전통을 이 적은 당파인 타교파의 전단에 맡길 수 없었으며 복음의 자유를 그들의 율법주의에 희생시키거나, 신앙양심의 자유를 그들의 불법한 교권에 종속시킬 수는 없었던 것이다. 그리하여 우리는 총회 당석에서 항의함과 동시에 … 총회에 그 불법시정을 요청하였던 것이다."
사건의 종결	"그러나 '총회'는 추호도 반성할 의도가 없었을 뿐 아니라 더욱 강폭하여 정당한 여론을 봉쇄하여 양심이 충실하려는 회원들을 개인, 혹 노회로, 총회에서 제거하였으며 계속 제거할 태세를 가추고 있는 것이다. 그리하여 총회 안에 머물러 그, 불의와 불법을 시정하려던 우리의 의도는 이제 온전히 그 가능성을 상실하였다."

이상에서 살펴본 것처럼 두 진영은 각자에 상응하는 코딩과 서사를 구성하면서 사건에 대처하였고, 당연히 각각의 코드와 서사는 갈등 관계에 놓이게 되었다. 이 갈등은 내용상 갈등뿐만 아니라 사건의 성격과 의미에 대한 해석에 있어서의 갈등이었고, 정당성 획득과 관련된 갈등이었으며, 또한 추종자들의 협조, 동원과 관련된 갈등이기도하였다.

그러나 상징 생산 수단에 대한 통제력은 보수 진영에게 있었다. 교권적으로, 수적으로 자유주의 진영은 보수주의 측에 비해 자신들의 코딩과 서사를 정당화하거나 파급시킬 힘이 미력하였다.

보수 진영은 이러한 상징 구성 및 통제 능력을 통해 김재준과 조선신학교를 악(혹은 속)으로 보다 분명히 분류하였고, 이에 근거해 악(혹은 속)에 대한 일반적인 태도, 곧 그것들로 부터 성(혹은 선)을 지키려는 움직임을 수행하게 되었다. 그리고 이 일과 이와 관련된 사건들을 영웅 서사적 관점에서 인식하고 행동하였다. 구체적인 행동은 1948년 4월 20일 서울에서 열린 제34회 총회에서 시작되었으나 실제적으로 목표를 이룬 것은 1952년 4월 29일 "자유주의신학의 대숙청의 단행이 예상되는 제37회 총회"였다(김양선, 1956: 258). 이 총회를 통해 보수 진영은 다음과 같은 것들을 목표하였다.

> 그 첫째는 김재준 교수의 면직처분이요, 그 둘째는 그와 동일한 신학사상의 소유자인 서고도 선교사의 처단이고, 다음은 앞으로 김재준 교수와 동일한 신학사상을 소유하거나, 옹호하거나, 변호하는 사람들의 처단이고, 그 다음은 조신학교출신의 교역자 불채용의 처단이었다(김양선, 1956: 259).

이러한 보수 진영의 움직임에 대해 김재준은 1952년 3월에 다음과 같이 항변하였다.

> 학문과 신앙을 혼돈하여 학문에 속한 것을 신앙으로 해결하려는 것도 분간 없는 무지이다. 더군다나 학적 양심을 억압하며 학의 자유를 무시하는 것은 공산 공포정치에서밖에 볼 수 없는 야만성이다(김재준, 1952: 15 - 16, 박용규, 2004: 945에서 재인용).

그러나 37총회는 보수 진영의 힘과 논리에 의거해 기존 목

표대로 추진되었다. 회의가 시작되자 곧 "성경유오설의 주장자라
는 죄목 하에 김재준 교수의 처단이 논의되었다…. 결국 김교수
의 면직을 경기노회에 지시하자는 제안이 절대 다수로 통과"되어
졌고 "마침내 조선신학 출신의 교역자 불채용을 의제에 올렸고
그것마자 다수결에 의하여 결정지었다(양낙홍, 2008: 529; 김양선, 1956:
261)."

4. 나오는 말

지금까지 살펴보았듯이 1953년 교단 분열을 문화사회학
적으로 접근해 본 결과 기존의 연구들에서 나타나지 않았던 새로
운 연구 결과들을 찾아 볼 수 있었다. 그리고 사건 발전과 결과에
있어서 문화적 요소들 ― 상징, 코드, 서사, 감정, 의미 등 ― 의 중
요성에 대해서도 인식할 수 있었다. 물론 문화적 요소 외에도 서
두에서 언급하였듯이 정치적, 경제적 요인들이 작용하고 있다.
그러나 보다 정교하고 정확한 설명은 문화적 요인이 함께 해석
될 때 얻어진다 하겠다. 1953년 분열 사건은 신학이나 교권만 아
니라 상징적 생산 수단까지도 소유하고 있던 보수 진영이 효과적
이고 결정적으로 이항 대립과 코드와 서사 등을 구성하여 사건을
재현한 결과이다.

차후 연구를 위한 제언으로, 무엇보다 먼저 진보 진영의 서
사가 처음부터 비극서사였는지 혹은 영웅 서사로 시작하였으나
중도에 변화되었는지, 변화되었다면 그 원인되는 사건은 무엇인

지 보다 자세히 살펴보는 것이다. 또한 코드와 집단 서사에 대한 개인들의 인식, 의미작용, 개인 서사적 반응을 보다 구체적으로 보여줄 수 있는 자료들을 확보하는 것도 이 연구를 보다 깊게 만드는 계기가 될 것이다. 문화의 위치와 역할이 갈수록 증대되고 있는 이 시대에 문화사회학을 발전시켜 오늘날 현대 사회에서 일어나는 여러 현상들과 사건들을 보다 세밀하고 분석하고 이해할 수 있게 하는 것도 문화사회학도의 차후의 연구 과제라 할 수 있다.

참고문헌

김경재, 『김재준 평전』(서울: 삼인, 2001).

김양선, 『한국기독교해방10년사』(서울: 대한예수장로회총회 종교교육부, 1956).

김재준, "그리스도교의 양극성," 『십자군』, 7권(1952).

민경재, 『한국기독교회사』(서울: 대한기독교출판사, 1982).

박승길, "포스트모던 문화의 서사구조와 현대 종교시장의 스펙트럼," 「종교사회학특별포럼자
　　　료집」(2009. 4).

박용규, 『한국장로교사상사』(서울: 총신대학출판부, 1994).

______, 『한국기독교회사 2: 1910 – 1960』(서울: 생명의 말씀사, 2004).

양낙홍, 『한국장로교회사』(서울: 생명의 말씀사, 2008).

이장식, 『한국교회백년』(서울: 한국기독교문화진흥원, 1987).

손규태, "장공 김재준의 복음 이해와 한국 민족," 『신학사상』, 115권(2001).

스미스, 필립, 『문화이론: 사회학적 접근』(서울: 이학사, 2008).

알렉산더, 제프리, 『사회적 삶의 의미: 문화사회학』(파주: 한울, 2007).

최성수, "김재준과 박형룡의 논쟁에서 나타난 신학적 배타성과 한국신학의 과제로서 비판신학,"
　　　『기독교사상』, 45권 6호(2001).

최종렬(엮고 옮김), 『뒤르케임주의 문화사회학: 이론과 방법론』(서울: 이학사, 2007).

프라이, 노스럽, 『비평의 해부』(파주: 한길사, 2007).

이철 숭실대학교 기독교학과 조교수 _chriso@ssu.ac.kr
미국 보스턴대학교에서 종교사회학 박사학위를 받았으며, 현재 숭실대학교 기독교학과 조교수로 재직하고 있다. 주요
저서로는 「사회 안에 교회, 교회 안에 사회」(백의, 2006) 가 있으며, 연구 관심 분야는 기독교사회학과 문화사회학이다.